Meditações sobre as leituras dominicais

*Anos A, B, C
Domingos e dias de festa*

Fernando Torres, CMF

Meditações sobre as leituras dominicais

*Anos A, B, C
Domingos e dias de festa*

EDITORA
AVE-MARIA

© 2006 by Editorial Claretiana (Argentina)
ISBN: 978-950-512-581-4

Em língua portuguesa:
© 2009 by Editora Ave-Maria. All rights reserved.
Rua Martim Francisco, 636 – CEP 01226-000 – São Paulo, SP – Brasil
Tel.: (11) 3823-1060 • Fax: (11) 3660-7959 • Televendas: 0800 7730 456
editorial@avemaria.com.br • comercial@avemaria.com.br
www.avemaria.com.br

ISBN: 978-85-276-1249-4

Título original: *Y la Palabra se hizo fiesta...*
Tradução: Josias Abdalla Duarte
Capa: Carlos Eduardo Paulino de Sousa

Printed in Brazil – Impresso no Brasil

2. ed. – 2011

Dados Internacionais de Catalogação na Publicação (CIP)
(Câmara Brasileira do Livro, SP, Brasil)

Torres, Fernando
Meditações sobre as leituras dominicais: anos A, B e C: domingos e dias de festa / Fernando Torres; [tradução: Josias Abdalla Duarte]. – São Paulo: Editora Ave-Maria, 2009.

Título original: Y la Palabra se hizo fiesta...
ISBN: 978-85-276-1249-4

1. Ano litúrgico 2. Ano litúrgico - Meditações 3. Domingo
4. Espiritualidade 5. Festas religiosas 6. Igreja Católica - Liturgia
7. Palavra de Deus (Teologia) I. Título.

09-12564	CDD-264.029

Índices para catálogo sistemático:
1. Comentários: Leituras dominicais e festivos: Liturgia:
   Igreja Católica   264.029
2. Leituras dominicais e festivos: Comentários: Liturgia:
   Igreja Católica   264.029

Diretor Geral: Marcos Antônio Mendes, CMF
Vice-Diretor: Oswair Chiozini, CMF
Diretor Editorial: Luís Erlin Gomes Gordo, CMF
Gerente Editorial: J. Augusto Nascimento
Editor Assistente: Valdeci Toledo
Revisão: Adelino Coelho, Maria Alice Gonçalves e Maria Paula Rodrigues
Diagramação: Carlos Eduardo P. de Sousa
Impressão e acabamento: Intergraf Ind. Gráfica Ltda.

Sumário

Ano A

Tempo do Advento	15
Tempo do Natal	24
25 de dezembro. Natal	24
Sagrada Família	26
1º de janeiro. Maria, Mãe de Deus	28
Epifania do Senhor	30
Batismo do Senhor	32
Tempo da Quaresma	35
Domingo de Ramos	46
Tríduo Pascal	49
Quinta-feira Santa	49
Sexta-feira Santa	51
Vigília Pascal	53
Tempo da Páscoa	57
Páscoa da Ressurreição	57
Ascensão do Senhor	69
Pentecostes	71
Tempo Comum	74
Santíssima Trindade	74
Corpo e Sangue de Cristo	76
19 de março. São José	78
25 de março. Anunciação a Maria	80
Sagrado Coração de Jesus	82
29 de junho. Pedro e Paulo	84
15 de agosto. Assunção da Virgem	87
1º de novembro. Todos os Santos	89

8 de dezembro. Imaculada Conceição 91
Cristo Rei 157

Ano B

Tempo do Advento 163

Tempo do Natal 170
   25 de dezembro. Natal 170
   Sagrada Família 172
   1º de janeiro. Maria, Mãe de Deus 174
   6 de janeiro. Epifania do Senhor 176
   Batismo do Senhor 178

Tempo da Quaresma 181

Domingo de Ramos 191

Tríduo Pascal 194
   Quinta-feira Santa 194
   Sexta-feira Santa 196
   Vigília Pascal 198

Tempo da Páscoa 201
   Páscoa da Ressurreição 201
   Ascensão do Senhor 214
   Pentecostes 216

Tempo Comum 219
   Santíssima Trindade 219
   Corpo e Sangue de Cristo 221
   19 de março. São José 223
   25 de março. Anunciação a Maria 225
   Sagrado Coração de Jesus 227
   29 de junho. Pedro e Paulo 229
   15 de agosto. Assunção da Virgem 231
   1º de novembro. Todos os Santos 233
   8 de dezembro. Imaculada Conceição 235
   Cristo Rei 302

Ano C

- Tempo do Advento 307
- Tempo do Natal 316
  - 25 de dezembro. Natal 316
  - Sagrada Família 318
  - 1º de janeiro. Maria, Mãe de Deus 320
  - Epifania do Senhor 322
  - Batismo do Senhor 324
- Tempo da Quaresma 327
- Domingo de Ramos 337
- Tríduo Pascal 340
  - Quinta-feira Santa 340
  - Sexta-feira Santa 342
  - Vigília Pascal 344
- Tempo da Páscoa 347
  - Páscoa da Ressurreição 347
  - Ascensão do Senhor 360
  - Pentecostes 362
- Tempo Comum 364
  - Santíssima Trindade 364
  - Corpo e Sangue de Cristo 366
  - 19 de março. São José 368
  - 25 de março. Anunciação a Maria 370
  - Sagrado Coração de Jesus 372
  - 29 de junho. Pedro e Paulo 374
  - 15 de agosto. Assunção da Virgem 376
  - 1º de novembro. Todos os Santos 379
  - 8 de dezembro. Imaculada Conceição 381
  - Cristo Rei 450

Introdução

As homilias ou comentários às leituras dos domingos e dias de festa dos três anos litúrgicos, A, B e C, apresentados neste livro, são fruto de um bom par de anos de trabalho. Tiveram origem no convite feito por Carmen Fernández Aguinaco, uma grande editora, que foi quem, aliás, forneceu-me a ideia inicial e me animou a escrever estes breves comentários à Palavra. Nascida na Espanha, Carmen pertence ao Instituto Teresiano e trabalha há alguns anos em Chicago, nos Estados Unidos, no Departamento de Publicações Claretianas, onde é responsável pela edição de literatura pastoral em língua espanhola. Desde sua chegada àquele país, há mais de vinte anos, está a serviço dos imigrantes hispânicos e, como diz meu pai, *sabe manera*, ou seja, tem experiência e trabalha bem.

Foi ela quem me sugeriu que as homilias fossem breves, ocupando-se do mais importante sem se perderem em meandros, ainda que isso significasse deixar de lado, por vezes, questões e ideias que poderiam parecer significativas para teólogos. Também me ensinou a descer meus comentários, o máximo possível, à vida diária e real das pessoas. Todas as suas indicações foram de valia na hora de redigir estas simples e breves homilias. Os leitores não ficarão perdidos em uma nuvem de palavras, nem em uma análise exegética de cada um dos textos dominicais ou festivos. E as perguntas finais os ajudarão a se aterem àquilo que é o mais importante: continuarmos, por nós mesmos, a refletir e ouvir a Palavra dentro do nosso coração. Apenas do coração é que poderá brotar a autêntica resposta da vida. Afinal, todos os comentários, longos ou curtos, inspirados ou aborrecidos, teológicos ou pastorais, não têm outra finalidade senão a de ajudar o crente a escutar a Palavra e a vivê-la a partir do seu coração.

Francamente, creio que o mais importante deste livro é aquilo que não está escrito. Acredito que ele não passe de um instrumento, muleta ou bengala, que auxilie cada um a completar seu próprio caminho e reflexão acolhendo a Palavra em seu coração. Por isso, as perguntas finais me parecem tão ou mais importantes que o próprio comentário. A reflexão suscitada por elas abre-se a um horizonte que vai além das páginas do livro. Ou, melhor dizendo, por tratarem de questões muito mais próximas do leitor, as perguntas o convidam a situar a Palavra no centro de sua vida. E provocarão respostas – desde que feitas com sinceridade – que terminarão dando frutos de vida para o mundo, para sua família e sociedade em que vive.

Quem são seus destinatários? Para falar a verdade, ao escrever cada um destes textos, pensei, sobretudo, nos leigos. Homens e mulheres que, às vezes, vivem em situações muito difíceis e precisam de uma pequena ajuda para se concentrarem na mensagem da Palavra. Homens e mulheres que necessitam mirar-se na Palavra como quem se olha em um espelho e têm a necessidade de escutar a voz misericordiosa e reconciliadora de Deus para poderem reconstruir suas vidas e feridas ao longo dos dias. Para todos eles eu escrevi esses comentários.

Mas sou sacerdote e sei que muitos dos meus irmãos no ministério buscam sempre ajuda em livros e comentários diversos. Hoje, muitos procuram essa ajuda pela Internet, na qual, a cada semana, se multiplica o número de publicações a respeito. Talvez este livro lhes possa servir de orientação para a preparação de suas próprias homilias. Ler cada um destes comentários não lhes tomará muito tempo. E talvez os ajude a encontrar algo que os possa inspirar na hora de sugerir reflexões aos fiéis.

O livro contém alguns comentários às leituras dominicais dos três anos (A, B e C). Além disso, há os comentários às festas mais importantes do ano litúrgico – em geral solenidades. Também procurei comentar, dentro de cada um dos anos, as leituras de alguns dias que não têm propriamente um ciclo, isto é, que não apresentam leituras diferentes para os anos A, B ou C, tais como, por exemplo, a Vigília Pascal, o Natal e algumas outras. Desta forma, pretendi aumentar a riqueza das diferentes reflexões. No final das contas, todas essas festas, embora tenham as mesmas leituras, possuem tal riqueza em si mesmas, que se podem contemplar a partir de perspectivas muito diferentes. São como diamantes que apresentam muitas facetas, todas belas e que chegam até o coração.

Nada mais me resta senão esperar que o livro seja mais útil do que bonito. Não se trata de um exercício literário, mas sim de comentários para iluminar a mente e o coração daquele que os lerem. Se alcançar este propósito, terei logrado aquilo que é a finalidade da congregação dos missionários claretianos à qual pertenço: nada mais ser do que servidores da Palavra de Deus em nosso mundo.

Ano A

Ano A

Tempo do Advento

1º domingo do Advento
(Is 2,1-5; Rm 13,11-14; Mt 24,37-44)

Estai preparados!

Há pessoas que vivem a vida inteira no mesmo lugar, na mesma cidade. Às vezes nem sequer saem do seu bairro. Conta-se que os vizinhos de um filósofo alemão, durante muitos anos, acertavam seus relógios quando o viam sair de casa para o passeio da tarde. Não é assim a vida do cristão. Nós sabemos que estamos de passagem. Armamos nossas tendas por aqui, mas logo chegará a hora em que teremos que partir. Quando? Quando chegar o Senhor. E, quando isso acontecerá? Não o sabemos. Mas estamos cientes de que devemos estar sempre preparados porque a qualquer instante o Senhor chegará às nossas vidas. E será justamente naquele instante que precisaremos saber recebê-lo e segui-lo para onde nos convidar. Este é o significado do Advento que hoje começamos. Preparamo-nos para celebrar a vinda do Senhor no Natal, mas também nos preparamos para a outra chegada: a futura, a definitiva, aquela que não poderíamos perder, pois perderíamos a oportunidade de nossas vidas.

O Evangelho nos diz que a vinda do Senhor romperá com todas as atividades habituais, ou seja, aquilo que nos acontece habitualmente todos os dias. Deixaremos de fazer pão, de cultivar os campos, de ir ao trabalho e de nos casarmos. Porque naquele dia começará algo radicalmente novo. Algo tão novo que, embora continuemos fazendo pão e cultivando os campos e nos dirigindo ao trabalho, tudo terá um sentido diferente, pois o Senhor estará no meio de nós. Sua presença curará nossas feridas, fará a justiça e a paz reinarem entre as pessoas e os povos, e que nossas vidas sejam transformadas. Por isso, nós precisamos estar atentos. Não podemos permitir que a presença do Senhor nos encontre distraídos ou despreparados.

É tempo de dar atenção ao que nos diz Paulo na carta aos Romanos. Já é hora de despertarmos, pois a salvação está próxima. Não sabemos como e quando Jesus chegará, mas sabemos que devemos estar preparados. E para isso, ele nos oferece os melhores conselhos: vamos deixar de lado as obras das trevas, todas as vezes que nos deixamos levar pela inveja, cobiça e desamor. Vamos viver tal como se Jesus já estivesse aqui. Seria a melhor maneira de estarmos preparados. Trata-se, assim, de vivermos à luz do Evangelho, deixando-nos levar pelo amor de Deus que cuida de seus filhos, de sua família e de nós. Voltemos os olhos para aqueles com os quais vivemos. Com eles, jamais sem eles, nem contra eles. Esta é a maneira como construiremos a solidariedade e a justiça que farão com que o nosso Senhor nos encontre preparados no momento da sua chegada.

Se o Senhor chegasse agora à minha casa, estaria eu preparado para a sua vinda? O que precisaria deixar de lado em minha vida? O que melhoraria em minha vida? O que deveria fazer em minha vivência familiar, em meu relacionamento com os amigos e no trabalho? Haveria algo que eu precisaria mudar ou melhorar?

2º domingo do Advento
(Is 11,1-10; Rm 15,4-9; Mt 3,1-12)

Haverá justiça neste mundo?

Por vezes a experiência da vida nos diz que não há justiça e que jamais haverá. Poderíamos fazer aqui uma série de perguntas para as quais, muito provavelmente, não teríamos como resposta mais do que um movimento de cabeça indicando desesperança. Por que tantos jovens estão envolvidos na violência, nas drogas e na delinquência? Por que as quadrilhas estão em nossas ruas? Por que, às vezes, a justiça não é aplicada da mesma forma nos bairros pobres e nos ricos? Por que em alguns casos a lei é aplicada em todo o seu rigor e, em outros, com uma enorme compreensão? Por que há homens que não sabem tratar as mulheres – incluindo aí a sua própria – com o devido respeito? Por que para alguns – muito poucos – cabe um grande pedaço do bolo do mundo, a outros uma porção tão miserável e, a muitos outros, não lhes cabe nada? Por quê? Por quê? Alguns nos falariam que problemas sociais, políticos, culturais e humanos são a causa de todos esses infortúnios, envolvendo-nos com palavras e longos discursos. Mas, no final, ainda nos restaria esse último *por que* dando voltas em nossa cabeça.

O Advento, o tempo que estamos celebrando agora na liturgia e que nos convida a nos prepararmos para a vinda do Senhor, nos oferece uma resposta. De alguma forma, começa reconhecendo a situação. A primeira leitura do profeta Isaías nos fala de alguém que irá chegar. É um galho do tronco de Jessé, um descendente de Davi. Possuirá o Espírito do Senhor para governar segundo seus preceitos. Não julgará pelas aparências, mas fará justiça aos fracos e proferirá sentenças justas. Dizer tudo isso é reconhecer com clareza que a justiça existente neste momento em nossa sociedade não é boa. Não chega a todos por igual. Mas a leitura do profeta Isaías, reconhecendo tal situação, nos convida a viver na esperança. Porque haverá um dia em que se fará justiça para todos. Um dia em que terá fim a violência e todos nos voltaremos para aquele que tem o Espírito do Senhor. Nele encontraremos a justiça de que necessitamos.

Mas é preciso um passo intermediário e João Batista, no Evangelho, nos faz recordar. É necessária a conversão. Se hoje esperamos pelo Senhor, precisamos começar a preparar os caminhos para sua vinda. Ou seja, é indispensável vivermos desde já como se Ele estivesse entre nós. Esta é a melhor preparação. João Batista nos diz claramente:

"Modifiquem sua vida e seu coração". Porque é errado queixar-se de que não há justiça se não a praticamos. Se não começarmos agora mesmo a exercê-la, talvez seja porque, no fundo, não a desejamos.

Será que acredito que esse mundo é injusto? De onde vem a injustiça? Contribuo de alguma forma com minhas atitudes e meu comportamento para que ela continue existindo? Como? Por quê? O que é que eu posso fazer para promover a justiça em meu bairro, em minha família, entre meus amigos, em meu trabalho e em meu país?

3º domingo do Advento
(Is 35,1-6a.10; Tg 5,7-10; Mt 11,2-11)

Sois vós aquele que deve vir?

As leituras deste domingo nos põem na pista do que está por vir. Não significa dizer que recebemos uma lista dos futuros acontecimentos, ou uma representação da identidade do Messias para que reconheçamos o enviado de Deus em qualquer lugar que o encontremos. Mas algumas informações nos são ditas.

De início, a leitura do profeta Isaías nos faz abrir os olhos para nos sentirmos maravilhados. Aquele que está por vir e aquilo que irá acontecer quando ele chegar não têm comparação na história da humanidade. Tudo o que o profeta conhece vai mudar radicalmente. Até o deserto florescerá.

É necessário recordar que a Palestina é uma terra cercada por desertos e, assim, isso seria praticamente impossível, mas o profeta sabia muito bem do que estava falando.

E não apenas os desertos irão florescer. Aquele que chega nos livrará do temor e do medo, devolverá a visão aos cegos e os surdos voltarão a ouvir. Dito de outra maneira, aqueles que pelo pecado tinham-se tornado incapazes de se comunicar com o mundo, que tinham permanecido cegos e surdos diante de Deus que os ama e os chama para a salvação, recuperarão esses sentidos e voltarão a ver e a ouvir o chamado de Deus. Os libertos de todas as formas de escravidão darão pulos de alegria e gozarão de uma felicidade eterna que estará refletida em seus rostos. Isso é o que irá acontecer quando vier aquele que está a ponto de chegar, segundo o profeta.

O Evangelho repete as mesmas ideias. Diante da pergunta dos discípulos de João Batista a Jesus, este lhes responde: "Ide e contai a João o que ouvistes e o que vistes", e, em seguida, lhes diz, praticamente palavra por palavra, aquilo que apresenta a leitura do profeta Isaías. Há, no entanto, uma diferença muito importante. Onde o profeta Isaías emprega o futuro, Jesus fala no presente. Tudo que o profeta anuncia como algo a esperar, Jesus afirma que já está acontecendo. Não apenas isso, Jesus louva João Batista. Ele foi, nas palavras de Jesus, o maior dos profetas. Sem dúvida. Mas, Jesus nos surpreende com a sua última frase: "No entanto, o menor no Reino dos Céus é maior do que ele".

Parece que Jesus fala do presente, isto é, de algo que está acontecendo e é de tal forma novo que até mesmo a figura do gigante João Batista torna-se apagada frente a ele.

E é verdade. Jesus tem razão. O Reino já está aqui. Deus já abriu os ouvidos dos surdos e os olhos dos cegos. Hoje sabemos que o Advento é a recordação da espera, mas que para nós já é presente. Celebramos o aniversário da chegada de Jesus. Não estamos esperando que venha, porque já chegou. Devemos abrir os olhos para ver nossos vizinhos, amigos e familiares: veremos um filho de Deus. O que mais pode ser o Reino?

Será que eu tenho os ouvidos e os olhos abertos para ver a presença do Senhor que está próximo de mim, que vive no meu bairro e que mora na minha família? Sinto a alegria da sua presença salvadora na minha vida? Como posso comunicar esta alegria aos demais, àqueles que vivem comigo?

4º domingo do Advento
(Is 7,10-14; Rm 1,1-7; Mt 1,18-24)

O sinal é uma criança

Após estas semanas de preparação, estaremos próximos de concluir o Advento. Alguns dias mais e será Natal. E as leituras de hoje oferecem as últimas chaves que nos permitirão identificar aquele que chega – nosso Salvador. É importante que prestemos atenção a esses sinais. Não vá acontecer que, depois de tão longa espera, estejamos distraídos e não percebamos quando ele passar ao nosso lado.

De novo, tal como nos três domingos anteriores, o profeta Isaías nos oferece a chave. Conta-nos uma antiga história de um rei que não confiava em Deus e que, ainda assim, o Senhor lhe quis dar uma prova da sua presença e força. O rei governava uma cidade sitiada, submetida à fome e à destruição da guerra. Pois bem, o sinal oferecido por Deus não era um milagre que rompia com as leis da natureza. Era simples, se assim se quiser, mas repleto de esperança. Quando o rei pensou que o seu reino estava terminando e que tudo seria destruído, Deus lhe prometeu que nasceria uma criança de uma virgem. A criança levaria o nome de Emanuel que, traduzido, significa *Deus conosco*. Deus convidava, assim, o rei a olhar para além das aparências e a colocar toda a sua confiança Nele. Onde o rei via uma cidade amedrontada, sitiada por um exército inimigo e submetida à fome e à morte, Deus faria nascer uma criança de uma virgem. Essa criança seria a promessa de Deus, o sinal da sua presença salvadora exatamente onde o rei não enxergava possibilidade alguma. Lida hoje, esta promessa do profeta Isaías é feita a todos nós. Vai-nos nascer uma criança. Este será o grande sinal de Deus. Essa criança é e será o sinal da promessa de Deus, do seu amor restaurador, reconciliador e salvador.

E daqui vamos ao Evangelho no qual nos é contada uma outra história. Desta vez, mais próxima e familiar. Os protagonistas são José e Maria. Estão noivos e, inclusive, comprometidos em casar-se. Mas Maria está grávida sem que tenham vivido juntos. José podia ser bom, mas não era tolo. Não desejava provocar um escândalo, mas tampouco ficar com quem não lhe pertencia. Então, acontece o inesperado: um anjo lhe aparece em sonhos e lhe faz entender que aquela criança era o grande sinal pelo qual o povo estava esperando. A criança que estava crescendo no ventre de Maria era aquela sobre quem Isaías havia profetizado. Era o *Deus conosco*. Deus tornou possível aquilo que para os homens é impossível. Deus criou nessa criança vida e esperança para toda a humanidade.

Este é o grande sinal pelo qual esperamos. O nascimento de uma criança. Agora sabemos que nosso Deus é pela vida, defende-a, promove-a e a cria. O sinal de sua presença é uma criança, qualquer criança. É a vida, qualquer vida. Agora sabemos que cada sinal de vida entre nós fala da presença de Deus. É o *Deus conosco*.

Que sinais de vida vejo ao meu redor? O que faço para respeitar a vida que me cerca; para cuidar dela e promovê-la? Estou consciente de que toda vida é um sinal da presença de Deus?

TEMPO DO NATAL

25 de dezembro. Natal
(3ª Missa: Is 52,7-10; Hb 1,1-16; Jo 1,1-18)

Mais de dois mil anos de alegria

A liturgia católica não permite que esse aniversário passe despercebido. Depois de quatro semanas de preparação (Advento), ela nos oferece, hoje, a possibilidade de celebrarmos três missas, cada qual com suas leituras apropriadas. São a Missa da Vigília, a Missa do Amanhecer e a Missa do dia de Natal. Dá-nos a impressão de que a mensagem deste dia é tão rica que apenas um jogo de leituras não será suficiente para explicá-lo. E o que é que se celebra?

Algo bastante simples: o nascimento de uma criança. Nenhum jornalista de nossos dias definiria isso como um acontecimento histórico. Apenas uma criança? Será que isso é mais importante do que a chegada do homem à lua? Pois é mais importante. E é isso que é surpreendente nesse dia. Um acontecimento tão pequeno, corriqueiro, comum, de todos os dias como é o nascimento de uma criança, é celebrado como um acontecimento transcendental que marca uma transformação profunda na história da humanidade. Para o povo que caminhava nas trevas, o nascimento dessa criança traz consigo a chegada da luz, tal como diz Isaías na primeira leitura da Missa da Vigília. Essa criança é o *Deus conosco*. Representa a esperança da vida. É o amanhecer de um novo mundo.

Hoje, mais de dois mil anos depois, continuamos celebrando com alegria seu nascimento. O dia já vai avançado. A escuridão já não nos rodeia (mesmo que às vezes fechemos os olhos à luz e prefiramos caminhar nas trevas) e Deus está presente em nossas vidas. Aquela criança foi o sinal claro e concreto de que Deus não nos abandona. Em Jesus, Deus se fez um de nós, começou a caminhar por nossos caminhos, nossas dores tornaram-se suas para sempre; compartilhou, também, de nossas alegrias e experimentou, em si mesmo, tudo aquilo que é a nossa pobre, limitada e sofrida vida. Mas, proclamou a todos que Deus encontrava-se próximo, que Deus é nosso Pai, que Deus nos ama, que Deus cuida de nós, que caminha conosco e nos vai abrindo caminhos de esperança. Jesus nos disse que, precisamente, sua presença era o sinal desse amor de Deus por todos nós.

Por isso, hoje celebramos o nascimento dessa criança. Jesus nasceu, viveu e morreu. Mas a esperança que sua presença nos traz não morreu e segue animando nossas vidas. Essa festa, apesar de todos os pesares, faz o sorriso voltar ao nosso rosto, e nos saudar uns aos outros com renovada alegria. Essa festa nos faz recordar que, se Deus acredita em nós e nos ama, também nós podemos voltar a tentar amar, acreditar e confiar uns nos outros. Podemos continuar lutando para que nossa família viva unida, não haja pessoas marginalizadas nem outras se sintam abandonadas. Que em nosso bairro e em nosso mundo reine a paz e que a violência seja esquecida. Celebrar o Natal nos faz recuperar a esperança e a vontade de trabalhar, e de nos comprometermos em favor de um mundo novo. Afinal, a quem não comove o sorriso de uma criança?

Sagrada Família
(Eclo 3,3-7.14-17a; Cl 3,12-21; Mt 2,13-15.19-23)

O pão de cada dia

Quando lemos os livros de história temos, às vezes, a impressão de que tudo gira ao redor de alguns grandes acontecimentos: o dia em que se travou uma batalha, o dia em que foi assinado um tratado de paz ou o dia em que aconteceu uma determinada descoberta científica. Mas a história real, de fato, não é essa. Não é apenas isso. A história se faz no dia a dia de muitas pessoas que se esforçam, lutam, se alegram, curtem a vida, adoecem... A vida de uma família não pode ser resumida apenas à celebração de aniversário, às férias ou a alguns outros acontecimentos especiais. A vida de uma família se faz no dia a dia, na limpeza da casa, no esforço para se levantar e fazer que todos estejam prontos a tempo de ir a seus respectivos trabalhos, na contribuição diária para que todos sejam felizes e sintam-se bem em casa. A vida de uma família se realiza no amor, no respeito, na paciência e no diálogo. A vida de uma família é vivida no pão de cada dia e não no banquete do dia de festa.

Hoje celebramos a festa da Sagrada Família. Maria e José foram uma família normal e comum. Tiveram de trabalhar duro (não se trabalhava de outra maneira naqueles tempos). Sua vida familiar era composta de muitos dias de semana, cheios de trabalho, preocupações, alegrias, angústias compartilhadas, paciência, amor, diálogo e respeito mútuo. Dias em que não se celebrava nada de especial, apenas se vivia. Mas precisamente aí, nesse dia a dia, foi que se forjou a santidade daquela família. Hoje ela se torna para nós sinal do amor de Deus no nosso mundo e modelo de nossa vida familiar. Modelo dos dias de festa e dos dias comuns.

Hoje nossas famílias devem olhar para aquele espelho. O objetivo não é viver tal como viveram Jesus, José e Maria. A vida mudou muito desde então. Os problemas que nós temos de enfrentar não são os mesmos daquela família. Não há dúvida de que o relacionamento entre os esposos mudou, assim como a relação entre pais e filhos. Mas há algo que não pode mudar: a vida de uma família é construída sobre a base do amor e do respeito mútuo com grandes doses de paciência e diálogo. A violência, a rigidez, a falta de comunicação levam com toda certeza à destruição do lar e, ao longo do tempo, à destruição das pessoas que o formam. Amor, respeito, paciência e diálogo formam a base segura sobre a qual podemos consolidar a vida das nossas famílias. Desta forma, tal como a família que foram Jesus, Maria e José, nossas famílias serão, também, um sinal da presença amorosa de Deus em nosso mundo.

Em que posso melhorar a vida de minha família? Seria bom que toda a família se reunisse para dialogar sobre isso, assinalar dois ou três pontos e assumir compromissos concretos. A reunião poderia terminar com um momento de ação de graças pela vida e pelo amor compartilhados.

1º de janeiro. Maria, Mãe de Deus
(Nm 6,22-27; Gl 4,4-7; Lc 2,16-21)

Para começar o ano com o pé direito

Há muitas maneiras de celebrar o ano novo. Em alguns países lançam-se foguetes e bombas em volta da casa para afugentar os maus espíritos e, dentro dela, prepara-se um grande banquete. É realmente grande porque há mais comida do que aquela que podem comer os moradores da casa. Sua abundância deseja ser sinal da fartura que o ano novo trará. Nós, católicos, também desejamos iniciar o ano repleto de bênçãos. Daí a festa de hoje. Que melhor maneira podemos ter de começar o ano do que invocando Maria, Mãe de Deus e nossa mãe, pois ela nos recorda que nela somos filhos de Deus?

As leituras nos colocam na presença de Deus da melhor maneira possível. Nada mais nos resta a não ser escutá-las com atenção. A primeira leitura nos presenteia com uma bênção que bom seria copiá-la e levá-la nos nossos bolsos. Trata-se do melhor desejo que podemos ter no ano novo. Mas não é um simples desejo. É a Palavra de Deus. É Deus quem está se dirigindo a nós com essas palavras. E nos diz que nos abençoa e nos protege e que o seu rosto está voltado para nós; que nos vê com bons olhos e que nos dá a paz. O que mais queremos?

A segunda leitura nos permite ver a razão pela qual Deus nos vê e nos abençoa dessa forma. Em Cristo, nascido de Maria, nós fomos libertados da lei do pecado e da escravidão e fomos adotados como filhos. Deus já não é um estranho. Deus não é o juiz que condena, nem a polícia que vigia cada um de nossos passos para nos deter ao menor deslize cometido. Deus é agora o Pai. Jesus o chama *Abá* que, em sua língua natal, o aramaico, significa papai, e nós somos seus filhos.

O Evangelho nos faz voltar ao início de toda a história. É um começo simples, mas chega até nosso coração. Se, hoje, somos abençoados por Deus, e podemos pensar com toda a razão que somos seus filhos, é porque Maria, aquela mulher simples de Nazaré, disse *sim* à iniciativa de Deus, pois o acolheu em seu seio, porque se deixou ser vista por Deus e seu imenso amor transformou-a em mãe, mãe de Jesus e nossa mãe.

Os pastores representam a atitude que nós deveríamos assumir nessa história. Eles, ao verem diante de si a criança e a mãe, não puderam fazer outra coisa a não ser louvar e dar glória a Deus. Foram contar para os outros e continuaram louvando e dando glória a Deus. Possivelmente, esta seria a melhor maneira para iniciarmos o ano: louvando e dando glória a Deus pela vida que nos deu e por nos ter feito seus filhos, por nossa família e pelo amor que desfrutamos. O Senhor continua olhando para nós com bons olhos e podemos contar com sua bênção durante todo o ano que se principia. E, depois, ao longo do ano, faremos como Maria: guardaremos no coração tudo aquilo que nos acontecer e descobriremos aí a presença amorosa de Deus, iremos dar graças e iremos louvá-lo por isso.

Epifania do Senhor
(Is 60,1-6; Ef 3,2-3a.5-6; Mt 2,1-12)

Quem vir a luz ficará irradiante

Se as companhias elétricas fossem informadas, todas se apressariam em patrocinar este dia de grande festa. Porque a mensagem das leituras e da solenidade nos fala continuamente da luz. Na primeira, joga-se, constantemente, com as palavras *luz, glória* (que, também, tem a ver com a luz), *trevas, noite, aurora*... Todas essas palavras são empregadas para indicar que a luz chegou para aqueles que estavam em trevas. Quem vir a luz ficará irradiante. Isto é, será capaz de refletir a luz, de oferecê-la a outros e de ser, ele próprio, luz para os demais.

Na carta aos Efésios, Paulo fala de uma revelação que recebeu. Uma revelação é uma luz interior proveniente de Deus. O que essa luz revela é o projeto de Deus, a Boa-Nova da salvação para todos os povos e não apenas para os judeus. Isso é revelado a Paulo e a alguns outros – os apóstolos e os profetas – para que todos tenham conhecimento. Uma vez mais, compreendemos que os que recebem essa luz se tornarão, por sua vez, luz para os outros. E o Evangelho nos conta o misterioso relato dos magos que vêm do Oriente, seguindo (que casualidade!) a luz de uma estrela. Trata-se de uma estrela cuja luz aparece e desaparece (às vezes também as companhias elétricas nos fazem sofrer alguns apagões), mas eles a seguem com constância até encontrarem Jesus em Belém. Como sempre, o Evangelho nos oferece a chave para entendermos a mensagem da Palavra de Deus. A estrela, a luz de Deus revelada no alto do céu ou, o que dá no mesmo, no coração dos magos, os conduz diretamente a Jesus que é, dessa forma, a grande revelação, a grande fonte de luz, a salvação para um mundo que caminhava nas trevas. Agora já não é mais uma estrela distante que os guia. Aquela estrela desceu até nós, caminha conosco.

Aqueles que encontraram essa luz tornaram-se radiantes. Não poderia ser de outra maneira. Porque ela é o próprio Deus. Mas não podem nem devem guardá-la para si próprios. Essa luz, essa Boa-Nova, citada por São Paulo deve ser levada a todos, homens e mulheres. O mistério do amor de Deus deve ser comunicado universalmente.

Este e não outro é o significado do título desta festa: a Epifania; palavra de origem grega que significa a *manifestação de Deus*.

Essa solenidade fecha a celebração do nascimento de Jesus, o Natal. Começamos com o Advento – quatro semanas dedicadas à preparação. Em seguida, o Natal, o nascimento de Jesus e, agora, ao término de alguns dias, celebramos que esse Jesus é o próprio Deus, feito homem, e promessa de salvação para todos os homens e mulheres do mundo, sem exceção.

Quais partes do meu coração vivem na escuridão? Minhas relações com minha família, meus amigos e pessoas que conheço são feitas de luz ou de trevas? Por quê? De que maneira eu poderia ser luz para aqueles que vivem comigo?

Batismo do Senhor
(Is 42,1-4.6-7; At 10,34-38; Mt 3,13-17)

Descubramos o nosso Batismo!

Hoje entendemos o Batismo como um sacramento, um rito que deve ser cumprido para integrar a comunidade católica. Mas a festa de hoje nos recorda que o Batismo é algo muito mais profundo. E que seria bom que recuperássemos esse significado em nossa vida cristã.

Aquilo que hoje é apenas – na maior parte das paróquias – o jogar um pouco de água sobre a cabeça do recém-nascido, era no início da história do cristianismo – e ainda hoje em algumas paróquias – um mergulho completo na água. A água é o princípio da morte (na água nos afogamos, não podemos respirar; aquilo que é lançado na água se dissolve, deixa de existir), mas também é o princípio da vida (cientificamente podemos afirmar que a vida começou na água, o feto está envolvido em líquido; e da água se sai limpo e puro). O Batismo tem, pois, um significado básico: expressa a morte e a ressurreição de uma pessoa. Aquele que é batizado morre para uma vida e, ao sair da água, começa uma nova. Por isso, a tradição cristã determinou que no batismo se impusesse outro nome à pessoa. A nova vida requeria um novo nome.

Tudo isso é um sinal. Ninguém morre de fato nem ressuscita de verdade. Mas há momentos na vida em que precisamos de um sinal desse tipo, que ateste uma transformação real na vida da pessoa. Nesse momento, ainda que não se produza a morte física, acontecem mudanças na vida de uma pessoa que trazem certamente um novo estilo e uma nova orientação.

Com esse sentido tão profundo Jesus foi batizado. Até então havia vivido como apenas mais um. Talvez tenha se retirado para o deserto e ali tenha se encontrado com o grupo de João Batista ou com outros grupos. Foi lá que amadureceu sua decisão, onde reconheceu sua chamada para anunciar a Boa-Nova do Reino. Por isso, foi batizado. Foi uma maneira de referendar publicamente seu novo estilo de vida. O Batismo de Jesus marca uma fronteira entre sua vida anterior e posterior. Foi verdadeiramente o começo de uma nova vida a serviço do Reino de Deus.

Para nós o batismo não tem esse sentido. A grande maioria de nós foi batizada ainda recém-nascida. Nada recordamos daquela celebração. Não significou um antes e um depois em nossa vida. No entanto, nos sentimos imersos, desde o princípio, na tradição cristã. Desde o início de nossa vida somos cristãos. Agora se trata de levar para a prática diária aquilo que nosso batismo celebrou e significou. Como Jesus, estamos comprometidos a viver de acordo com o Evangelho, a ser portadores da Boa-Nova para todo o mundo.

Houve algum momento de minha vida em que tenha me dado conta de verdade sobre o que significa ser cristão e seguir Jesus? O que eu deveria fazer para viver meu batismo com maior fidelidade? Procuro viver como cristão durante todo o dia e em relação àqueles com os quais me encontro?

Tempo da Quaresma

1º domingo da Quaresma
(Gn 2,7-9;3,1-7; Rm 5,12-19; Mt 4,1-11)

Novamente as tentações

No início da Quaresma, a Igreja sempre nos propõe a mesma leitura do evangelho: o relato das tentações de Jesus. Poderíamos aproveitar a oportunidade para falar das tentações e daí passaríamos a falar do pecado. Mas, é certo que esse evangelho nos orienta para outro ponto: as tentações foram para Jesus a oportunidade para que descobrisse ou reafirmasse sua própria identidade.

Qual era sua relação com Deus, a quem chamava de Pai-*Abá*? De que maneira deveria realizar sua missão de anunciar o Reino? Deveria se servir do poder e da força para levar as massas a acreditarem nele e no Reino que anunciava? Todas essas perguntas são as que estão em jogo no relato das tentações. Todas essas questões foram cruciais para Jesus. Foi um momento-chave em sua vida. Jesus compreendeu que o seu futuro não era ser *carpinteiro* em Nazaré. Percebeu que sua vocação era tornar presente no mundo, em seu mundo, o amor de Deus, desse Deus que era para ele Pai de Amor e Misericórdia. Mas como? Sem dúvida, Jesus refletiu de maneira muito séria a respeito desse ponto. Era o sentido mesmo de sua vida, seu próprio futuro, o que estava em jogo.

Essa reflexão, com certeza, não aconteceu em uma noite – nos relataram os evangelistas em um estilo novelesco, falando das tentações sofridas por Jesus. Sem dúvida, a respeito de tais dúvidas Jesus questionou-se no início de sua vida pública. Ao final daqueles trinta anos de vida escondida em Nazaré. Para ele, a conclusão foi clara: não se tratava de usar o poder que Deus lhe havia conferido e nem mesmo de abusar do seu nome. Aquele a quem Jesus havia reconhecido como Pai reconhece e respeita a liberdade humana. O Deus de Jesus não manipula a consciência de ninguém. Deseja ser aceito de maneira livre como Deus e Pai de todos. A partir desse momento, a missão de Jesus foi caracterizada pela simplicidade do anúncio, pela proximidade com todos, pelo encontro humano, cheio de misericórdia e compaixão para com todos os homens e mulheres, em especial aqueles que sofriam. Por isso, Jesus acabou por revelar Deus muito mais por seu estilo de vida, por seu comportamento que por seus discursos. Estes não são mais do que um reflexo de sua vida e de sua experiência de Deus.

Nós também podemos compreender, assim, as tentações que padecemos a partir dessa perspectiva. São a oportunidade para nos esclarecer sobre quem somos, sobre o sentido de nossa vida e sobre o que desejamos ser. São momentos-chave nos quais nos encontramos em uma encruzilhada. Precisamos tomar uma decisão que marcará nossas vidas, nosso futuro e nossa maneira de ser. Ao sermos tentados, nos damos conta de que nós somos livres, de que há outras possibilidades pelas quais podemos optar. Trata-se de um momento em que nos tornamos donos das nossas vidas. Em nossas mãos está a decisão. E somos responsáveis por ela.

Sentimo-nos alguma vez nestas encruzilhadas em que nosso futuro depende da nossa decisão? Estamos conscientes das consequências para nossa vida da decisão que tomamos? Recorremos à oração para termos mais luz nesses momentos?

2º domingo da Quaresma
(Gn 12,1-4a; 2Tm 1,8b-10; Mt 17,1-9)

Deslumbrados pela luz de Deus

Para aqueles que entendem a Quaresma como um tempo centrado apenas na penitência, na conversão ou mesmo na consideração de como Deus nos castigará por nossas más ações, é muito importante refletir de maneira cuidadosa sobre as leituras deste domingo.

Nenhuma das três leituras apresenta uma palavra negativa. Todas falam de maneira positiva. A primeira é uma bênção de Deus sobre Abraão. Com certeza, Deus coloca à prova a fé de Abraão. Deus o convida a deixar sua terra, a deixar tudo. Nessa viagem em direção ao desconhecido só conta com a promessa de Deus. E, o que é ainda melhor, com sua bênção. Três vezes aparece nesta leitura o verbo *abençoar*. É uma bênção que recai sobre Abraão, sua família e seus descendentes. Parece que o encontro com Deus deu a Abraão nova direção, novo sentido para a sua vida. Deus o convida a deixar a sua terra, não para sofrer, mas para chegar a uma terra na qual receberá a bênção do Senhor.

A segunda leitura nos abre ainda mais a perspectiva. A salvação oferecida por Deus não é apenas para Abraão, mas sim para todos. Desde antes da criação, nos diz São Paulo, Deus dispôs-se a dar-nos sua graça e salvou-nos. A salvação não depende de nossos esforços nem méritos, mas da pura graça de Deus que no-la oferece gratuitamente. E é neste tempo em que estamos: tempo de graça, de salvação, de presença entre nós do amor gratuito de Deus.

O Evangelho nos oferece o relato da transfiguração. Trata-se de um relato surpreendente. Parece que em um determinado momento os apóstolos ficaram deslumbrados com a personalidade de Jesus. Perceberam com clareza como se manifestava nele a graça, o poder, o amor e a salvação de Deus. Sentiram-se confirmados em sua fé. Deram-se conta de que, apesar da possibilidade de poder tornar-se mais ou menos difícil seguir Jesus, iriam encontrar, caso o fizessem até o fim, a luz, a salvação e a graça. A mensagem do Pai nos convida precisamente a seguir Jesus: "Este é o meu Filho, escutem-no".

Três leituras, portanto, que nos convidam a tomar o caminho adequado, a sairmos de nossa terra, da vida à qual estamos acostumados, para irmos à terra em que encontraremos a bênção de Deus (primeira leitura); para descobrirmos que a salvação de Deus nos foi oferecida desde sempre (segunda leitura); para nos deixarmos deslumbrar pela luz de Deus (evangelho). A Quaresma não é, portanto, um tempo de escuridão. Na escuridão vivíamos antes da Quaresma. Agora somos convidados a abrir os olhos para a luz. O que acontece, por vezes, é que a luz, quando é intensa, deslumbra e leva um pouco de tempo para nos acostumarmos. Para isso é a Quaresma: para nos acostumarmos à luz.

Que áreas de escuridão há em minha vida pessoal, familiar, em minhas relações e em meu trabalho? O que devo fazer para abrir meus olhos à luz de Deus? Leio a Bíblia diariamente? Faço alguma oração? Rezo sozinho ou com minha família? O que eu devo fazer para compartilhar com outros a luz com a qual Deus me presenteou?

3º domingo da Quaresma
(Ex 17,3-7; Rm 5,1-2.5-8; Jo 4,5-42)

Em Espírito e em verdade

Quem já não recebeu uma carta dessas que dizem que, fazendo isto ou aquilo, algo de bom acontecerá, um milagre para sermos precisos, e lhe trará felicidade? Ou talvez se trate destes pregadores anunciando que fazendo isto ou aquilo conseguiremos a salvação de uma maneira absolutamente segura. As devoções correm, e continuam correndo pelas comunidades cristãs: é necessário fazer as nove primeiras sextas do mês ao Coração de Jesus ou a novena a tal santo; rezar o rosário todos os dias, ou peregrinar a um determinado santuário ou a outro, ou...Sempre parece que há uma condição, mais ou menos difícil de ser cumprida, e se nos apresenta uma espécie de prova, necessária para conseguirmos a salvação e irmos para o céu.

A samaritana, igualmente, andava com esses problemas. Entre samaritanos e judeus havia uma disputa. Alguns diziam que o culto a *Yahvé* apenas poderia ser celebrado no Monte Garizim, e os outros afirmavam que somente em Jerusalém. Uns diziam que era necessário seguir certas normas, outros indicavam normas diferentes. Conclusão: eles não se falavam. De repente, surge Jesus, um judeu, e pede água à mulher, uma samaritana. Tem sede e pede água. É, assim, um ser humano que expõe sua necessidade. Nada mais. Para Jesus não importa que aquela mulher seja samaritana. É uma irmã a mais. É filha de Deus.

Aqui começa um diálogo em que Jesus convidará a samaritana a ir mais além das normas e dos cultos. Tal como diz Jesus, aproxima-se a hora em que aqueles que adoram Jesus o farão "em espírito e em verdade", e não neste monte ou em outro, ou cumprindo tais ou tais leis. Abre-se, desta forma, a mente da samaritana e ela anuncia aquilo que *viu* e *ouviu* aos demais samaritanos.

Mas o que significa esse "em espírito e em verdade"? Talvez devêssemos colocar junto a esse relato da samaritana a parábola do bom samaritano. Talvez, assim, encontrássemos a chave daquilo que significa para Jesus adorar a Deus. Não é algo que fazemos no templo – recordemos que na parábola se reprova, precisamente, a atitude do sacerdote e do levita – porque se adora a Deus no lugar em que se encontra. E ele é encontrado no próximo. De maneira mais clara, no necessitado e naquele que sofre. Neste ponto, nos vem à memória uma citação de Santo Irineu: "A glória de Deus é a vida do homem". A proposta de Jesus para os judeus e samaritanos é a mesma: o culto nada mais é do que um folclore se não está fundamentado em um real amor a Deus. Este se manifesta primeiramente no amor aos que nos estão próximos, sobretudo aos que sofrem. É de se esperar que nesta Quaresma nos convertamos para adorar a Deus em espírito e em verdade, em nossos irmãos e irmãs que sofrem.

Alguma vez faço a mim mesmo perguntas tais como as feitas pela samaritana? Vivo preocupado com o cumprimento das normas e me esqueço de amar e servir ao meu próximo? O que eu faço para adorar a Deus nos meus irmãos e irmãs que sofrem?

4º domingo da Quaresma
(1Sm 16,1b.6-7.10-13a; Ef 5,8-14; Jo 9,1-41)

Da confusão à luz

O evangelho de hoje é uma longa e preciosa história. É possível falar sobre ele e comentá-lo de muitas formas: as atitudes dos vários personagens, identificando-nos com uns e com outros, etc. Vamos, no entanto, nos centrar na relação entre o cego e Jesus. Se deixarmos de lado todas as discussões e diálogos posteriores ao milagre, o relato do milagre como tal é muito breve. Jesus se aproxima do cego – não é dito que o cego tenha pedido sua cura, simplesmente estava ali e Jesus o viu – cospe na terra, faz barro com a saliva, com ele unta os olhos do cego e lhe diz que vá se lavar. O cego obedece e recobra a vista. A seguir vem toda a discussão entre os conhecidos – a família, os fariseus e o cego. Jesus praticamente desaparece do relato. Até que, no final, se encontra uma vez mais com o cego, que fora expulso da sinagoga simplesmente por contar o que lhe havia acontecido, e o convida a acreditar nele.

Devemos prestar atenção à maneira da cura. Jesus passa barro nos olhos do cego. É como se Jesus levasse o cego a uma confusão ainda maior. De fato, o cego vivia tranquilo e contente com sua situação. Não pede a Jesus que o cure. Simplesmente estava ali quando Jesus passou. Podemos pensar que, se era cego de nascença, não sentiria nenhuma necessidade de enxergar. Para quê? Seu mundo sempre fora escuro. Não conhecia a luz nem sentia sua falta. Talvez nem sequer tivesse consciência de que tinha olhos.

Jesus o faz tomar consciência de sua realidade. O barro nos olhos fez o cego sentir dor. Fez-lhe sentir que tinha olhos. Não é verdade que a dor nos faz sentir o próprio corpo de uma forma especial? Algo dessa natureza aconteceu com o cego. Logo veio a instrução: "Vá se lavar". "Lavar o quê?", pensaria o cego. Mas foi e, ao lavar-se, descobriu pela primeira vez o que era a visão. Descobriu o mundo. Descobriu a si mesmo.

Sua existência tranquila complicou-se muitíssimo. De repente, viu-se em confronto com seus conhecidos e com seu mundo. Os fariseus acabaram por expulsá-lo da sinagoga, e seus próprios familiares não queriam muito saber dele. No final, encontra-se com Jesus e, com a visão que acabara de ganhar, reconhece o Salvador: "Creio, Senhor". E se prostra diante dele.

Na metade da Quaresma, o Evangelho nos diz que Jesus é a luz do mundo. É a nossa luz. Faz-nos ver a realidade de nossas vidas. Tira-nos da escuridão em que nos sentimos acomodados. Descobre-nos o que gostaríamos que ficasse oculto. Faz-nos enfrentar nossa própria realidade. Tornam-se visíveis as nossas atitudes miseráveis, egoístas, etc. E nos desafia a dar uma resposta: quem se anima a abrir assim os olhos?

Quais são as partes de minha vida, de minha família, de minhas relações, de minha sociedade, que prefiro deixar na obscuridade e não as ver? Quero de verdade que Jesus me abra os olhos? Em que teria de mudar se me decidisse a abrir os olhos? Que papel exerce Jesus em minha vida? É de verdade minha luz?

5º domingo da Quaresma
(Ez 37,12-14; Rm 8,8-11; Jo 11,1-45)

Da vida-morte à vida-vida

A questão que hoje poderíamos propor é a seguinte: de que morreu Lázaro? Se no domingo passado a leitura do evangelho nos falava do cego de nascença e nos fazia pensar que ele não o era apenas no sentido físico, mas que também não podia enxergar a verdade que é Jesus, hoje podemos pensar na morte que atinge Lázaro como sendo, igualmente, algo diferente da morte física.

Lázaro, como já dissemos no princípio da leitura, está doente. Mas, para Jesus, aquela enfermidade não terminará em morte, mas servirá para glorificar a Deus. Aqui está a chave da mensagem de Jesus para nós: não estamos doentes de morte. Ou, melhor dizendo, a morte não necessariamente letal. Sobretudo quando Jesus está no meio. Impõe-se, então, uma força maior e mais intensa que a morte, uma força capaz de dizer: "Retirem a pedra", apesar do mau cheiro daquele que estava enterrado há quatro dias, uma força capaz de gritar "Lázaro, vem para fora". É a força de Jesus, aquele que diz de si mesmo que é a "ressurreição e a vida".

Precisamos ler com atenção este relato e permitir que as palavras de Jesus cheguem ao nosso coração. Porque sabemos que estamos doentes de morte. Estamos conscientes de que o orgulho, a inveja, o desejo de independência, o desprezo e tantos outros vírus afetam nosso ser e nos vão matando pouco a pouco. Após tantos anos de ciência e investigação, ainda não temos tratamentos médicos que curem verdadeiramente essas enfermidades que nos matam em vida. Acabamos por viver, de fato, uma morte-vida que não nos leva a nenhum lugar. Enroscamo-nos em nós mesmos e nos afastamos de quem é a fonte da vida.

Jesus nos convida a sairmos da cova, da fossa, em que nós mesmos nos metemos. Convida-nos a reconhecer que não temos forças para sairmos sozinhos. Estende-nos a mão e nos leva para a luz – também disse: "Eu sou a luz do mundo". E ainda que no início não possamos caminhar bem porque as vendas (dos olhos) nos impedem, logo mais descobriremos, se nos atrevermos a sair, que Jesus é o sol que mais nos aquece; que nos dá gosto estar ao seu lado; que ele é o pão que dá a vida e que ele é a videira e nós, seus ramos. Dito de outra maneira, Jesus é a vida-vida, a vida viva. Jesus realiza a antiga promessa de livrar o povo de seus sepulcros e nos oferece uma terra onde viveremos para sempre (primeira leitura). Em Jesus já vivemos segundo o Espírito. A força do pecado que nos mata não pode nada contra nós. Jesus é o vencedor do pecado e da morte (segunda leitura).

Quais são as enfermidades do espírito que me matam em minha família? E com os amigos? E no trabalho? Acredito de verdade que Jesus me chama da sepultura e me dá vida? Desejo deixar o sepulcro ou é apenas algo que digo com os lábios, mas não com o coração?

Domingo de Ramos
(Is 50,4-7; Fl 2,6-11; Mt 26,14-27,66)

A Paixão, palavra de alento [P.4]

Hoje ouvimos o relato da paixão segundo São Mateus. Trata-se de um relato apaixonante que vai do anúncio ao cumprimento. Há um ponto central no relato. Exatamente quando está sendo preso, Jesus proclama: "Chegou a hora" (Mt 26,45). A partir daquele momento, aquilo que na primeira parte do relato era anúncio começa a cumprir-se pouco a pouco.

A primeira parte é o relato da Última Ceia, momento em que Jesus, ao abençoar o pão e o vinho, refere-os a si mesmo e à sua própria entrega. Estes são e serão para sempre o sinal da Nova Aliança entre Deus e os homens. Uma nova época está a ponto de começar, mas passará, necessariamente, pela morte de Jesus. Neste contexto, entendemos o anúncio da traição de Judas e as negações de

Pedro. Na solidão do Monte das Oliveiras compartilhamos o medo diante da morte experimentado por Jesus.

Na segunda parte, tudo se cumpre como se houvesse um roteiro que os atores vão seguindo de maneira fiel àquilo que está escrito. A traição de Judas será consumada por intermédio de um beijo. A inútil valentia de Pedro, tentando defender o Mestre com uma espada, confirma-se em suas três negações. Quem foi o maior traidor? O canto do galo será para Pedro uma recordação de sua própria fraqueza. O julgamento marca de maneira definitiva o enfrentamento de Jesus com as autoridades religiosas de Israel. Essa é a autêntica causa de sua morte. Aquele que passou sua vida pública falando de Deus Pai e realizando o bem é condenado como blasfemo. De alguma maneira, a condenação de Jesus é uma aposta diante de Deus. Jesus morre em nome de Deus. E aqueles que o condenam o fazem também em nome de Deus.

O relato culmina com a morte de Jesus que, para chegar até ali, foi julgado injustamente e torturado pelos servidores do poder, que se aproveitam da situação para abusar dos indefesos. Sempre o poder teve a seu serviço lacaios que fizessem o trabalho sujo. Aqueles que condenam e torturam, que cravam na cruz ou fuzilam, jamais são os mesmos. Apesar de tudo, Jesus morre acreditando na esperança. As últimas palavras que o evangelista põe em sua boca são o início de um salmo (Sl 22). Trata-se de um texto em que o autor experimenta a dor, o sofrimento e o abandono de Deus nesse sofrimento, mas no final proclama sua esperança na força e na graça de Deus, que salva e dá vida aos que nele acreditam. Sem dúvida, o evangelista desejou expressar dessa maneira quais eram os sentimentos de Jesus nos últimos momentos de sua vida terrena.

A celebração da Semana Santa foi e é para os humilhados pela vida, pela cruz que está sempre presente nela, "uma palavra de alento". Deus está conosco e em nosso mundo há sempre um lugar para a esperança. Ainda que tenhamos celebrado muitas *Semanas Santas*, continua nos faltando fazer memória de Jesus de Nazaré para não nos desesperarmos diante de um mundo em que a morte, em todas as suas formas, está presente. Por mais que nos custe vê-lo, o Deus da vida triunfa sobre a morte. Essa é a nossa fé.

Tríduo Pascal

Quinta-feira Santa
(Ex 12,1-8.11-14; 1Cor 11,23-26; Jo 13,1-15)

A Eucaristia, testemunho de amor

Há um lugar em que nós cristãos nos encontramos e vivenciamos a experiência de pertencermos à mesma família, onde a comunhão não é uma ideia sem mais, mas sim uma realidade concreta, na qual a promessa de um reino futuro de fraternidade pode ser vivida aqui e agora. Esse lugar é a Eucaristia. Os séculos mostraram como, de uma maneira ou de outra, a Eucaristia tem sido o centro da vida cristã. São muitas as dimensões desse sacramento: festa da unidade da família humana, presença inigualável do mistério de Deus, recordação de seu sacrifício, tempo de compartilharmos, todos nós, ao redor de uma mesa comum, oportunidade para escutarmos a palavra de Deus... A Eucaristia é tudo isso e muito mais. Assemelha-se a um diamante que apresenta muitas facetas, todas cheias de brilho, vida e beleza. Todas nos dizem algo, nos chegam ao coração e nos fazem sentir que o Evangelho continua valendo a pena.

A celebração de hoje nos leva às origens dessa celebração. Jesus se despede de seus amigos. Estes são os poucos que o seguiram até Jerusalém.

Reúne-se com eles para cear. Sabem que a morte de Jesus está próxima. Cada palavra e cada gesto dele têm um peso e significado especiais. Jesus lhes explica o sentido de sua vida, aquilo pelo que lutou e pelo que morrerá. Quando lava os pés de cada um dos seus discípulos, quando compartilha com eles o pão e o vinho, Jesus está dizendo a eles por meio dos seus gestos e palavras, que sua vida esteve totalmente a serviço do Reino de Deus.

O Reino foi tudo para Jesus. Não era o caso de se proclamar um novo império tal como os conhecemos, isto é, com sua polícia e seu exército. Isso não seria mais do que repetir a história. E essa não era a maneira de Jesus. Ele veio nos falar de Deus, o *Abá*, o Pai que deseja reunir seus filhos ao redor da mesa da família. Isto significa romper com toda a inimizade entre as pessoas e pôr um fim nos poderes que oprimem e matam. Os poderosos de seu tempo não podiam aceitar essa mensagem. Por isso, desejavam matá-lo.

Jesus sabia disso. E sabia, igualmente, que sua morte seria a condição para que o Reino começasse a florescer. Jesus, que havia acreditado e proclamado o Deus da Vida, sabia que precisava morrer para entrar na Vida e para abrir a todos as portas do Reino. Ele mesmo já havia dito: se o grão de trigo, caído na terra, não morrer, fica só; se morrer, produz muito fruto (Jo 12,24). Deixemos que a recordação daquela Última Ceia chegue hoje ao nosso coração. Apenas assim conheceremos verdadeiramente o que é o amor de Deus manifestado por Jesus.

Da Última Ceia de Jesus às nossas Eucaristias há, certamente, uma grande distância, mas há coisas que têm de permanecer iguais: nossas Eucaristias são um lugar de encontro na fraternidade? Nelas reconhecemos os outros como irmãos e irmãs? Ajudam-nos a ser melhores e a servir mais aos outros?

Sexta-feira Santa
(Is 52,13-53,12; At 4,14-16; 5,7-9; Jo 18,1-19,42)

Igreja, comunidade em torno da cruz

Deveríamos ouvir o relato da Paixão de Jesus com a mesma devoção que antigamente os filhos ouviam os avós contarem as tradições da família. Aqueles relatos davam sentido à existência familiar deles. Da mesma maneira, os cristãos estão unidos estreitamente ao redor de Jesus. O relato de sua morte na cruz é uma parte importantíssima de sua vida. Dá luz e sentido a tudo aquilo que Jesus fez e disse antes e, também, tudo o que representou depois para os seus discípulos. A primeira comunidade constituiu-se ao redor da memória da cruz de Jesus e da experiência de que o crucificado havia ressuscitado. Ou, o que é o mesmo, que o Ressuscitado era o crucificado. Por isso, trata-se de nosso relato fundamental mais importante. Junto à cruz nasce nossa comunidade, nasce a Igreja. A cada ano escutamos as mesmas palavras, realizamos os mesmos gestos de adoração da cruz. Dessa forma, nos reencontramos com a fonte e a origem da nossa comunidade, com nossa razão de ser. Por isso, convém levantar os olhos e contemplar a cruz sem medo para sabermos o que, de fato, aconteceu ali.

Pois bem, aquilo que aconteceu naquela primeira Sexta-feira Santa foi a execução de um inocente em nome de Deus. Naquele dia, quem havia pregado tanto sobre Deus como o pai que ama a todos e que está sempre repleto de misericórdia e compaixão foi levado à morte. E é preciso repetir: precisamente em nome de Deus. O paradoxo é que foi justamente daquela morte que brotou a corrente de vida que nos vivifica. A comunidade cristã nasce da cruz de Jesus e ao seu redor encontra sempre seu sentido, tantas vezes perdido e reencontrado ao longo da história.

Em Jesus se personifica a morte de todos os inocentes e se torna visível a injustiça que é capaz de matar e justificar suas ações em nome do Deus da vida. Nossa comunidade cristã nasce junto à cruz como um grito de protesto contra a injustiça existente no mundo. Na dor de Jesus está presente a dor de todos aqueles que, ao longo da história da humanidade, gritaram contra a injustiça ou sofreram suas consequências, de todos que clamaram por liberdade ou reclamaram seu direito à vida diante do Deus da vida. A comunidade cristã é o eco permanente em nosso mundo da dor de Jesus, o inocente morto para defender o Deus da vida. A existência da comunidade cristã rompe com uma história de injustiça e abre uma nova esperança para a humanidade.

Não há melhor exercício para esta Sexta-feira Santa que dedicarmos um período de silêncio e tranquilidade para ler os relatos da Paixão de Jesus e deixar que o que ali acontece chegue ao coração. Logo é tempo de perguntar-nos: o que fazemos para lutar contra a injustiça que nos rodeia? Nossa comunidade luta contra a injustiça? Sentimo-nos solidários com a dor dos inocentes de nosso mundo?

Vigília Pascal
(Leituras selecionadas: Rm 6,3-11; Mt 28,1-10)

A luz que nos torna irmãos

No meio da noite se fez a luz. Os símbolos utilizados na liturgia desta noite não podem ser mais claros. Não precisam de explicação. Todos conhecemos os efeitos desastrosos da falta de luz. Sem luz não há vida. A luz é a fonte da vida. Mas a luz que celebramos esta noite não é uma luz qualquer. Ela tem uma qualidade especial. Em torno da luz que é o Ressuscitado nos reconhecemos uns aos outros como irmãos.

Uma conhecida história poderá nos ajudar a entender isso. É sabido que para o ritual judaico é muito importante determinar quando começa realmente o dia. Desta forma, houve um aluno que perguntou a um sábio rabino como se poderia saber quando, de fato, o dia começava. Perguntou desta maneira: "Mestre, começa o dia quando há luz suficiente para distinguirmos um cavalo de um touro?". A resposta do mestre foi imediata: "Não, este não é o melhor critério para saber quando começa o dia". Voltou a perguntar o aluno: "É, então, quando podemos distinguir a cor de um cabelo?". O Mestre respondeu: "Não, tampouco este é um bom critério". "Então, Mestre, qual é o critério?". "O dia começa quando há suficiente luz para que, ao ver o rosto de um homem ou de uma mulher, se reconheça imediatamente o rosto de um irmão ou de uma irmã".

Este é exatamente o tipo de luz com o qual a Ressurreição de Jesus nos ilumina nesta noite e, se permitirmos, todas as noites da nossa vida. Em torno da Ressurreição nasce a autêntica fraternidade universal. Ou melhor, a luz do Ressuscitado nos permite reconhecer aquilo que éramos desde há muito tempo, desde a Criação: irmãos e irmãs, filhos e filhas do mesmo Pai.

Nesta noite, eu – cada um de nós – ressuscito para uma vida nova quando nos voltamos para os outros que estão nos bancos da igreja e neles reconheço irmãos e irmãs. Quando levanto os olhos para além das fronteiras da comunidade e vejo que o mundo está povoado pelos meus irmãos e irmãs. Quando contemplo a criação e me sinto solidário e servidor de toda a vida que Deus colocou nela.

Ao celebrar nesta noite a Ressurreição de Jesus, nossa comunidade sente e descobre que a vontade de Deus é que todos nós vivamos e nos comprometamos a cuidar da vida sob todas as suas formas. A sentir em nossa carne a dor e a injustiça que sofrem nossos irmãos e irmãs. E a lutar para que a vida de Deus, manifestada nesta noite em Jesus, seja a nossa glória e a dele de cada dia.

Celebrar é sempre participar. Celebrar a Ressurreição de Jesus é participar de sua nova vida. Em que posso e devo ressuscitar para viver essa nova vida com ele? Em que nossa comunidade poderia e deveria mudar? Como promover a vida, hoje tão ameaçada pela ação da própria comunidade?

TEMPO DA PÁSCOA

Páscoa da Ressurreição
(At 10,34a.37-43; Cl 3,1-4; Jo 20,1-9)

Viu e acreditou

O evangelho deste domingo, mais do que um relato sobre a aparição de Jesus ressuscitado, é uma narrativa sobre o seu desaparecimento. O que encontram tanto Maria Madalena como os dois apóstolos não é a manifestação gloriosa do Ressuscitado, mas sim um sepulcro vazio. Diante desse fato cabem duas interpretações. A primeira é dada pela atitude inicial de Maria Madalena: "Tiraram o Senhor do sepulcro, e não sabemos onde o puseram!". A outra é a resposta de fé dos apóstolos: "Viu e acreditou".

A atitude mais clara, mais óbvia, é, sem dúvida, a de Maria Madalena. Observa-se em suas palavras uma grande carga de amor e carinho. No entanto, sua perspectiva é de pequeno alcance. A atitude dos apóstolos é diferente. Chegam ao sepulcro e observam o que ali aconteceu. Apenas depois sua mente é aberta e compreendem aquilo que não haviam entendido antes nas Escrituras: *que Jesus devia ressuscitar dentre os mortos.*

Jesus é, curiosamente, o grande ausente desse relato. Apenas as faixas e o sudário permanecem como testemunhos silenciosos de que ali houve um corpo morto. E é precisamente sobre esse vazio que a fé é afirmada. Não nos disseram que fé era acreditar naquilo que não se vê? Pois aqui temos uma prova concreta disso. Ao redor da ausência de Jesus brota a convicção de que ele está vivo, de que ele ressuscitou. Não tinham sido os judeus ou os romanos os que tinham levado seu corpo. Foi o próprio Deus, o *Abá* de quem tantas vezes falou, quem o tinha levantado dentre os mortos. E lhe deu uma nova vida. Uma vida diferente e plena. Jesus já não pertence ao reino dos mortos, mas está entre os que estão verdadeiramente vivos. Nessa nova vida sua humanidade fica definitivamente impregnada da divindade. A morte já não tem poder sobre ele.

Porém, não há provas disso. Não houve policiais recolhendo impressões digitais. Não houve juízes ou comissões parlamentares. Não houve jornalistas, nem câmeras, nem microfones. Nada disso. Apenas as afirmações das primeiras testemunhas que nos chegaram pelos séculos. De voz em voz e de vida em vida foi-se passando a mensagem: *Jesus ressuscitou*. Muitos encontraram nessa fé uma fonte de esperança, de vitalidade, de energia que conferiu sentido a suas vidas. A vida de tantos santos, canonizados ou não, é prova disso. Mas não há evidências. Apenas a confiança na palavra daqueles testemunhos nos abre o caminho até uma nova forma de viver. Quer acreditar também?

A fé na ressurreição de Jesus é uma verdadeira opção pessoal. Acreditar nela nos deveria levar a uma nova maneira de viver: em esperança, em fraternidade, em serviço... Em quais situações concretas de nossa vida se poderia/deveria manifestar essa nova vida? Em quais aspectos concretos da vida de nossa comunidade? Como podemos transmitir às gerações seguintes a mensagem que recebemos dos nossos antepassados sobre a ressurreição de Jesus?

2º domingo da Páscoa
(At 2,42-47; 1Pd 1,3-9; Jo 20,19-31)

Ungidos com o poder do Espírito

A figura de Tomé, o apóstolo da dúvida, nos faz perder de vista o verdadeiro protagonista deste evangelho e de todos os evangelhos desses domingos: o Ressuscitado. Centrar-nos em Tomé nos leva a refletir uma vez mais sobre nossas próprias atitudes e sobre a relevância da fé em nossa vida. No entanto, não é isso que podemos fazer de melhor durante esses domingos. A Páscoa não é tempo para nos voltarmos para nós mesmos, mas de levantarmos os olhos para ver o Ressuscitado, de permitirmos que sua presença e suas palavras cheguem até nosso coração.

O que hoje Jesus oferece primeiramente aos atemorizados discípulos é uma mensagem de paz. A mensagem permanece a mesma que Jesus havia pregado quando caminhava pelos montes da Galileia e lhes havia falado a respeito do Reino. A paz que Jesus lhes deseja é fruto da presença poderosa de Deus. Com a ressurreição de Jesus começou-se a nova e definitiva etapa da história. O Reino já está aqui. Se eles se sentem perseguidos e amedrontados, se nós nos sentimos da mesma forma, não há razão para isso. A paz de Deus está conosco.

Mas há uma segunda etapa. Jesus não lhes dá paz para que fiquem felizes e dentro de suas casas. A paz não é um presente que se guarda em uma caixa-forte para que não se estrague. Aos que estavam amedrontados, Jesus lhes pede que saiam, preguem e deem testemunho daquilo que viram e ouviram: "Como o Pai me enviou, assim também eu vos envio a vós". A força do Espírito de Jesus os acompanha nesta missão – missão universal – que não conhece fronteiras e que é endereçada a todos os povos, raças e nações.

É importante voltarmos nossa atenção para Jesus durante os domingos de Páscoa. E perceber que Jesus nos devolve o olhar e, ao mesmo tempo, nos manda ser suas testemunhas. Ser luz do mundo e sal da terra é a missão do cristão. A luz não existe para ficar escondida, nem o sal para nada serve se perder sua força. Ser cristão significa voltar-se para os homens, próximos e distantes, e presenteá-los com o olhar com que Jesus nos olha.

A fé, a experiência de se ter encontrado com o Ressuscitado, não é nunca algo que nos iguale a antes. A fé nos transforma e modifica, nos obriga a sair de nós mesmos e a comunicar aos outros aquilo que vivemos. A fé nos faz entrar em uma dinâmica de relação que nos leva a reconhecer os outros como irmãos e irmãs. Leva-nos a compartilhar com eles a experiência da fé, em que o Reino já teve início em Jesus e que nele se abre uma nova esperança para a humanidade.

Há um longo trecho sobre a necessidade de haver missionários, ou de que toda a comunidade cristã seja ou deva ser missionária. O que nossa comunidade está fazendo para transmitir a fé e a presença do Ressuscitado àqueles que, vivendo próximos a nós, não o conhecem? De que maneira minha família é luz e sal para nossos vizinhos e amigos? Ouço a voz de Jesus ressuscitado que me continua desejando a paz?

3º domingo da Páscoa
(At 2,14.22-23; 1Pd 1,17-21; Lc 24,13-35)

De que forma os que iam para Emaús retornaram para Jerusalém

Para todo cristão que deseja viver seriamente sua fé, Emaús foi, em algum momento de sua vida, o destino da sua jornada. Quem não sentiu o fracasso em sua vida? Quem não foi tentado a abandonar tudo e procurar outros caminhos? São muitas as razões que nos terão levado a querer abandonar, a deixar Jerusalém para buscarmos um lugar mais confortável e menos comprometido para viver. Mas, de alguma forma, na jornada para Emaús nos encontramos com o Senhor – e esta é também uma experiência comum –, sentimos que nosso coração ardia com sua Palavra e acabamos reconhecendo-o na partilha do pão. E retornamos a Jerusalém.

A história dos discípulos que, sem esperança, deixam Jerusalém e retornam para as suas casas é nossa também. Cada um poderia contar sua própria experiência. Quantas vezes experimentamos a falta de amor, o egoísmo, até mesmo a traição e, totalmente abatidos, pensamos que o melhor a fazer era abandonar e deixar tudo? Falamos talvez para nós mesmos: "Que lutem os outros, eu já fiz o bastante!".

Mas podemos também contar como – nesse caminho do abandono, de deixar tudo – encontramos a força que nos convidou a começar de novo, a voltar para Jerusalém e acreditar que, com a ajuda do Senhor, tudo é possível. Desta maneira, muitos matrimônios voltaram a viver seu amor com renovada esperança; muitos cristãos descobriram desta forma a força e o poder da oração; muitos, que não esperavam mais nada da vida, levantaram-se e voltaram a caminhar.

A estrada de Jerusalém a Emaús e de Emaús a Jerusalém é, pois, o nosso próprio caminho. Mas há alguns componentes neste relato que nos ajudam a reconhecer melhor Jesus nos nossos próximos Emaús, isto é, nas situações de abandono, de fuga e de escassa vontade que estão por vir. Primeiro, devemos ficar atentos aos caminhantes desconhecidos. Neles pode estar presente o Senhor.

Por intermédio deles nos pode chegar a Palavra que iluminará nosso coração e o fará arder com vontade renovada.

Segundo, a Eucaristia é o momento privilegiado para reconhecermos o Senhor e descobrirmos o sentido de nossa vida como cristãos. Em torno do altar nós nos reconhecemos como irmãos que compartilham do mesmo pão. Não é à toa que no momento de partir o pão os olhos dos discípulos se abriram e o reconheceram. Muitos de nós não temos uma experiência semelhante na Eucaristia?

E, terceiro, não devemos sentir medo de partilhar com os outros nossas experiências de Emaús, tal como fizeram esses dois discípulos. Estamos todos caminhando e experimentando, entre outras coisas, cansaço, desilusão e desesperança. Talvez possamos, em mais de uma oportunidade – simplesmente ao compartilhar nossa experiência e ajudar aquele que está cansado e a ponto de abandonar tudo – ser o caminhante desconhecido que dê ânimo novo ao coração do homem ou da mulher. Não é isso ser missionário?

4º domingo da Páscoa
(At 2,14a.36-41; 1Pd 2,20b-25; Jo 10,1-10)

A porta do Reino

A comparação oferecida pelo evangelho de hoje nos situa diante de duas realidades bem diferentes, opostas e separadas. De um lado está o estábulo. Trata-se do lugar em que se abrigam as ovelhas. Ali encontram refúgio contra o frio e o alimento necessário, além de proteção contra os animais que podem lhes fazer mal. Fora do estábulo é justamente o lugar onde estão aqueles animais ferozes. Não há comida. O frio pode ser mortal. As ovelhas estão à mercê das intempéries. O lobo ameaça. Nada é seguro lá fora. No entanto, a comparação feita por Jesus não se concentra nos perigos de fora e nem nas comodidades de dentro, mas na porta. A porta é a passagem obrigatória pela qual as ovelhas devem passar para entrar no estábulo. Jesus afirma que ele é a porta ou, também, que é o dono das ovelhas. Conhece cada uma delas por seu nome. Cuida delas, alimentando-as e protegendo-as. Em oposição ao ladrão que pula a cerca e entra apenas para roubar e matar, Jesus oferece às ovelhas vida e vida abundante.

Toda a comparação se baseia para além da imagem concreta, na contraposição entre vida e morte. Seguir Jesus, aproximar-se da porta representada por ele, significa encontrar-se com a vida. Não entrar por essa porta é permanecer fora, isolado em meio aos perigos e ameaças. Não entrar implica ficar ao lado da morte.

Mas, hoje, o que significa para nós entrar pela porta que é Jesus? Alguém poderia pensar que a única solução para nos afastarmos dos perigos – dizem que o mundo está cheio deles – seria passar o dia todo dentro da Igreja. Este seria o lugar seguro. Mas engana-se quem pensa desta maneira. Jesus é bem claro quando diz: "Eu sou a porta. Se alguém entrar por mim será salvo; tanto entrará como sairá e encontrará pastagem".

Parece claro que entrar pela porta que é Jesus, encontrar-se com ele, permitir que seja nosso único dono, transforma a vida de uma pessoa. Não é que mude o lugar em que a pessoa tem de viver. O que muda é a pessoa e sua maneira de se relacionar com o mundo. Depois de passar pela porta que é Jesus, a pessoa poderá entrar e sair. O mundo já não é mais um lugar ameaçador e cheio de perigos. Todo o mundo se converteu em um curral seguro onde se podem encontrar pastagens e vida. Tendo Jesus como pastor, podemos deixar o estábulo com confiança e podemos enxergar a realidade de outra maneira: sem medo. A presença do Ressuscitado enche o mundo e faz que as pessoas tenham vida e vida em abundância. Com Jesus, o cristão não tem medo de nada e de ninguém, e sua própria presença no meio do mundo é portadora de salvação para esse mesmo mundo.

Somos comunidade cristã no meio do mundo. Saímos à rua amedrontados porque o mundo é mau? Ou contemplamos o mundo como criação de Deus e lugar da presença de Jesus? Passamos pela porta de Jesus? O que significa para mim, concretamente, passar pela porta que é Jesus?

5º domingo da Páscoa
(At 6,1-7; 1Pd 2,4-9; Jo 14,1-12)

*Somos uma raça escolhida, nação santa,
povo de Deus*

O tempo da Páscoa já está avançado e convém que nós, cristãos, tenhamos uma ideia clara de nossa identidade mais profunda. Às vezes, de tanto caminhar e trabalhar dias a fio, nos esquecemos de que fomos escolhidos como porta-estandartes de uma bandeira que não é apenas nossa, mas de toda a humanidade. Em Cristo Jesus ressuscitado, somos todos sacerdotes que oferecemos a Deus o sacrifício espiritual que traz a salvação ao mundo. É desta forma que construímos o Reino de Deus. Porque os sacrifícios que oferecemos não são como os da Antiga Aliança – holocaustos de carneiros e touros – mas a entrega das nossas vidas ao serviço do Reino de Deus, visto que estamos comprometidos em formar já aqui a família de Deus onde reina a verdade, o amor e a justiça.

Isso é o que nós, cristãos, somos pelo nosso Batismo. O desafio está em chegar a ser, na vida real, aquilo que já somos na presença de Deus. Nosso chamado consiste em levar à prática diária desse amor com o qual Deus nos amou em Jesus e nos transformou em *povo eleito* e *nação consagrada*. Para alcançarmos nosso objetivo, o evangelho de hoje nos mostra o caminho: o mesmo Jesus que disse a respeito de si mesmo que "Ele era o Caminho, a Verdade e a Vida". Os apóstolos custaram a compreender que seguir Jesus era muito mais importante que aprender algumas verdades; que não se tratava de teologia, mas de se encontrarem com Jesus e permitir que este fosse o guia que os levaria até o Reino do Pai. Não havia mais outro caminho a não ser seguir suas pegadas. Hoje devemos dizer o mesmo: seguir os passos de Jesus, comportarmo-nos como ele, amando nossos irmãos e irmãs, até dar-lhe tudo como ele fez.

Fazer isso na vida diária nem sempre é fácil. Hoje enfrentamos problemas e situações que não têm nada a ver com as enfrentadas por Jesus ou os apóstolos. Mas este é justamente o nosso desafio: encontrar soluções criativas, de acordo com o Reino, para os problemas que surgem. Tal como fizeram os apóstolos na igreja primitiva, ao perceberem que um grupo da comunidade, as viúvas dos *gregos,* não recebia a atenção merecida. Solucionaram imediatamente o problema criando um grupo que deveria atendê-las: os diáconos. Desta forma devemos seguir Jesus, ou seja, oferecendo soluções aos problemas com os quais nos deparamos, perguntando sempre: o que Jesus faria em uma situação como esta? E deixarmo-nos levar pelo Espírito até que encontremos as formas e os modos concretos que nos levem a expressar da maneira mais eficaz possível o amor pelos irmãos e irmãs, especialmente pelos mais necessitados.

Há pessoas em nossa paróquia, comunidade ou família que estão sem atendimento e que sofrem sem que ninguém lhes dê atenção ou ajuda? O que podemos fazer para nos aproximarmos deles, para aliviar seus sofrimentos? Não é essa a melhor maneira de seguir Jesus, Caminho, Verdade e Vida?

6º domingo da Páscoa
(At 8,5-8.14-17; 1Pd 3,15-18; Jo 14,15-21)

Da lei ao Espírito do amor

A moral não está em moda em nossos dias. Todo mundo parece saber perfeitamente o que precisa fazer a cada instante, e ninguém suporta a imposição de normas ou obrigações. Infelizmente, há muitos que continuam vendo a fé cristã como uma coleção de normas, mandamentos e obrigações que se devem cumprir escrupulosamente. Essa seria a condição para se obter a salvação. Aquele que cumpre as regras, muitas de tipo ritual, tal como ir à Missa todos os domingos, confessar-se uma vez por ano etc., ou as de cumprimento externo, tais como casar-se na Igreja, para garantir a salvação. Talvez por isso muitos cristãos que terminam indo à Missa em cima da hora ficam no fundo da igreja sem participar para valer e, como já estão próximos da porta, vão embora assim que o presidente da assembleia dá a bênção, ou até mesmo antes.

Jesus, no evangelho de hoje, coloca a questão exatamente de modo inverso. A obrigação dos mandamentos, como tal, não tem sentido algum se não for entendida no contexto de uma relação pessoal com o próprio Jesus: "Se me amais, guardareis meus mandamentos". Não se trata, pois, de cumprir os mandamentos de uma maneira automática ou cega, com o objetivo de alcançar a salvação. O primeiro passo é encontrar-se com Jesus, descobrir *quem é e o que significa* em nossa vida. Dessa relação pessoal surge o amor e o seguimento. Os mandamentos são simples consequência dessa vida de seguimento. Mas, antes de tudo, é o amor que em nenhuma situação se pode impor como obrigação.

Será que os que seguem a Jesus e o amam compreenderam como uma obrigação sem sentido o chamado da Igreja para que se reunissem uma vez por semana, ouvissem juntos a Palavra e compartilhassem o Pão e o Vinho na mesa da Eucaristia? Mais do que uma obrigação é uma alegria e um direito: o de me reunir com os meus irmãos e irmãs e, juntos, darmos graças a Deus por tudo aquilo que ele nos oferece.

Ser cristão, fazer parte da Igreja Católica não é cumprir uma série de normas e de mandamentos de forma automática: é fazer parte de uma família que se estende além do sangue e da cultura; é ter acolhido no coração uma tradição que vem de séculos; é ter escutado a pregação de Felipe e recebido o Espírito Santo dos apóstolos. Ser cristão é fazer de Jesus o centro da própria vida, e amá-lo é devotar amor aos meus irmãos com a força de seu exemplo e de seu Espírito.

Nesse domingo é preciso contemplar Jesus, torná-lo presente no nosso íntimo e fitá-lo nos olhos. Ele é a única razão que temos para continuarmos nos confessando cristãos, cumprindo com aquilo que nos pede o Evangelho e a Igreja.

Amar um irmão ou uma irmã, levou-me, alguma vez, em uma situação concreta a quebrar uma norma da Igreja? Por quê? O que é mais importante: amar ou cumprir os mandamentos? Será que os mandamentos não são quase sempre a expressão real desse amor que deve caracterizar minha vida como cristão?

Ascensão do Senhor
(At 1,1-11; Ef 1,17-23; Mt 28,16-20)

O último encontro com Jesus

Com esta festa da Ascensão conclui-se, praticamente, a Páscoa. É o último encontro que Jesus ressuscitado realiza com os discípulos. Repetem-se nele duas constantes que estiveram presentes ao longo dos quatro Evangelhos.

Por um lado, a confiança que Jesus deposita em seus discípulos. Jesus lhes diz que serão encarregados de continuar sua obra. As palavras de Jesus não podem ser mais claras: "Ide e fazei com que todos os povos sejam meus discípulos". Jesus colocou nas mãos deles o tesouro do Evangelho, do anúncio da Boa-Nova da salvação para a humanidade.

Mas, por outro lado, o autor dos Atos dos Apóstolos não deixa de reiterar, ainda neste último momento, a incompreensão dos discípulos. Depois de terem seguido Jesus pelos caminhos da Galileia e em sua viagem até Jerusalém; depois de haverem sido testemunhas diretas de suas palavras e milagres, de sua proximidade com os pobres e seu chamamento à conversão, porque "o Reino está próximo"; depois de terem visto como o mestre tinha sido preso, julgado e condenado à morte na cruz, e depois de terem experimentado a ressurreição, ainda assim, os discípulos continuavam sem compreender completamente a missão de Jesus e, portanto, sua própria missão como continuadores dela. No final de tudo não lhes ocorre mais que perguntar se era naquele momento que seria restaurada a soberania de Israel. Não haviam entendido nada da verdadeira missão do Mestre.

Apenas a promessa do Espírito Santo mantinha a esperança de que os discípulos chegassem a compreender plenamente a missão de Jesus e sua própria missão. Esse período tão especial que vai desde o dia de Páscoa, o da Ressurreição de Jesus, até sua Ascensão, termina com a festa de hoje. No entanto, o período de aprendizado dos discípulos não está concluído. Precisam receber, ainda, o Espírito Santo, que será quem os fará conhecer verdadeiramente o significado das palavras e da vida de Jesus. De alguma forma, é necessário que Jesus desapareça de suas vidas para que, assim, os discípulos abram o coração para uma compreensão mais profunda e verdadeira de sua figura. Até compreenderem que há outra maneira de Jesus manifestar-se no meio da comunidade, o que tornará a sua presença constante e firme até o final dos tempos.

Hoje na Igreja, em nossa comunidade e em nosso coração, continuaremos precisando da presença do Espírito para que nos ilumine a fim de compreendermos qual é a esperança à qual somos chamados por Jesus, a riqueza da glória que é a herança daqueles que creem nele. Talvez seja conveniente retomar a segunda leitura e fazer dela nossa oração para pedir ao Pai que nos envie o Espírito de Jesus porque, mesmo que seja custoso – como o foi para os apóstolos – entender, queremos seguir seu chamado para anunciar a boa-nova da salvação a todos os homens e mulheres.

O que significa para mim o anúncio do evangelho para toda a criação? Trata-se de um mandamento que diz respeito apenas aos padres e às freiras? O que eu deveria fazer para anunciar o Evangelho àqueles que vivem comigo?

Pentecostes
(At 2,1-11; 1Cor 12,3b-7.12-13; Jo 20,19-23)

Testemunhas do Espírito, testemunhas do amor

Em nosso mundo são faladas muitas línguas. Tantas que, muitas vezes, não nos entendemos. Certamente na nossa própria cidade encontramos na rua pessoas que falam outras línguas. Também é certo que passamos pela experiência de não encontrar ninguém que entenda nosso idioma quando precisamos de ajuda, ou de não poder ajudar adequadamente a alguém simplesmente porque não o entendemos.

Hoje celebramos Pentecostes, a chegada do Espírito Santo sobre aquele primeiro grupo de apóstolos e discípulos que, após a morte e ressurreição de Jesus, continuavam se reunindo para orar e lembrar-se do mestre. A vinda do Espírito Santo teve um efeito maravilhoso. De repente, aqueles que estavam trancados e amedrontados atreveram-se a sair para a rua e a falar de Jesus com todos aqueles que encontravam. O surpreendente é que Jerusalém, naqueles dias, era um fervedouro de povos de diferentes lugares e procedências. Por suas ruas transitavam pessoas de todo o mundo. Mas todos ouviam os apóstolos falarem em seu próprio idioma sobre as maravilhas de Deus e do grande milagre que Deus havia realizado ao ressuscitar Jesus dentre os mortos.

Desde então, o Evangelho ultrapassou todas as fronteiras das nações, das culturas e das línguas. Chegou até aos mais distantes lugares de nosso mundo, proclamando sempre as maravilhas de Deus de forma que todos pudessem entender. Junto com ele chegou, igualmente, a paz a muitos corações e a capacidade de perdoar, tal como Jesus dissera aos apóstolos.

Hoje, são muitos os que continuam deixando-se levar pelo Espírito e, com suas palavras e com sua maneira de se comportar, dão testemunho das maravilhas de Deus. Com seu amor por todos e sua capacidade de servir aos mais pobres e necessitados, fazem que todos compreendam o amor com que Deus nos ama em Jesus. Com sua capacidade de perdoar, vão enchendo de paz o coração de todos. O Espírito continua animando em nosso mundo. Há testemunhos que comunicam a mensagem por sobre as barreiras dos idiomas e das culturas. Não foi Madre Teresa de Calcutá um testemunho de dimensões universais? Sua figura pequena e frágil era um sinal vivo da preferência de Deus pelos mais fracos, pelos últimos da sociedade.

Hoje, o Espírito nos chama para nos deixarmos levar por ele, na intenção de proclamarmos as maravilhas de Deus: amar e perdoar àqueles que nos rodeiam tal como Deus nos ama e perdoa, e encontrar novos caminhos para proclamar o Evangelho de Jesus na nossa comunidade. Hoje é dia de festa porque o Espírito está conosco, chegou ao nosso coração. Aleluia!

O que me chama mais a atenção na vida de Madre Teresa de Calcutá? Que outras pessoas me parecem ser testemunhas atuais do amor de Deus em nosso mundo? Como eu poderia ser testemunha do amor e do perdão de Deus para aqueles que me rodeiam?

TEMPO COMUM

Santíssima Trindade
(Ex 34,4b-6.8-9; 2Cor 13,11-13; Jo 3,16-18)

Assim Deus amou o mundo!

Podemos dizer que este domingo da Trindade marca o término das celebrações mais importantes do ano litúrgico. Advento e Natal trazem consigo a primeira páscoa: o Nascimento de Jesus. Quaresma e Semana Santa nos levam à segunda páscoa: a Ressurreição de Jesus. E os cinquenta dias da Páscoa nos guiam até Pentecostes – a terceira páscoa, a chegada do Espírito Santo. Atinge-se, assim, o ápice do processo de revelação de Deus que nos foi manifestado em Jesus. Por meio de suas palavras, de suas ações e de seu estilo de vida revelou-nos o Pai. E quando ele desaparece deste mundo, nos envia seu Espírito Santo para que continue suscitando em nossos corações o mesmo fogo que nos deixou sua presença.

Deus, Pai, Filho e Espírito Santo. Não é o caso de entrarmos em discussões teológicas, mas de permitirmos que chegue até nosso coração uma mensagem clara: Deus é amor. E não é outra coisa. Pai, Filho e Espírito Santo – é relação de amor entre eles. E nesse amor vivem na mais perfeita unidade que se possa imaginar. Tanto que são um só Deus.

E, além disso: esse amor se volta para nós. Em Jesus nos é revelado o amor do Pai, e o Espírito nos ajuda a reconhecê-lo com nossa mente e nosso coração. Leiamos de novo o evangelho de João: "De tal modo Deus amou o mundo, que lhe deu seu único Filho". Isto é, entregou-se a si mesmo. Entregou-se completamente por nós. Sem medida. Sem condições. Como é possível que haja alguém que ainda pense que Deus nos persegue para nos castigar, para colocar dificuldades e pedras no nosso caminho, até mesmo, para nos condenar? É preciso repetir muitas vezes esta passagem: "De tal modo Deus amou o mundo..." E permitir que chegue dentro de nós esse carinho imenso de Deus e dar-nos conta da incongruência que supõe pensar que Deus possa planejar nossa condenação, ou que possa ter pensado na destruição deste mundo e de muitos de seus filhos. Deus, também segundo o evangelho de hoje, quer que o "mundo se salve".

Mas nós nos deixamos salvar? Porque é igualmente verdade o que diz a primeira leitura do livro do Êxodo: somos um povo de cabeça dura que, às vezes, não somos capazes de aceitar a mão que Deus nos estende para nos salvar. Hoje é dia de voltarmos nossos olhos para o alto e reconhecermos que Deus está aí, sempre desejoso de nos dar a mão, de nos ajudar, de nos livrar dos perigos, de nos perdoar (geralmente é muito difícil perdoarmos a nós próprios e por isso nos custa, de igual maneira, aceitar a ajuda de Deus). Levantemos os olhos e percebamos que o Deus do amor e da paz está conosco (segunda leitura). Para sempre. Não será o tempo de lhe agradecer?

Penso, às vezes, que Deus está me castigando ou que não me perdoará por algo que fiz? Isso está de acordo com o que hoje nos diz o evangelho? Sou capaz de me perdoar a mim mesmo e a meus irmãos como Deus me perdoa? Poderia aproveitar um momento de silêncio para agradecer por seu amor?

Corpo e Sangue de Cristo
(Dt 8,2-3.14b-16a; 1Cor 10,16-17; Jo 6,51-58)

Não apenas de pão

A experiência do povo de Israel no deserto é o ponto de partida das leituras deste dia tão importante. Ali o povo aprendeu que sua vida estava nas mãos generosas de Deus e que, assim, não dependia apenas de suas próprias forças. E o povo passou fome, sentiu-se desfalecer, foi perseguido e importunado. Mas também experimentou o poder de Deus que, com braço forte e mão poderosa, livrou-o dos inimigos, alimentou e o guiou até a terra prometida. Nada daquilo aconteceu com o povo de Israel porque o povo era poderoso. Foi a genuína graça de Deus que o libertou da escravidão e o alimentou com o maná.

A comunidade cristã sabe que hoje também está a caminho. Peregrinamos em busca da morada definitiva. Cada um, cada família, conhece as penúrias e as dificuldades e os muitos momentos de tristeza e de desesperança. Sabemos por experiência que as nossas forças são pequenas e que somos limitados. Mas em nosso caminhar sempre podemos fazer mais. Uma parada no caminho para celebrar com os irmãos e as irmãs a Eucaristia. É um tempo de encontro solidário. Os rostos dos demais se tornam amáveis ao entrarem na igreja. Brota a saudação. Ali experimentaremos a comunidade e, ainda mais importante, aquilo que é o vínculo de união da comunidade e que anima nossa esperança e dá forças ao nosso caminhar: Jesus. Juntos, cantamos e louvamos; juntos, ouvimos e meditamos sobre sua palavra; juntos, damos graças e partilhamos do seu Corpo e Sangue; juntos, celebramos a Eucaristia sabendo que somos membros de uma imensa comunidade que se estende por todo o mundo.

Na Eucaristia e na Missa aprendemos que o caminhar tem um sentido: que, apesar do cansaço, vale a pena nos esforçarmos. Na Eucaristia descobrimos que não estamos sozinhos, que os irmãos e irmãs ao nosso redor estão comprometidos com o mesmo caminho, que Deus está conosco – porque ele se fez alimento, o pão e o vinho que oferecem a verdadeira vida. "Aquele que come desse pão viverá sempre", disse Jesus no evangelho. Agora já sabemos que não vivemos apenas de pão. E que nossos esforços – nosso pão – valem pouco. E reconhecemos que no pão da Eucaristia – o próprio Corpo do Senhor – encontramos a vida verdadeira, aquela que jamais termina e que nos orienta na nossa jornada.

Após sair a cada domingo da Eucaristia, recuperamos nossas forças. Os problemas externos – no trabalho, família e cidade – são os mesmos. Não mudaram. Mas nós recebemos a visita de Deus em nossos corações e sentimos sua graça e sua força. E permanecemos na jornada.

Participo, a cada domingo, da Missa junto à minha comunidade? Participo ou apenas vou à Missa? O que é a Eucaristia para mim? Escuto com atenção a Palavra de Deus que é proclamada na Eucaristia? Sei que é a Palavra de Deus dirigida a mim? O que digo a Jesus quando comungo?

19 de março. São José
(2Sm 7,4-5a.12-14a.16; Rm 4,13-16.18-22; Mt 1,16.18-21.24a)

Uma história cheia de esperança

São José é o último elo de uma história de confiança e esperança. Isso porque sempre houve homens e mulheres que olharam para o futuro com a certeza de que a nossa história haveria de ter uma conclusão cheia de vida, e de que a morte não era a última palavra. Na Bíblia, no Antigo Testamento, essa esperança ganhou corpo na figura do Messias, aquele que haveria de vir, o enviado de Deus. Com o Messias a esperança e a vida plena seriam realizadas, visto que não podíamos experimentá-las neste mundo.

Durante centenas de anos, começando pelos patriarcas, aquela esperança havia-se mantido viva no coração de muitos israelitas. Eram homens e mulheres simples, gente de boa-fé, que olhava para o futuro com esperança naquele que haveria de vir, certos de que Deus não lhes faltaria. Houve momentos difíceis e duros. Não foi fácil manter a esperança quando o público se viu privado de sua terra e conheceu o exílio. Muitos desertaram e depositaram suas esperanças em outros deuses. Também houve outros que se sentiram tão cheios de si e de riquezas que permitiram que a chama de esperança dos seus corações se apagasse. Para que precisavam de esperança se já tinham tudo aquilo de que necessitavam? Mas ali permaneceu o pequeno grupo mantendo viva a chama. Dessa forma, durante gerações, até chegar a José.

Em José aquela esperança se cumpriu. A ele se anunciou que o filho de Maria, sua noiva, era fruto do Espírito Santo, que seria dado à criança o nome de Jesus e que este seria o Salvador, há muito prometido. José o viu crescer. Mas teve de manter firme a esperança. Teve de aprender a confiar mais do que nunca que aquele recém-nascido, logo depois jovem e mais tarde adulto, era o Salvador prometido, o Messias.

Jesus e todos aqueles que tomam parte nessa corrente nos ensinam a viver na esperança, comprometidos com a vida. Todos, por confiarem com firmeza absoluta em Deus, viveram comprometidos com a vida. Este mundo e esta vida tinham sentido porque não eram mais do que uma semente da vida nova que Deus tornaria plena no dia da salvação. A vida inteira era para eles uma promessa. A vida inteira estava presente na semente de salvação de Deus. Hoje somos chamados a nos comprometer com a vida, cuidando dela, mimando-a, guiando-a, para que tenha a oportunidade de se encontrar com o criador que a levará à sua plenitude em seu tempo devido. Viver em esperança é vivermos comprometidos com a vida. Tal como viveu José.

Acredito que minha vida tenha futuro? Tenho a esperança posta no Deus das promessas ou acredito apenas em minhas forças? A esperança me leva a cuidar da minha vida, dos meus irmãos e irmãs, da vida deste mundo, como sinal da minha fé em Deus? O que eu poderia fazer para tornar manifesto meu compromisso com a vida?

25 de março. Anunciação a Maria
(Is 7,10-14; 8-10; At 10,4-10; Lc 1,26-38)

O que se anuncia?

Em uma aldeia de um remoto lugar do Império Romano, um anjo aparece a uma jovem prometida em casamento. A imagem foi repetida mil vezes por artistas como pintores, escultores, poetas e músicos... Mas é possível que fiquemos apenas na beleza poética e não compreendamos nada além disso. Acontece o contrário daqueles que, ao receberem uma má notícia, acabam matando o mensageiro. Nós nos fixamos tanto no mensageiro e naquele que recebe a mensagem que podemos esquecer a mensagem anunciada. E é crucial que a tenhamos presente e saibamos qual é seu significado. Porque a partir daquele instante e por iniciativa de Deus a vida da humanidade foi transformada.

A mensagem não é outra senão que a virgem conceberá em seu ventre um filho que será fruto do Espírito Santo. Este filho é Emanuel, que quer dizer *Deus conosco*. O nome não é por acaso. Nem mesmo é apenas um símbolo. O nome da criança que nascerá descreve uma realidade. É o próprio Deus que se encarna, que assume nossa carne e nosso espírito, que se faz um de nós, que se arrisca a perder sua condição divina para assumir, com todas as consequências, a condição humana.

A partir desse momento, a condição humana já não é a mesma. Já não poderia ser a mesma. A humanidade converte-se no primeiro sacramento-sinal-símbolo da divindade. A partir desse instante, Deus já não é encontrado no templo – seja qual for esse templo –, nem entre os sacerdotes que lá oficializam rituais e sacrifícios. A partir desse momento, Deus encontra-se, antes de tudo, em qualquer homem e mulher dos que formam parte da humanidade. Aí é onde o adoramos e lhe damos glória, porque esse é o templo maior que o próprio Deus escolheu para fazer-se presente. Os templos são construídos por nós, mas o templo que é todo homem ou mulher foi escolhido por Deus. Não há outra maneira de adorar a Deus "em espírito e em verdade", como disse o próprio Jesus à samaritana.

Terá Maria compreendido, em todas as suas dimensões, o que significava a proposta do anjo? O mais provável é que não, mas confiou. Aí está a chave para nossa própria vida e para celebrar essa festa com todo o coração. Também nós somos chamados a confiar e, desde agora, a ver com olhos da fé o rosto de nossos irmãos e irmãs, e a ver neles o rosto de nosso Deus. Hoje, todos nos chamamos Manuel e Manuela, todos somos presença de Deus, de seu amor e de sua vontade de nos presentear com a vida. Basta confiar e acreditar, tal como Maria, para descobrirmos que essa é a única verdade.

De que forma vejo, julgo e amo nossos irmãos e irmãs? Vejo neles a presença de Deus que se fez carne e se fez um de nós? Como adoro Deus em meus irmãos e irmãs?

Sagrado Coração de Jesus
(Dt 7,6-11; 1Jo 4,7-16; Mt 11,25-30)

Um coração vulnerável

O coração é uma parte frágil do corpo humano. Dita desta maneira, trata-se de uma afirmação biológica ou fisiológica. É certo que alguns cientistas não estarão de acordo. Mas, se mudamos as palavras e dizemos que o *coração é o órgão mais frágil da pessoa*, então estamos falando em outro nível e, provavelmente, estaremos de acordo. Quem não sofreu alguma vez em seu coração? Em geral, como fruto de se ter entregue a uma relação, pelo carinho que esta parecia mostrar. E logo vem a decepção e a dor. Não é uma dor física, mas quase. Exatamente por isso, muitas pessoas procuram manter protegido o próprio coração. Envolvem-no em capas de orgulho, de desprezo pelos demais, de autossuficiência para não permitir que o relacionamento com outras pessoas possa fazer mal a ele.

As imagens tradicionais do Coração de Jesus mostram Jesus segurando seu coração com suas mãos ou apontando com elas para um coração que está fora de seu peito. Trata-se de um coração desprotegido e vulnerável. Na intuição daqueles que criaram essa imagem está, provavelmente, o bem mais valioso desta festa. Porque faz nos darmos conta de uma característica muito importante do amor de Deus. Ele se faz vulnerável diante de nós. Seu coração – seu amor, sua capacidade de relacionar-se conosco – se despoja de todas as suas defesas e abre-se aos homens com total confiança. Quando Deus se dirige a nós, não o faz a partir da distância de seu ser divino, mas se aproxima de nós, deixa-se tocar por nossa realidade, torna-se vulnerável, elimina todas as proteções e mostra-se tal como é.

Nesse contexto compreendemos melhor as palavras do Evangelho: "Venham a mim os que estão cansados e agoniados, porque sou manso e humilde de coração... Meu jugo é suportável e minha carga, leve". O coração de Jesus está cheio de amor – os artistas tradicionais representam-no em chamas que saem dele – que é todo carinho, amor, compaixão e compreensão por nós. O Coração de Jesus nos faz dar conta da maneira como Deus se aproxima de nós. Porque é importante descobrir que o amor, como diz a segunda leitura, não consiste em que nós amamos a Deus, mas sim que Ele nos amou. Deus é quem sempre deu o primeiro passo em nossa direção. Deus é o que primeiro removeu todos os obstáculos que impediam a comunicação entre Ele e nós, o que abriu o caminho. Esse amor é que nos salva e não nossas obras, nem nossa obediência. Deus é amor e aquele que ama permanece em Deus. Deus, por puro amor, fez-se vulnerável diante de nós. Isso é o que celebramos na festa do Coração de Jesus.

Como me relaciono com as pessoas? Levanto barreiras defensivas? Ou me abro com confiança? Como me relaciono com Deus, com Jesus? Confio nele ou vivo amedrontado?

29 de junho. Pedro e Paulo
(At 12,1-11; 2Tm 4,6-8.17; Mt 16,13-19)

Dois apóstolos, uma única Igreja

Pedro e Paulo tiveram uma presença-chave na Igreja nascente. Ambos são hoje referências imprescindíveis àquilo que deva ser nossa Igreja: a comunidade dos crentes em Jesus. No entanto, Pedro e Paulo foram muito diferentes.

Pelas informações que temos e por aquilo que hoje dizem as leituras, Pedro era um homem simples, um pescador. Não podemos supor que tivesse estudos especiais. Fez sua aprendizagem seguindo Jesus pelos caminhos da Palestina. Não lhe foi fácil aprender. Tampouco foi um modelo de fidelidade. Recordemos que nos momentos finais de Jesus, não teve dúvida em dizer que de modo nenhum o conhecia para se salvar do perigo. Mas soube arrepender-se de seus pecados. E Jesus sempre o confirmou como a cabeça dos apóstolos. Depois da Ressurreição não temos muitas informações sobre o que realizou. Mas sabemos que ele terminou seus dias martirizado em Roma, selando, com o seu próprio sangue, sua fidelidade àquele Jesus que o havia chamado a tornar-se *pescador de homens,* quando ainda era apenas um pescador de peixes no lago da Galileia.

Paulo não conheceu Jesus em vida. Era um homem de grande formação humana e religiosa. Devia ser oriundo de uma família da classe média, ao menos, visto que tinha a cidadania romana. Parece que era um homem empenhado e que, quando acreditava em algo, ia até o fim. Como fariseu dedicou-se a perseguir os cristãos em defesa da pureza da fé. Mas, quando aconteceu seu encontro com Jesus, passou a considerar com seriedade o Evangelho. E não parou de pregar a boa-nova sempre que teve oportunidade. Se não a tinha, a procurava.

Pedro e Paulo tiveram mais de um choque naqueles primeiros tempos da Igreja. Paulo era levado por sua intransigência no modo como se devia organizar a vida da Igreja. Pedro sempre foi um pouco mais amigo das composições e de não criar inimizades com uns e outros. Mas ambos foram e se sentiram membros da mesma comunidade cristã.

Pedro e Paulo nos ensinam algo fundamental: a Igreja, a comunidade cristã, é algo muito maior do que apenas um grupo de pessoas que se entendem bem entre si. Une-os a fé. No mais pode haver muitas diferenças. E não há outro caminho senão dialogar sabendo que comungamos no mais importante: o evangelho. Sem pretender impor-se sobre o outro. Na comunidade cristã sempre haverá conflitos e isso é normal. Mas, como Pedro e Paulo, estamos unidos por nossa fé em Jesus e somos chamados a nos entender. Para que *todos sejamos um*, que é o grande testemunho do Evangelho que os cristãos devem oferecer ao mundo.

Como resolvo os conflitos em minha comunidade e em minha família? Sinto que, além das diferenças, há algo mais profundo e valioso que nos une? Pedro e Paulo não podem ensinar algo que me auxilie a resolvê-las de uma maneira cristã?

15 de agosto. Assunção da Virgem
(Ap 11,19; 12,1-3.6.10; 1Cor 15,20-27; Lc 1,39-56)

A alegria tornada vida cotidiana

A solenidade da Assunção nos presenteia no evangelho com o texto do *Magnificat*. Trata-se do canto de Maria, ainda grávida de Jesus, que agradece a Deus pela graça recebida. É curioso, e convém sublinhá-lo, o fato de a Igreja nos oferecer um texto evangélico de uma Maria jovem para nos explicar o que aconteceu depois de sua morte. Diz o dogma que Maria subiu ao céu de corpo e alma. Que foi a primeira dentre todos nós. Sua Assunção é sinal e promessa da nossa. Mas a Assunção não foi apenas um fato que aconteceu em um momento determinado. Maria subiu ao céu porque viveu com o olhar posto em Deus. O *Magnificat* – o canto de Maria, jovem ainda, grávida de seu filho, que se encontra com sua prima Isabel, igualmente grávida – não é apenas uma bela poesia. Trata-se de claro testemunho do estilo de vida de Maria.

Aquela jovenzinha de uma aldeia da Galileia tinha a alegria impregnada no corpo. Era uma alegria fruto da fé e da confiança no Deus de seu povo. Para além das aparências, ela sabia ficar acima do cotidiano e olhar para a história com perspectiva. Por isso, Maria sabe que "sua misericórdia (a de Deus) chega a seus fiéis de geração em geração" e que "auxilia a Israel, seu servo, lembrando-se da misericórdia". Isso não significa dizer que Maria não tenha passado por momentos cinzentos em sua vida cotidiana. Não deveria dar para muitas alegrias a vida naquelas aldeias das montanhas da Galileia. Lavar, cozinhar, limpar, ajudar nas tarefas do campo, todos os trabalhos de uma mulher agravados pela pobreza em que vivia aquela gente. Naquela situação, a maioria das pessoas permanecia ao rés do chão. Não eram capazes de ver nada além do imediato, do que a vida tem de cinzento, dor, negatividade e morte. Maria – e isto é o importante – passou exatamente pelo mesmo, mas olhava para outros horizontes. Olhava para o céu e enxergava o rosto bondoso do Deus que havia sido sempre misericordioso com seu povo e que lhe havia prometido a salvação. Por sua fé, Maria transformou sua vida de cinzenta em algo luminosa.

Sua luz continua iluminando a todos nesta festa. Nossa vida, também, costuma ficar cinza quando permitimos que nosso olhar fique no rés do chão. A festa de hoje nos recorda que precisamos levantar nosso olhar e colocar nossos horizontes um pouco mais adiante. Devemos olhar nossa vida e a de nossos irmãos com os olhos de Deus, com a perspectiva de Deus. Nós nos surpreenderemos ao descobrir a cor diferente que terá a vida. E aprenderemos a rezar o *Magnificat* com o prazer e a fé de Maria.

Por que não experimento rezar diariamente o *Magnificat*? Basta fazer um instante de silêncio e permitir que as palavras de Maria se tornem minhas palavras. Que, por meio delas, fale, igualmente, o meu coração dando graças a Deus por tudo que me concedeu, porque viu a minha humilhação e me fez seu filho. Talvez isso nos ajude a levantar o nosso olhar até o horizonte de Deus.

1º de novembro. Dia de Todos os Santos
(Ap 7,2-4.9-14; 1Jo 3,1-3; Mt 5,1-12a)

Vi uma multidão incalculável

Celebrar uma festa sempre tem algo de sonho, de esperança. A festa é como o reverso da vida diária. Cotidianamente, trabalhamos, nos cansamos e enfrentamos problemas de todo tipo. No dia de festa, no entanto, descansamos, colocamos nossas melhores roupas; torna-se mais fácil sorrir e querer bem àqueles com os quais vivemos. Deixamos os problemas de lado e sonhamos que podemos viver de outra maneira. Gostaríamos que todos os dias fossem dias de festa, mas isso não é possível. A segunda-feira nos devolve à realidade dura de todos os dias. Mas isso não significa que as festas não tenham sentido. Nelas descobrimos o sentido profundo da vida, o sentido de todos estes trabalhos que realizamos ao longo da semana. Nós os realizamos a serviço de nossas famílias e da sociedade. O dia de festa nos permite levantar a cabeça e, assim, enxergar nossa vida com outra perspectiva.

A festa de hoje tem esse sentido especial. Celebramos a solenidade de *Todos os Santos*. Dito de outra maneira, celebramos que todos somos santos aos olhos de Deus. Como diz a segunda leitura:

"Vejam que amor singular nos foi dado pelo Pai: que não apenas nos chamemos filhos de Deus, mas que realmente o sejamos". Isso é o que precisamos levar em conta: somos verdadeiramente filhos de Deus. E isso diz respeito a todos. Os que estão na Igreja e aqueles que estão fora dela. Todos. Não há exceção.

E a vida de segunda à sexta-feira? Uma vida dura. Somos filhos de Deus também durante esse período? Claro, ainda que alguém diga que nada se percebe. A mesma segunda leitura nos diz: "Desde já somos filhos de Deus, ainda que não se tenha manifestado aquilo que seremos no final". É como se estivéssemos em um processo de crescimento, tal como os bebês que ainda estão no ventre da mãe. Já são amados e queridos, já são filhos, mesmo que não tenham nascido e não estejam formados completamente. Nós já somos filhos de Deus, ainda que não estejamos totalmente formados. Haverá um dia em que "seremos semelhantes a Ele". Esta é a nossa esperança e o motivo de celebração desta festa. Aquilo que já somos, isto é, filhos, mas que ainda não foi completamente manifestado. Um dia como o de hoje nos faz ver de maneira diferente nossos irmãos e irmãs. Porque todos somos santos. Somos todos amados por Deus como filhos.

Celebremos, então, que somos filhos. Como? A segunda leitura nos diz: "Quando alguém espera d'Ele algo assim, procura ser limpo como Ele é limpo".

Comporto-me tal como faria um filho ou filha de Deus? O que significa "ser limpo como Deus é limpo"? Percebo que, ao observar aqueles que me rodeiam, estes são também filhos e filhas de Deus? Eu os trato como merecem?

8 de dezembro. Imaculada Conceição
(Gn 3,9-15.20; Ef 1,3-6.11-12; Lc 1,26-38)

Do medo à confiança

Desde a primeira leitura até o evangelho percorre-se um longo caminho. Trata-se do caminho que foi feito, e continua fazendo, a humanidade. É o caminho que vai da autossuficiência à confiança em Deus; de pensar que somos capazes de tudo, de que não precisamos da ajuda de ninguém, que podemos construir uma casa em que homens e mulheres do mundo possam viver com justiça sem colaboração alguma, até aquela outra posição em que reconhecemos que somos filhos de Deus e que apenas junto a Ele essa casa comum para todos será possível. É um caminho que passa pelo reconhecimento de nossas limitações, nossas falhas e que nos faz, assim, voltar os nossos olhos para Deus e confiar que Ele é o nosso Pai. É um caminho que deve ser percorrido pelas pessoas, mas, igualmente, por grupos, pelas associações, pelas instituições e pelas nações.

A primeira leitura nos faz ver o momento em que o homem e a mulher decidem seguir seus próprios caminhos, serem autossuficientes. Acreditam que, dessa forma, chegarão a ser adultos e donos de si mesmos. Mas a consequência é outra. Adão e Eva se veem envolvidos pelo medo. Temem até mesmo a Deus, aquele que os criou e que com eles passeava ao entardecer! Quando acreditaram que tornar-se-iam adultos e responsáveis, lhes aconteceu exatamente o oposto: encheram-se de medo e se acusaram um ao outro, sentindo-se ludibriados e, assim, incapazes de conhecer a verdade. Como consequência, Adão e Eva perderam o Paraíso.

O Evangelho nos oferece uma saída para esse labirinto de destruição e morte em que se converteu a história da humanidade. As palavras do anjo saudando Maria nos oferecem a chave: "Não tenhas medo, Maria, porque encontraste graça diante de Deus". N'Ele desaparece o medo e temos uma base firme na qual confiar. Nossa vida se enche de luz. Podemos voltar a olhar para frente com esperança. Libertada do temor e movida pela confiança, Maria pode explicar todas suas dúvidas diante do anjo ou, o que é a mesma coisa, diante de Deus. A resposta a convida a crescer mais na confiança no poder de Deus em realizar aquilo que para homens e mulheres parece impossível. Por isso, as palavras finais de Maria ao anjo não significam a volta à escravidão, mas a abertura do caminho definitivo de libertação. Na obediência à vontade de Deus e na confiança em seu poder e bondade é que podemos nos libertar do medo e da morte, da mentira e da corrupção. Celebrar hoje a Imaculada Conceição, portanto, é celebrar a nossa fé no Deus que nos liberta do medo e que abre para nós uma vida em plenitude. Em nossas mãos está receber, como Maria o fez, o chamado de Deus e confiar nele.

Em meu relacionamento com os demais, vivo com medo e desconfiado? Sinto-me enganado? Não é o pecado algo que me faz ser um escravo? Quais são minhas reais escravidões? O que eu posso fazer para viver mais a confiança em Deus? O que faz sentir-me livre de verdade?

2º domingo do Tempo Comum
(Is 49,3.5-6; 1Cor 1,1-3; Jo 1,29-34)

Somos um povo santo

A segunda leitura, tomada da primeira carta aos Coríntios, nos oferece uma chave para compreendermos a Palavra de Deus. Paulo nos diz que escreveu a carta para "os consagrados por Jesus Cristo, para o povo santo chamado por ele e para aqueles que em algum momento invocam o nome de Jesus Cristo". Isso é exatamente o que o Batismo fez de nós: um povo santo, um povo de consagrados.

Por quê? Porque no Batismo nos fizemos um com Jesus, sua vida tornou-se nossa. E ele é consagrado pelo Pai. Para entendermos quem é Jesus e quem somos nós após o batismo com ele, serve-nos a primeira leitura do profeta Isaías: "Tu és meu servo", "faço-te luz das nações para que a minha salvação chegue até os confins da terra"; e o evangelho em que João Batista dá testemunho de

Jesus: "Este é o cordeiro de Deus que tira o pecado do mundo". João viu como o Espírito descia sobre Jesus e entendeu que ele era "aquele que haveria de batizar no Espírito Santo", e dá testemunho de que é "o Filho de Deus".

Jesus é o eleito por Deus para trazer a salvação a todos os povos. O amor e o perdão de Deus não são destinados, de maneira exclusiva, a uma raça, a um povo ou a uma cultura. São para todos sem exceção. Para essa missão, Jesus é ungido pelo Espírito Santo, pelo Espírito de Deus. Esse Espírito é o que o converte em Filho de Deus. A missão está centrada no perdão dos pecados, na reconciliação, que abre as portas para uma vida mais plena. Jesus nos convida à conversão porque nele teremos uma oportunidade verdadeira de começar uma nova vida.

Ao sermos batizados em Jesus, somos incorporados a ele. Por isso, podemos dizer com segurança que somos um povo santo, que estamos cheios do Espírito Santo e que temos a missão de oferecer o amor e a salvação de Deus a todos aqueles que nos rodeiam. Porque o amor de Deus não é uma exclusividade nossa. É para todos. Seria bom que olhássemos uns para os outros. Nos bancos da nossa igreja vemos pessoas normais. Certo? Sim, pessoas normais, mas, também, *povo santo, povo consagrado, testemunhas do amor de Deus em meio ao mundo*. Quando saímos da Missa, a cada domingo, devemos saber que nos foi dada a missão de sermos testemunhas do amor de Deus. A graça e a paz de Deus estão conosco. Ficamos cheios do Espírito. Hoje é tempo de levantar a cabeça e sentir orgulho de quem nós somos. Somos o povo de Deus e temos uma missão a cumprir: mostrar ao mundo com a nossa vida que Deus está conosco e nos ama; que não há pecado que não mereça perdão; que Deus sempre nos espera para nos devolver a vida e que esta mensagem é para toda a humanidade.

Como Jesus agiu para dar testemunho do amor de Deus aos homens e às mulheres com que se encontrou? Nós nos sentimos orgulhosos de ser cristãos, de participar da missão de Jesus? Como nós testemunhamos esse amor de Deus em nossa vida diária?

3º domingo do Tempo Comum
(Is 8,23b–9,3; 1Cor 1,10-13.17; Mt 4,12-23)

O primeiro anúncio do Evangelho

O evangelho de hoje nos recorda o momento em que Jesus começou a pregar. O evangelista Mateus nos apresenta o momento em que se cumpre uma antiga profecia de Isaías: "O povo que andava na escuridão viu uma grande luz". Mas, sejamos sinceros, as palavras são maiores que a realidade. O que aconteceu foi algo muito simples. Em uma esquina do mundo daquela época, ou seja, longe, muito longe de Roma, que era o centro daquela civilização, um homem saiu pelos caminhos e começou a pregar. Sua mensagem era muito simples:

"Convertam-se, pois está próximo o Reino dos Céus". No início quase ninguém lhe deu atenção. Apenas uns poucos pescadores – os últimos da sociedade –, algumas mulheres – igualmente desvalorizadas – e outras pessoas parecidas com essas. Jesus não era mais que um judeu marginalizado e apenas os que viviam desse modo lhe deram um pouco de atenção.

Caso fosse essa a maneira como Deus quis apresentar sua salvação a todo o mundo, diríamos, de acordo com nossa cultura atual, que se equivocara de ponta a ponta. Hoje, teríamos planejado o lançamento simultâneo de uma campanha, por meios de comunicação em países ricos e desenvolvidos do mundo (nos países pobres o lançamento ocorreria mais tarde), que oferecesse com clareza os conteúdos mais importantes, e orientada, antes de tudo, para captar a atenção dos destinatários. Para isso, seriam oferecidos, em primeiro lugar, os aspectos mais suaves, fáceis e gratificantes da mensagem. Com suficiente antecedência ter-se-ia preparado um grande número de pregações e conferências, e alguns escritores apresentariam a mensagem de uma maneira mais próxima das pessoas. Mas Deus não fez isso. Muito pelo contrário. Em Jesus se aproximou dos últimos. Jamais esteve muito preocupado com o número de seus seguidores nem com o nível social deles. Nem sequer lhes comunicou coisas fáceis. Suas primeiras palavras colocam o ouvinte ante uma exigência radical: "Convertam-se" ou, o que equivale a dizer, *mudem de vida*. Mas, aquela gente simples e humilde encontrou algo em Jesus que a fez segui-lo. Com dúvidas e vacilações, mas o seguiram.

Hoje, igualmente, somos uma pequena comunidade. Não ocupamos o centro do mundo. Não temos os meios de comunicação a nosso alcance. Nem falta nos fazem. Temos apenas o Evangelho no meio de nós e a força de Jesus para realizar aquilo que ele fez. Primeiro, escutar sua mensagem e cuidar para que nos convertamos, ou seja, começarmos a viver de acordo com o Evangelho. E, segundo, sermos portadores desse Evangelho para todos aqueles que nos rodeiam. Não devemos temer porque somos poucos ou pobres. É desta forma que Deus deseja tornar presente a sua mensagem no mundo. E isso está em nossas mãos.

Ouvi quando Jesus me chamou à conversão. O que isso significa para mim? O que tenho de fazer para converter-me e viver como cristão? Como minha comunidade deveria fazer para ser testemunha de Jesus em nosso bairro?

4º domingo do Tempo Comum
(Sf 2,3; 3,12-13; 1Cor 1,26-31; Mt 5,1-12a)

Fixem-se em sua comunidade

As três leituras deste domingo têm uma mensagem comum: o Evangelho não é para os poderosos e orgulhosos, mas para os humildes e aqueles que se consideram pequenos. É uma mensagem que contradiz aquilo que vivemos em nossa sociedade. Desta recebemos exatamente a mensagem contrária: apenas sendo fortes poderemos sobreviver. A história parece dar razão a essa maneira de pensar. Apenas os poderosos parecem ter passado para a história. Os fracos foram apagados. Simplesmente não existem. Os meios de comunicação não falam deles.

Mas de fato os poderosos vivem? As riquezas e as armas nos defendem de todas as ameaças? Precisamente, a história recente nos demonstra o contrário. Descobrimos que até mesmo os países mais poderosos e ricos são vulneráveis e que o nosso poder não nos livra do perigo, ao contrário, nos expõe ainda mais. Nossa desenvolvida sociedade, tão poderosa, de certa forma a mais poderosa da história, atraiu para si a inveja e o ódio de muitos povos. E a procura obsessiva por segurança não conseguiu nos livrar da ameaça.

Jesus nos propõe outra forma de viver. Quando proclama as bem-aventuranças, Jesus realiza a mais radical revolução de nossa história. Tão radical que nos custa vitalmente aceitá-la. Tão radical que dois mil anos de história do cristianismo não conseguiram levar à prática essa mensagem radical. Porque Jesus nos diz que os bem-aventurados, os felizes, aqueles que vivem bem – no melhor sentido da palavra – são os pobres, aqueles que sofrem e sentem fome, os simples, os que continuam acreditando na justiça e na misericórdia.

São Paulo acentua esta mensagem convidando-nos a olhar para a nossa assembleia, nossa comunidade. Ela não é formada por poderosos nem aristocratas. Independentemente do dinheiro que possuam alguns de nós, por sob as aparências, somos pessoas normais, com sentimentos, dores e pobrezas. Somos vulneráveis, ainda que algumas vezes pretendamos parecer fortes e inalcançáveis.

Então, onde está o nosso poder? Precisamente nessa fraqueza reconhecida e aceita, pois apenas daí pode nascer a verdadeira solidariedade, o amor comunitário, a caridade fraterna que nos proporcionará a verdadeira segurança. Quando formos capazes de amar, de sermos misericordiosos de maneira ilimitada, de retirarmos as couraças nas quais nos envolvemos, só aí, então, viveremos verdadeiramente no Reino dos Céus.

Sou capaz de me olhar no espelho e me aceitar como realmente sou: vulnerável e fraco? Quando me relaciono com os demais, sinto que preciso me defender ou me mostro como sou? Acredito verdadeiramente na revolução das bem-aventuranças?

5º domingo do Tempo Comum
(Is 58,7-10; 1Cor 2,1-5; Mt 5,13-16)

Tua escuridão se tornará dia pleno

É bonito ver como a Escritura interpreta-se a si mesma. Todos, conhecemos as parábolas de Jesus sobre o sal e a luz. Elas são um convite a todos os seus seguidores a viver no meio do mundo com os que dão vida e luz, como aqueles que fazem descobrir o verdadeiro e autêntico saber e o sentido desta vida. Talvez Jesus percebesse, já em seu tempo, a grande quantidade de pessoas que viviam sem viver, sem aproveitar, sem gozar a vida, pois vivem na escuridão e não descobrem o caminho até a salvação: a vida e a felicidade, que é o que Jesus nos oferece.

Temos, como cristãos, de ser o sal e a luz do mundo. Mas o que significa isso na prática? O próprio evangelho nós dá uma pista: significa realizar *boas obras* e, dessa forma, todos darão glória ao Pai que está no céu. Mas, outra vez, nos encontramos com um problema: quais são as boas obras a que Jesus se refere?

A primeira leitura, extraída do profeta Isaías, nos ajuda a compreender qual é o tipo de boas obras que Deus quer de nós. É uma leitura para se refazer sem perder uma vírgula sequer. Cada palavra é um tesouro que pode ser aplicado de maneira perfeita à nossa situação atual, em todos os níveis: tanto nas relações pessoais, dentro da família ou com amigos, quanto nas relações de trabalho, em nossa cidade ou entre as nações. "Reparte teu pão com o faminto, dá abrigo aos pobres sem teto, veste o que está nu". São mensagens claras, simples. Não é necessária nenhuma interpretação. Também nos diz que há de se "afastar a opressão, o gesto ameaçador e a maledicência". E, para completá-lo, essa espécie de apelo: "Não fiques fechado em tua própria carne". Isaías nos convida a reconhecer no outro – em qualquer um, não importando a distância em que viva, ou que não pertença à nossa religião, nação, cultura, raça ou o que seja – "nossa própria carne".

Então é quando, como diz Isaías, "a nossa luz romperá como a aurora", nos fará "brotar a carne saudável" e nossa "escuridão se tornará dia pleno". Ou, segundo as palavras de Jesus, seremos o sal do mundo e nossa luz iluminará a todos. Mas o que está claro é que essa luz brotará de dentro de nós, do nosso coração. Quando realizarmos essas boas ações, quando formos irmãos de nossos irmãos. Sem distinções nem preconceitos. A mensagem de Jesus está aí em toda a sua simplicidade. Não é preciso esperar por uma salvação que venha de fora. Está em nossas mãos fazer com que a luz brote nas trevas. Basta que levemos a sério o que disse o profeta Isaías, e o tomemos à prática em nossas vidas.

O que faço para repartir meu pão com o faminto, hospedar o sem-teto, ou vestir aquele que está nu? Evito os gestos ameaçadores e a maledicência? Como nossa comunidade poderá ser o sal da terra e a luz do mundo?

6º domingo do Tempo Comum
(Eclo 15,16-21; 1Cor 2,6-10; Mt 5,17-37)

Para além da letra da lei está o espírito do amor

Na Igreja vivemos muitas vezes pendentes da lei. Quando éramos pequenos, nos ensinaram o catecismo e, naqueles tempos, decoramos os mandamentos da lei de Deus, os mandamentos da Igreja e muitos outros. Sabíamos que eram normas básicas pelas quais deveríamos regular nossa vida. Fazer o contrário era errado, era pecado. Deveríamos nos confessar ao padre sobre essas situações. Mas o problema está em que não nos explicaram a razão pela qual deveríamos obedecer àquelas leis, qual era a motivação, a causa. E muito menos nos explicaram o que fazer em muitas situações na vida sobre as quais a lei nada dizia.

As leituras de hoje, sobretudo o Evangelho, nos colocam diante do mais básico da lei. De fato, a lei não é mais do que um *andador* como os que usam, algumas vezes, os idosos. Ajuda-nos a caminhar, mas é a pessoa quem deve decidir para onde quer ir. Não se trata de fazer isto ou aquilo simplesmente porque é proibido, ou porque a lei diz que se faça. É preciso levantar os olhos para além da letra da lei e, tal como diz a primeira leitura do livro do Eclesiástico, descobrir que o que temos à nossa frente é a decisão básica entre a morte ou a vida: "na tua frente estão postos o fogo e a água, toma o que desejas". No fundo, somos livres para tomar nossas próprias decisões. E em nossas decisões definimos como queremos viver. Se nós queremos viver para a vida ou como mortos; se queremos viver no amor, na fraternidade, na família dos filhos de Deus ou se queremos viver na morte do isolamento, do egoísmo... Essa decisão é nossa e a vamos tornando real em nossa vida. Cada vez que ajudamos o irmão necessitado ou lutamos pelo estabelecimento da justiça estamos escolhendo a vida. Cada vez que pensamos que não há razão para nos preocuparmos com os demais, que vivemos melhor cada um em sua própria casa, ocupados com as suas coisas, estamos escolhendo a morte. Morremos porque nos fechamos à fraternidade, ao amor e, portanto, a Deus.

Essa opção nos leva a cumprir algo mais do que a letra da lei, isto é, o que Jesus nos diz no Evangelho. Vale a pena lê-lo com atenção. Jesus nos diz que não basta cumprir a letra da lei. É necessário fazê-lo de coração. Porque não apenas mata aquele que crava um punhal. Também o faz aquele que odeia. Hoje o Evangelho nos convida a viver na plenitude da lei de Jesus, que é a lei do amor.

Alguma vez me vi sem saber que decisão deveria tomar porque a lei que me haviam ensinado nada dizia a respeito? O que fiz nessa situação? Tratei de ser fiel ao espírito de Jesus? Optei pela vida na minha maneira de comportar-me?

7º domingo do Tempo Comum
(Lv 19,1-2.17-18; 1Cor 3,16-23; Mt 5,38-48)

Amar é perdoar

No evangelho de hoje, o Sermão da Montanha chega à sua plenitude. Depois de falar sobre a lei, de como devemos ir além da letra para cumpri-la de maneira radical, Jesus nos mostra o centro da lei: o amor. Aquilo que Jesus disse em palavras era verdadeiramente a norma de sua vida. E, ao vivê-lo, revelou-nos Deus, seu Pai, que nada mais é que amor.

O amor que Jesus nos convida a viver como a lei fundamental de nossa vida é universal. Chega a todos sem exceção. Aos amigos (quem não ama os amigos?) e aos inimigos (isso já é um pouco mais difícil). É um amor concreto. Jesus dá exemplos que chegam à nossa vida diária. Para começar, declara nula aquela norma tantas vezes repetida do "olho por olho, dente por dente". Desgraçadamente são muitos os que a continuam aplicando sem vacilar. Dessa forma, a violência nunca cessa. E todos têm alguma razão para seguir se vingando dos que lhes causaram mal. É como uma espiral que sempre cresce. É o que a humanidade faz há séculos, e conseguimos apenas mergulhar nossa história em sangue e guerras.

Jesus propõe uma saída para esse labirinto em que estamos perdidos. Jesus nos diz que amar é perdoar. Já não cabem rancores nem vinganças. Ao perdoar, rompe-se a espiral do ódio. O outro, aquele que nos ofendeu porque se sentia ofendido por nós, já não tem nenhuma razão para continuar guardando rancor e nem para vingar-se, porque não recebeu nenhuma resposta ao seu rancor nem à sua vingança. É como se Jesus retirasse a espoleta da bomba, ou como se cortasse o pavio que une petardos que estão unidos uns aos outros. O pavio se apaga e já não há mais explosões. Sem espoleta a bomba já não explode, não destrói, não mata.

Temos de ser muito fortes para escutar, com o coração aberto, a mensagem de Jesus, e mais fortes ainda para colocá-la em prática; muito fortes para deixar a provocação sem resposta, e mais ainda para fazer isso do que para responder com mais violência.

A segunda leitura nos diz que o Espírito habita em nós. Talvez seja essa a força que nos ajuda a perdoar como Deus nos perdoa, a amar como Deus nos ama, a não permitir que rancores nos encham o coração de amargura (no fundo, rancores e ódios nos fazem tanto ou mais mal do que àqueles que odiamos). O Espírito de Deus está em nós e, se nos deixamos levar por ele, encontraremos força para amar e perdoar no dia a dia de nossas vidas.

Tenho algum rancor no coração que ainda não perdoei? Será que percebo que esse rancor me faz tanto mal e torna amarga a minha vida? Por que não peço a Deus a força para perdoar e para amar, tal como ele nos perdoa e ama?

8º domingo do Tempo Comum
(Is 49,14-15; 1Cor 4,1-5; Mt 6,24-34)

Confiar no Reino e em sua justiça

Queiramos ou não, este mundo é um lugar difícil. Para muitas pessoas, viver é antes tudo sobreviver. Encontrar o alimento de cada dia não é um problema menor para muitos. Encontrar o pão para a mesa da família é, às vezes, um grave e urgente problema que ocupa todo o tempo, a atenção e a energia da maioria dos seus membros. Como sempre foi ao longo da história, hoje são muitos os que deixam seus países e suas famílias para encontrar um trabalho que lhes proporcione o pão que, no lugar de origem, não encontram. Os que ficam não estão melhores que aqueles que partem. Em muitos casos, dependem da volta regular do familiar – pai, mãe, irmão, filho – que partiu para um lugar distante e que precisa lidar com outra língua e cultura para poder atender às necessidades básicas daqueles que deixou para trás.

Ler nessas circunstâncias o evangelho deste domingo pode ser, no mínimo, irônico e, até mesmo, cruel. Podemos dizer aos pobres, àqueles que nada têm, que confiem na Providência de Deus? Olharão para nós com expressões incrédulas e dirão que esse tipo de espiritualidade é para os que têm tudo, para aqueles que tiveram o privilégio de nascer em países com supermercados abarrotados de comida e com bastante dinheiro para comprar aquilo que desejarem. Nós somos aqueles que podemos renunciar a isto ou àquilo. E dizemos, em um momento da oração, que precisamos confiar mais na Providência de Deus; que não devemos ficar obcecados com o dinheiro nem com o trabalho, e devemos confiar que o Pai de todos nós dará o que nos faz falta.

O curioso é que, na prática, são muitas vezes os pobres, os necessitados, que nos dão exemplo de confiança na Providência de Deus; que não ficam nervosos, nem obcecados; que gozam e aproveitam do que têm com uma simplicidade e uma alegria vital que gostaríamos de possuir – nós que temos tantas coisas. Porque a verdade é que nós que temos muito, às vezes, nem sequer aproveitamos o que temos, pois estamos muito preocupados em ter mais ainda. E apenas na proximidade com os pobres podemos experimentar – de longe – o que significa confiar em Deus para além das nossas possibilidades. E descobrir, com uma sabedoria superior, que aquilo que para uns parece sorte e casualidade não é nada mais que a presença de Deus cuidando da vida.

Para nós, para todos, deve permanecer uma ideia fixa: centremo-nos na busca do Reino de Deus e da sua justiça – feita de fraternidade e solidariedade – e tudo mais será dado a nós por acréscimo.

A qual senhor sirvo com a minha vida? Quais são minhas obsessões? São tão fortes que não me deixam viver a alegria da família, do encontro e da fraternidade? Como busco a justiça do Reino?

9º *domingo do Tempo Comum*
(Dt 11,18.26-28.32; Rm 3,21-25a.28; Mt 7,21-27)

Sobre a pedra ou sobre a areia?

Hoje percebemos que nossa sociedade moderna é cada vez mais vulnerável. A ameaça terrorista ou o perigo de um acidente é maior porque nossos complexos sistemas de comunicação, de distribuição, de organização social, são extremamente frágeis devido mesmo à sua grande complexidade. A globalização, tendência à qual não podemos nos opor, faz com que nossas decisões estejam limitadas ou condicionadas por outras que são tomadas do lado de lá do planeta. Minha previdência social, minha aposentadoria, meu trabalho atual não dependem mais de mim, nem do governo de minha cidade, nem mesmo do governo de meu país. Dependem de complexas e anônimas decisões que são tomadas em lugares muito distantes e que, em princípio, nada têm a ver comigo nem com a minha previdência.

O dito acima que se aplica em primeiro lugar à vida social, refere-se também à nossa vida pessoal. Quem pode estar tão seguro de si mesmo a ponto de afirmar que sua casa – vida, família, fé, amizades, futuro – está erguida sobre uma pedra firme que nada nem ninguém poderá mover? Todos nós estamos conscientes das zonas escuras de nossa vida, essas sobre as quais não gostamos de falar porque a nós mesmos nos custa aceitá-las. Como disse Paulo em uma de suas cartas, "faço o que não quero" (Rm 7,20). Todos nós temos essa mesma experiência. Há momentos em que não podemos nos dominar nem controlar. Nossa liberdade –nossa capacidade de decidir e escolher livremente – é muito limitada.

Por isso, compreendemos que Jesus nos peça para agir com urgência, trabalhar a serviço do Reino, mas sabemos que nem sempre somos capazes de fazê-lo. Algumas vezes o conseguimos; em muitas outras, porém, somos daqueles que dizem "Senhor, Senhor", mas não fazemos o que devemos. Somos conscientes, tal como diz a primeira leitura, de que Deus colocou à nossa frente a bênção e a maldição, e que está em nossas mãos escolher e tomar a decisão adequada, mas a vida nos ensinou que nem sempre conseguimos fazer aquilo que acreditamos ser a bênção. Não apenas isso. Às vezes, tampouco é fácil acertar com a boa decisão, com aquela que nos conduz à bênção, com a que nos ajuda a edificar sobre a pedra. Por isso, hoje, mais do que nunca, dizemos a Jesus que vamos colocar todo o nosso empenho na prática de sua Palavra, mas que necessitamos de sua compaixão e de sua misericórdia. Porque nossas forças são poucas e nossas limitações muitas.

Consigo sempre me comportar como acredito que devo fazer? Sou consciente das minhas fraquezas e limitações? Olho com compaixão e misericórdia as fraquezas e limitações de meus irmãos e irmãs? Deposito sempre a minha confiança no Senhor?

10º domingo do Tempo Comum
(Os 6,3-6; Rm 4,18-25; Mt 9,9-13)

Quero misericórdia e não sacrifício

Neste domingo devemos estar atentos à leitura do profeta Oseias. Ele nos surpreende. Deus, por meio do profeta, condena seu povo. Mas, por quê? Isso é o que nos surpreende. Deus não o condena por deixar de cumprir as normas ou por não oferecer os sacrifícios estabelecidos. A razão é outra: a misericórdia do povo é como a nuvem da manhã, como o orvalho da madrugada que se evapora. Esse é o grande pecado do povo. Deus não deseja sacrifícios de nenhuma ordem. Sobram-lhe todos. No final das contas, Ele é o criador, o dono de tudo. Qual é o sentido de oferecermos aquilo que, de fato, já lhe pertence? O que Deus deseja é que sejamos misericordiosos uns com os outros e que nos comportemos como irmãos. Simples, assim.

O Evangelho nos conta uma passagem da vida de Jesus em que se coloca em prática o que Deus quer de nós. Jesus se aproxima dos pecadores, dos marginalizados pela sociedade e entra em suas casas e come com eles. Inclusive chama a um deles para que o siga e tome parte no seu grupo. A atitude de Jesus causa a queixa dos fariseus. Eles pretendiam ser os encarregados de velar pelo cumprimento das normas, daquilo que acreditavam ser a vontade de Deus. E a primeira norma era afastar-se dos pecadores. Segundo eles, os pecadores eram impuros e permanecer junto a eles – pior ainda, comer com eles – torná-los-ia impuros. Por isso, não entendem que Jesus tenha chamado um pecador para estar junto de si e depois se sentado para comer com seus amigos pecadores. E o criticam. Não pode ser um enviado de Deus quem não cumpre suas determinações. Mas Jesus conhece verdadeiramente a lei e a Deus. Por isso, responde-lhes com clareza dizendo que Deus, por desejar salvar a todos, não exclui ninguém. Recorda-lhes o fato da misericórdia ser muito mais importante que todas as normas, e que Deus quer que abramos nossa mão para os que vivem conosco.

Para os cristãos a mensagem da Palavra de hoje é clara. Convida-nos a viver dia a dia com a misericórdia, como norma e lei na hora de nos relacionarmos com os nossos irmãos. Ao agirmos dessa maneira, atuamos tal como Deus agiria. Jesus nos recorda que excluindo, odiando e rechaçando nada se consegue. O máximo que conseguimos é que as nossas feridas sejam ainda mais fundas e demorem muito mais para serem curadas. E, o que é pior, ferimo-nos a nós mesmos. A misericórdia, pelo contrário, cura, recupera, salva, aproxima e nos faz irmãos. A família cujos membros são conduzidos pela misericórdia terá maiores chances de superar os problemas que enfrenta que outra que se deixe levar pelo ódio e pelo rancor. Hoje, Jesus nos pede que atuemos como cristãos em nossas relações com os demais.

Experimentei, alguma vez, a misericórdia como uma maneira de resolver os conflitos familiares ou os conflitos entre meus amigos? Quais foram os resultados? O que aconteceu quando, ao contrário, usei o rancor e o repúdio? Acredito que valha a pena ser misericordioso?

11º domingo do Tempo Comum
(Ex 19,2-6a; Rm 5,6-11; Mt 9,36–10.8)

Vão e proclamem que o Reino está próximo

Nossa fé nos diz que Jesus é o Filho de Deus, é a presença do próprio Deus entre nós. Sente como Deus e vê as coisas da mesma forma que Ele. Pois bem, o evangelho deste domingo nos relata como Jesus se sentiu entre nós. Sentiu compaixão. Não nos veio dar uma lei, ou indicar as regras que deveríamos cumprir para que Deus não nos condenasse. De maneira nenhuma. O que vemos no Evangelho é que Jesus sente como nós: nossas dores e cansaços, nossas frustrações e nossa solidão. Tudo ele sente como sendo algo seu. Ele queria consolar e ajudar a todos, e evitar todas as lágrimas. Como não pode fazê-lo pessoalmente, chama aos que estão junto com ele. Fazem falta trabalhadores na messe. Dentre os seus discípulos, escolhe doze. Nós os conhecemos pelos seus nomes. E os envia com instruções muito comuns. Uma vez mais, devemos observar que eles não vão pregar a condenação. A mensagem que devem anunciar é simples: *o Reino de Deus está próximo*. E devem realizar os sinais do Reino para que as pessoas acreditem. Quais são esses sinais? Curar, ressuscitar, purificar e libertar. É isso que devem fazer os apóstolos. Compartilhar a vida com aqueles que não a têm. Desta forma, farão com que todos compreendam que o Reino, Deus mesmo, encontra-se próximo. E Deus sempre traz a vida para os homens que vivem tão doentes de morte.

Hoje – para nós, a comunidade cristã – nos chega novamente o chamado de Jesus: "A colheita é grande, mas os trabalhadores são poucos". Há muita dor e sofrimento neste mundo. Deus necessita de nós para consolar, curar, libertar, purificar... Desta maneira tornaremos presente o Reino, Deus mesmo, entre nós, em nossa família, em nosso bairro e em nosso trabalho. Esta é a vocação de todo cristão: anunciar o Reino. E para anunciá-lo não são necessárias muitas palavras e, tampouco, que se façam bonitos discursos. Basta amar os que estão ao nosso lado e também os distantes de nós. Dessa forma, entenderão que algo novo está acontecendo, que Deus está próximo. Talvez assim esqueçam a ideia – e muitos a têm – de que Deus é um juiz severo e comecem a percebê-lo como vida e amor, e que Ele deseja que vivamos e amemos.

Jesus nos chama por nossos nomes para que sejamos seus apóstolos. Para que curemos, purifiquemos, consolemos e amemos. A todos. Sem exceção. Porque tudo aquilo que não é amor fere o coração da pessoa e é presença de morte. Para cada um de nós, e para a comunidade, permanece aberta a questão: o que poderíamos fazer para cumprirmos o que Deus nos pede?

Sei de alguém muito próximo a mim, ou mesmo de minha família, que esteja sofrendo? Fiz algo para consolá-lo? Deixei-o abandonado? O que posso fazer? E além de minha família? Há algo que possa fazer para anunciar o Reino de Deus?

12º domingo do Tempo Comum
(Jr 20,10-13; Rm 5,12-15; Mt 10,26-33)

Não tenham medo!

As pessoas e os povos sentem-se, às vezes, dominados pelo medo. Sentimos medo diante do desconhecido. Outros se apresentam a nós como sombras ameaçadoras. Seus rostos, por serem desconhecidos, nos deixam perturbados. E é assim que surge, na maior parte das vezes, a violência. No evangelho de hoje, Jesus nos convida a mudar de atitude. Chamou os apóstolos – pois eram os que ouviram as suas palavras naquele momento – para que fossem pelas aldeias e cidades da Palestina anunciar o Reino de Deus. A quem poderiam temer? O que lhes poderia acontecer? Jesus lhes disse muito claramente que poderiam até mesmo morrer. Mas não deviam temer àqueles que podem apenas matar o corpo e não a alma. Porque o Pai do céu estava ao lado deles.

Pode parecer que se trata de uma mensagem dura e difícil de viver na prática. Todos temos medo de algo, acima de tudo da morte. Mas Jesus nos convida a assumirmos uma perspectiva diferente. O que é a morte senão um passo necessário para encontrarmos Deus, nosso Pai? Ele está nos esperando com os braços abertos. Além disso, visto que é o nosso Pai, não deixará que aconteça nada de ruim conosco. Até mesmo os fios de cabelo de nossas cabeças estão contados.

No final, todos nós enfrentaremos o momento da morte, ainda que não nos agrade falar disso. Jesus nos convida a viver esse momento com a nossa confiança depositada em Deus. Esse momento é a nossa vida inteira. Porque assim viveremos de forma diversa, ou seja, com uma atitude diferente. Sentiremos a alegria de viver e de aproveitar esse imenso presente que Deus nos dá a cada minuto e segundo. E comunicaremos aos que vivem ao nosso lado essa confiança e essa alegria. Teremos força para lutar contra as dificuldades que encontrarmos pelo caminho, porque estamos convencidos de que Deus está conosco.

Isso foi o que Jesus disse aos discípulos. Nada deveriam temer porque Deus Pai estava com eles. E porque não é fácil anunciar uma mensagem tão alegre como a do Reino se aquele que a anuncia está amedrontado. Hoje somos os portadores da mensagem. E ninguém acreditará em nós se não vivermos com alegria e confiança. Porque sabemos que a nossa alegria e confiança estão apoiadas em Deus. Essa é a verdadeira alegria. E a tristeza nasce no momento em que nos esquecemos de Deus. Assim, até mesmo as gargalhadas soam amargas. Mas não podemos permitir que isso aconteça. A Eucaristia, a cada domingo, nos lembra que Deus está conosco e que não nos abandona, e faz-se alimento para as nossas vidas com o intuito de encontrarmos a verdadeira alegria e, assim, perdermos o medo.

Que coisas ou situações me causam medo e me fazem sentir inseguro? Acredito que a fé possa me ajudar a viver com mais alegria e confiança? Por que não tento?

13º domingo do Tempo Comum
(2Rs 4,8-11.14-16a; Rm 6,3-4.8-11; Mt 10,37-42)

Acolher o irmão é acolher Jesus

A primeira leitura deste domingo nos conta a história de uma mulher que acolheu em sua casa um caminhante. Não é dito que a mulher soubesse se tratar de um profeta. Eliseu simplesmente passava por lá. A mulher lhe ofereceu aquilo que tinha: um quarto para descansar e comida para repor as forças. A lei da hospitalidade é uma antiga lei em muitas culturas e também na nossa. É um valor que não devemos perder, mas sim cultivar e reforçar.

As palavras de Jesus no Evangelho nos dão a razão profunda pela qual a hospitalidade converteu-se para o cristão em algo mais do que uma norma, ou uma tradição. Jesus nos diz que receber aquele que está próximo de nós, abrir-lhe a nossa casa e oferecer-lhe a nossa amizade é o mesmo que receber a Ele. Esta é a chave. É o próprio Jesus quem passa em frente da nossa porta e da nossa vida. Jesus é aquele que nos chama e pede abrigo.

No nosso mundo, no entanto, a hospitalidade está sendo perdida. Os outros, os desconhecidos, que são a imensa maioria, nós os vemos, quase de princípio, como uma ameaça para nossa tranquilidade e para a nossa paz. Os jornais estão cheios de notícias de assassinatos, roubos e outras más ações. A televisão, igualmente, nos traz quase diariamente imagens preocupantes. Tudo contribui para criar um ambiente em que desconfiar do desconhecido que está próximo a nós passa a ser algo natural. Valorizamos muito, até mesmo de uma maneira exagerada, nossa segurança, nossa paz e nossas coisas. Acabamos por adquirir armas e alarmes para nos protegermos e cercamos nossas casas com muros. Os países agem da mesma forma. Reforçam suas fronteiras e seus exércitos armam-se até os dentes. Não percebemos que, no fundo, agindo assim, afirmamos com clareza a nossa insegurança, e o que fazemos, de fato, é gerar mais violência. De alguma maneira, nos parecemos com os animais que atacam quando sentem medo.

Jesus nos convida a não vivermos tão dentro de nós mesmos. É isso que Ele deseja dizer quando fala que não devemos "perder a nossa vida". Jesus nos pede que deixemos de olhar para a ponta do nosso nariz, para nossos problemas e estendamos a mão ao nosso vizinho, ainda que ele pense de maneira diversa, seja de outra etnia, língua ou religião. Encontrar-nos-emos com uma pessoa cujos problemas são parecidos com os nossos e descobriremos que juntos podemos ser mais felizes que separados pelas barreiras e pelas armas. E há algo mais. Segundo a nossa fé, sabemos que este que temos na nossa frente, por mais ameaçador que nos pareça, é nosso irmão. É o próprio Cristo. Nós o esperaremos com uma arma na mão?

Estou aberto ao diálogo e ao encontro com os demais? Sinto-me ameaçado por aqueles que pensam e são diferentes de mim? O que Jesus me diz no Evangelho? Que atitudes devo mudar para agir como um cristão?

14º domingo do Tempo Comum
(Zc 9,9-10; Rm 8,9.11; Mt 11,25-30)

Venham a mim aqueles que estão angustiados

Nosso mundo mostra uma fachada, mas sua realidade, de fato, é muito diferente. A publicidade na televisão nos ensina o que, socialmente falando, está na moda. Hoje, oficialmente, todos estamos bem, nos sentimos felizes, sorrimos constantemente, vivemos em bonitas casas etc. etc. Mas tudo isso não é mais que uma fachada, isto é, uma aparência que não consegue tapar a realidade. Houve um país do Terceiro Mundo que, por causa da chegada de chefes de Estado de outras nações para uma reunião internacional, decidiu colocar tapumes na autoestrada que ligava o aeroporto à cidade, para que não pudessem ver os casebres dos pobres nas favelas que se acumulavam nos dois lados do caminho. Além disso, não satisfeito em colocar os tapumes, chamou artistas locais que deveriam pintar murais que representassem o quanto era maravilhosa a vida naquele país. Estou certo de que muitos dos visitantes daquela reunião internacional pensaram que aquelas cercas estavam ali para que abafassem os ruídos produzidos na autoestrada, tal como é feito nos países ricos, e, acreditaram mesmo que do outro lado delas havia bonitas casas ladeadas por jardins mais belos ainda. Nada disso tinha a ver com a realidade!

O mesmo que aconteceu naquele país podemos dizer sobre a nossa realidade pessoal, familiar ou social. Apresentamos uma bela fachada, mantemos as aparências, mas, por trás e por baixo, esconde-se a verdade da nossa vida, que, muitas vezes, é bastante diferente; ou seja, mal resolvida, escura e infeliz. Hoje, Jesus nos convida, em primeiro lugar, a abrir os olhos para a nossa realidade. Isto é, não devemos negar aquilo que nos desgosta na nossa vida e precisamos assumir que há partes dela que não são brilhantes, nem estão plenas de luz e nem nos fazem sentir felizes. E, logo, convida a todos nós para que acolhamos sua compaixão e sua misericórdia. Nós, que nos sentimos cansados, que não encontramos sentido neste mundo, tão hipócrita e violento, que, confusos, nos vemos com pouca esperança e cheios de tristeza, todos nós somos convidados a nos aproximar de Jesus. Porque o seu "jugo é suave" e a sua "carga leve". Este é o Evangelho que foi revelado à gente simples, àqueles que são capazes de abrir os seus corações e reconhecer que, no final, dependemos dele, de Deus, porque apenas por meio dele podemos chegar à verdadeira paz, o autêntico consolo e o descanso seguro.

Se os instintos mais baixos, de que tratava Paulo na segunda leitura, nos convidam a viver ocultos na escuridão, o Espírito nos chama a nos colocarmos sob a luz acolhedora e quente de Deus que, ao aceitar a nossa condição, nos promete a vida e a esperança. Apenas nos aceitando como somos na presença de Deus conheceremos a verdadeira felicidade e alcançaremos a vida.

Há aspectos da minha vida que prefiro deixar na escuridão e nem sequer pensar neles? Em que deposito a minha esperança? O que eu acredito que possa me consolar? Não seria melhor abrir o meu coração na presença de Deus?

15º domingo do Tempo Comum
(Is 55,10-11; Rm 8,18-23; Mt 13,1-23)

O que é a Palavra de Deus?

Vivemos em um mundo no qual há muitas palavras. Os meios de comunicação fazem que estas sejam abundantes. Canções, programas de rádio e televisão, jornais, revistas, vozes... Tanto que, às vezes, não somos capazes de entender nada daquilo que se diz, de tantas as palavras que nos rodeiam. A palavra deixou de comunicar e se converteu em ruído. No entanto, na Igreja continuamos dizendo que a Palavra de Deus ocupa o lugar mais importante e privilegiado que possa existir na nossa comunidade de fé. Mas, o que significa a Palavra de Deus?

De entrada, Palavra de Deus são as leituras realizadas a cada dia na Missa. São tiradas de uma coleção de livros que chamamos de *Bíblia*. Até aqui todos sabemos. Mas, e também o sabemos, não são livros comuns. Para nós, que acreditamos, esses livros que formam a *Bíblia* são inspirados pelo Espírito Santo. Contêm a história de Deus com a humanidade, as contínuas ofertas de salvação feitas a uma humanidade que parece sempre envolvida em seu labirinto de violência, dor, desamor e morte. São fruto – e isto é o mais importante – do amor que Deus tem por nós. São testemunho vivo desse amor. Ler esses livros significa nos encontrarmos com uma palavra que é portadora do amor de Deus. Por isso, os lemos com veneração. Sua palavra não é uma palavra comum, não é ruído, não é vazia de significado. Por isso a escrevemos com letra maiúscula. É a Palavra. Quando realmente a acolhemos em nosso coração, nos abre o entendimento e os sentidos nos levando a tomar consciência da vontade de Deus: que todos os homens e mulheres se salvem e encontrem a vida e a desfrutem em plenitude.

Hoje, é assim que a primeira leitura nos fala da Palavra de Deus. Como a chuva torna fecunda a terra e a enche de vida, a Palavra de Deus fará que se cumpra a sua vontade e nos encherá de vida. Mas, como diz o Evangelho, o efeito da Palavra em cada um de nós depende igualmente de nossa capacidade de recebê-la. Ante ouvidos fechados, não há palavra que valha. Ante ouvidos acolhedores, a Palavra é capaz de transformar o coração da pessoa e fazer que se produzam frutos para sua vida e da humanidade.

Domingo após domingo ouvimos a Palavra de Deus. Depende de nós abrirmos nossos ouvidos e nosso coração para que ela possa tornar realidade a vontade de Deus. Acolhê-la e aceitar suas exigências – que nos levarão a viver uma vida mais plena – é a atitude básica da vida cristã. Sem esse alimento, que é a Palavra, nossa vida acabará por ser infecunda como as pedras, as sarças ou o caminho.

Que lugar ocupa a Palavra de Deus em minha vida? Leio de vez em quando a Palavra de Deus além de ouvi-la na Missa? Preocupo-me em entendê-la e acolhê-la? Sigo os seus ensinamentos? Caso não a entenda, procuro informar-me?

16º domingo do Tempo Comum
(Sb 12,13.16-19; Rm 8,26-27; Mt 13,24-43)

No nosso mundo também há trigo

Estamos conscientes da existência da cizânia no nosso mundo. Continuamente os meios de comunicação nos informam sobre a violência, mortes, ódios e outros tantos sinais da cizânia que cresce na nossa sociedade. Por isso, quando lemos o evangelho de hoje, logo identificamos a cizânia e em seguida lhe pomos nomes e sobrenomes. Até mesmo na nossa família é fácil de encontrá-la. Mas nos esquecemos do lado positivo.

É que a parábola, contra todo o pessimismo que tantas vezes nos invade, primeiro afirma que há muito trigo semeado. Tanto, que vale a pena aguardar o momento da colheita para tirar a cizânia. Há muita boa semente plantada pelo Filho do Homem, como diz o próprio Jesus em sua explicação sobre a parábola. Essa boa semente está crescendo no nosso mundo. Há os que só querem ver a cizânia no campo, mas a realidade é que lá predomina a boa semente, o trigo. Se apenas houvesse cizânia, o dono do campo teria mandado que fosse toda arrancada. Não haveria razão alguma para que esperássemos até a colheita. Algo parecido nos diz Jesus na parábola do fermento. Apenas um pouco de fermento é suficiente para que se levede toda a massa, mesmo que alguns pensem que isso seja impossível. Diante daqueles que pensam que a maçã podre poderá estragar as demais, Jesus – sempre revolucionário – afirma que a boa maçã será capaz de transformar as outras.

A primeira leitura nos confirma este testemunho. Nosso Deus é o todo poderoso e por isso mesmo nos governa com clemência. Seu poder se manifesta na capacidade que tem de perdoar e dar vida. Ou, como diz a segunda leitura, o Espírito vem auxiliar a nossa fraqueza e intercede por nós com gemidos inefáveis. O poder de Deus está do nosso lado, está do lado da vida e do bem e não permitirá que a cizânia leve a melhor.

As leituras deste domingo nos trazem uma mensagem cheia de vida e esperança. Em nossa sociedade, em nossa família e em cada um de nós, há muito mais trigo que cizânia. Há muito mais para se salvar que para condenar. E mais ainda, nenhuma pessoa está definitivamente condenada. Nosso Deus espera por todos até o momento da colheita. Então será o momento da purificação final, que salvará tudo o que for trigo em nós e nos libertará definitivamente do peso da cizânia. O Espírito Santo nos auxilia nesse caminho.

Deixo-me levar pelo pessimismo ao olhar a realidade do nosso mundo, da nossa sociedade, de minha família ou de mim mesmo? Sigo os conselhos de Jesus? Quais os sinais de bondade e de esperança que vejo em mim mesmo e em tudo mais que está ao meu redor? Que poderia fazer para que se veja mais a presença do trigo – que é verdadeiramente abundante – e menos a da cizânia?

17º domingo do Tempo Comum
(1Rs 3,5.7-12; Rm 8,28-30; Mt 13,44-52)

Estou certo de que há um tesouro?

O Reino dos Céus, disse Jesus, assemelha-se a um homem que encontra um tesouro no campo e vende tudo o que tem para comprar o campo. Faz uma comparação parecida com a do comerciante de pérolas preciosas. Tanto o homem do campo como o comerciante de pérolas preciosas procuravam algo. A questão que nos podemos colocar é a seguinte: estamos buscando algo? Acreditamos de verdade que há um tesouro escondido ou uma pérola preciosa? Dito de outra maneira: estamos prontos para vender tudo em troca desse tesouro ou dessa pérola?

A propósito da nossa sociedade, foi dito muitas vezes que se vive em um tempo de desencanto e desilusão. Se houve um tempo em que acreditávamos que outro mundo era possível, hoje, parece que para muitos a perspectiva se encurtou e pensamos apenas em sobreviver, em como ir levando (a vida). Nada mais. É como se tivéssemos descoberto que não há nada pelo qual valha a pena *vender tudo*. E, de fato, não estamos dispostos a sacrificar coisa alguma do pouco que temos. Não estamos certos de que haja algum tesouro escondido nem qualquer pérola preciosa. Não estamos certos de que valha a pena lutar pelo Reino dos Céus. Afinal, que Reino é esse? Após anos de luta e de esforços, o que conseguimos? Ficamos decepcionados. Não há nada por que lutar. Deixemos de sonhos!

Mas Jesus continua propondo um ideal absoluto. Pelo Reino dos Céus vale a pena *abandonar tudo*. O que é tudo? *Tudo* é a segurança econômica, o bom nome e as expectativas da família. *Abandonar tudo* significa viver à maneira de Jesus, tratar de se comportar tal como Jesus faria: ser portadores do amor de Deus para com os pobres e necessitados de toda espécie. *Abandonar tudo* significa não se guiar pelos critérios egoístas do mundo, deixar de acumular bens e começar a compartilhar, relacionar-se com os demais de forma gratuita e não com um preço estipulado. Para *abandonar tudo* não é preciso abandonar materialmente a família e ingressar em um convento. Pode-se continuar no mesmo trabalho e permanecer morando na mesma casa. A diferença está em guiar-se pelos critérios do Evangelho para viver. Então, começa-se a ser cidadão do Reino. Adquire-se, assim, uma nova identidade: a de filho/filha de Deus Pai e irmãos, em Jesus, de todos os homens e mulheres.

Para chegar nesse ponto é necessário acreditar firmemente que há um tesouro e que ele é o melhor que podemos encontrar na vida, que por esse tesouro vale a pena deixar tudo mais. Deus nos dê discernimento e sabedoria tal como a Salomão, para conhecermos o que é justo e o que é bom.

O que mais valorizo na minha vida? Do que é feito o meu tesouro? É o Evangelho o meu verdadeiro tesouro? O que mais me custa deixar para seguir Jesus?

18º domingo do Tempo Comum
(Is 55,1-3; Rm 8,35.37-39; Mt 14,13-21)

Graça é justamente o que necessitamos

Jesus sente pena das pessoas que o seguem. Compadece-se deles. Atende os enfermos e dá de comer à multidão. Certamente não lhes oferece um suculento banquete. Apenas pão e pescado, mas todos ficam satisfeitos e ainda sobra. Uma vez mais o Evangelho nos apresenta Jesus oferecendo àqueles que o seguem vida, e vida plena. E o que é mais importante, oferecendo-a gratuitamente.

Nisso Jesus se diferencia dos comerciantes do nosso mundo. Eles nada oferecem de graça. Tudo tem um preço, até mesmo quando a publicidade nos fala de *brindes*. Esses brindes nunca são gratuitos, nós os pagamos e muito bem. Esta é a primeira grande diferença entre o que nos oferece a nossa sociedade e aquilo que Jesus nos proporciona. O que Jesus nos oferece é sempre gratuito. Além disso, há outra diferença. Jesus nos oferece justamente aquilo de que necessitamos. Todos nós sabemos das grandes somas de dinheiro que gastamos inutilmente. Todos: os indivíduos, as famílias e a sociedade de uma maneira geral. Não podemos nos eximir dizendo que apenas os ricos fazem isso. De maneira sincera devemos aceitar que todos nós o fazemos. Apesar dos nossos poucos recursos, de fato não sabemos aproveitar e acabamos por gastar em coisas que não produzem fartura nem nos fazem sentir mais felizes e mais vivos.

Jesus nos indica onde devemos encontrar aquilo de que necessitamos para sermos felizes e, além disso, de maneira gratuita. Jesus se situa no oposto da nossa sociedade. Nela não apenas pagamos por tudo, mas, também acabamos comprando aquilo que não nos falta, mas o que outros querem que compremos. Por preços baratos, ou nem tanto, nos são oferecidos produtos que prometem felicidade. O que não nos dizem é que, uma vez usado o produto, retornaremos à mesma situação – ou pior – em que nos encontrávamos antes de adquiri-lo.

Jesus nos coloca diante do que é mais importante para nós. Não é necessário comprá-lo porque já o temos. Quando aprendermos a sentir com nossos irmãos e irmãs, a compartilharmos com eles o que possuímos, então nossa vida se elevará e descobriremos a alegria do amor. O Reino se fará presente entre nós. Porque a felicidade não está em ter muitas coisas, mas sim na relação e no encontro prazeroso com os outros.

Seria bom refletir sobre a felicidade. Onde penso que se encontra a felicidade? Acredito que os bens materiais são o único meio necessário para alcançar a felicidade? Não seria mais acertado dizer que a encontro no amor e no relacionamento? Não me convida Jesus a participar da família de Deus? Não é exatamente nesse lugar que sou totalmente feliz?

19º domingo do Tempo Comum
(1Rs 19,9a.11-13a; Rm 9,1-5; Mt 14,22-33)

Viver é confiar

O Evangelho nos apresenta, hoje, o tema da fé. E o faz de uma maneira bastante visual, com um exemplo que todos podemos entender. Crer é parecido, de alguma maneira, a sair da segurança de um barco durante uma tempestade e lançar-se às águas. É isto que Jesus pede que Pedro faça. De alguma forma o desafia a confiar nele. No entanto, Pedro vacila porque se sente inseguro. É possível que nós, em muitas ocasiões, nos sintamos inseguros como Pedro e, assim, busquemos por uma segurança que – como ele – não encontraremos.

Muitas vezes desejaríamos que a fé fosse o resultado de uma demonstração científica. Ou, talvez, que um milagre ou algo extraordinário provocasse a nossa fé. No fundo, supõe-se que a fé nos coloque em relação com Deus. E Deus é considerado, nesses casos, como um ser distante, poderoso e, até mesmo, perigoso para a vida das pessoas.

Como não nos sentimos seguros diante dele, queremos provas convincentes.

Na realidade, a fé é a atitude básica sobre a qual é estabelecida qualquer relação. Um exemplo bem claro disso encontra-se na relação de amor de um casal. Nenhum dos dois jamais poderá dizer que está certo do amor do outro ou da outra. Ele ou ela apenas tem sinais: sorrisos, palavras, carícias, telefonemas... Mas nada mais. Esses indícios confirmam o amor, mas nunca são provas concludentes. No final, cada um ou cada uma deve dar um passo à frente e confiar. E acreditar no outro.

Com Deus acontece exatamente o mesmo. Não há outro caminho senão confiarmos nele. Porque não temos e não teremos jamais provas cabais de sua existência. Apenas obteremos testemunhos. Um testemunho maior: Jesus, que passou a vida fazendo o bem, curando os enfermos e amando a todos que encontrava pelo caminho, precisamente em nome de Deus, nos disse que o seu amor era fruto do amor de Deus e que devemos confiar nele. E temos muitos outros testemunhos. Os homens e mulheres que o seguiram confiaram nele e viveram amando e realizando o bem. Mas não temos provas desse amor. Devemos confiar. No evangelho de hoje, Jesus nos convida a nos lançarmos na água, a viver sem medo e a confiar no amor de Deus. Convida-nos a acreditar nele e confiar que com Ele podemos evitar os perigos da vida. Porque o seu amor está sempre conosco.

Sou capaz de confiar nas pessoas com as quais vivo? Ou talvez tenha se instalado em meu coração uma desconfiança extrema? A fé consiste em acreditar que Deus está ordenando a vida e a história para o bem. Acredito e confio dessa maneira em Deus? Colaboro com Ele para que seu plano de salvação vá adiante?

20º domingo do Tempo Comum
(Is 56,1.6-7; Rm 11,13-15.29-32; Mt 15,21-28)

Uma mesa redonda como o mundo

A chegada a um país estrangeiro implica sempre grandes dificuldades. Quem chega desconhece, geralmente, a língua, os usos e os costumes da nova nação. A comunicação se torna muito difícil. Além disso, em muitas ocasiões, os que vivem no país tendem a olhar o estrangeiro com desconfiança. Pensam que o recém-chegado vem para lhes tomar aquilo que é deles: postos de trabalho, direitos sociais etc. O estrangeiro, o imigrante, é uma ameaça. Por isso, alguns pensam que se lhes deve negar até mesmo os mínimos direitos. Há até mesmo quem chegue a dizer que as fronteiras deveriam ser fechadas para que ninguém mais pudesse entrar.

Jesus era judeu. Viveu toda a sua vida na Judeia e entre judeus. Mas o evangelho de hoje nos relata seu encontro com uma estrangeira. Os cananeus, além de estrangeiros, eram o povo mais odiado e menosprezado pelos judeus. Além disso, Jesus pensava que sua missão era dirigida fundamentalmente aos judeus. Não havia nenhuma razão para fazer alguma coisa por uma cananeia. Ela insiste e insiste. Está com sua filha muito doente. Jesus compreende a sua necessidade, mas responde que ele foi enviado para os judeus. Mas a mulher insiste: "Até os cães comem as migalhas da mesa de seus senhores". Situa-se, assim, em uma posição de humildade completa e de confiança. E Jesus não pode fazer outra coisa a não ser atender ao pedido da mulher. O próprio Jesus teve que aceitar que a sua missão rompia os limites das fronteiras, raças, culturas e religiões. O amor de Deus dirige-se para toda a humanidade, sem exceção. Ninguém é desprezado por Deus. Todos são chamados para sentar-se à sua mesa. E não como cães, mas como filhos. Abrir fronteiras, abrir corações, e não desprezar ninguém por ser diferente é a grande lição do evangelho deste domingo. Diante de Deus não há ninguém diferente. Todos nós somos necessitados de salvação, de perdão, de reconciliação. E Deus nos senta à sua mesa como filhos que somos, porque nela há lugar para todos. Reconhecer as pessoas que, perto de nós e de muitas maneiras, gritam tal como a cananeia: "Tem compaixão de mim". Acolhê-las e nos compadecermos delas é nossa missão como discípulos de Jesus. Assim vamos preparando, desde já, o grande banquete do Reino para o qual Deus convidou toda a humanidade.

Preocupo-me com as dores e com os problemas daqueles que estão ao meu redor? E com os problemas da sociedade? O que faço para acolher e ajudar os que vivem essas necessidades? Sinto-me irmão de todos os homens e mulheres?

21º domingo do Tempo Comum
(Is 22,19-23; Rm 11,33-36; Mt 16,13-20)

O que Pedro quis dizer?

São Paulo, em sua carta aos Romanos, destaca um aspecto muito importante sobre o nosso conhecimento de Deus: o fato de que não conhecemos quase nada sobre Ele. Deus é tão imenso, tão grande, que a sua realidade nos escapa. Dele sabemos apenas o pouco que foi manifestado por meio de Jesus. Quão insondáveis são as suas decisões! Que abismo de generosidade! Quem conheceu a mente do Senhor? Por isso, quando dizemos *Deus*, sabemos apenas aquilo que queremos dizer. Sabemos que é *mistério de amor*, mas, sobretudo, *mistério*. Talvez, assim, entendamos um pouco melhor o evangelho deste domingo. Simão Pedro atreve-se a colocar um nome em Jesus, isto é, a dizer-lhe quem é, a defini-lo: "Tu és o Messias, o Filho de Deus vivo". Mas o que significam essas palavras? O que é que elas significaram para Pedro? Podemos supor que *Messias* recordava a Pedro as velhas histórias de libertação de seu povo. Para um povo como o judeu que vivia, àquela época, sob a dominação romana, libertação não poderia ter outro sentido que o de *libertação política*. Finalmente Deus se manifestava claramente a favor de seu povo. Isso não significa que Pedro sentisse ódio pelos romanos, mas não seria uma legítima aspiração a busca da liberdade tanto das pessoas como dos povos? Ao dizer que Jesus era o Messias, Pedro estava expressando a sua fé em um Deus libertador, um Deus que apoiava a liberdade de seu povo para tomar as suas próprias decisões e ser, assim, dono de seu destino.

Pedro, no entanto, disse, também, que Jesus era "o Filho de Deus vivo". Como Pedro, por razões óbvias, não havia estudado o *Catecismo da Igreja Católica*, não tinha clareza sobre o significado de *Filho de Deus*. Pelo menos não tanto como nós. Provavelmente, o que Pedro procurou sublinhar foi a especial relação que percebia entre Jesus e Deus, aquele a quem o próprio Jesus chamava de seu *Abá*, seu Papai. Tratava-se de uma relação especial de amor, de carinho e de mútua entrega. Mas, além disso, Pedro diz que Jesus é o Filho de Deus *vivo*. Esta é outra informação importante para assinalarmos. A vida é o que nós, humanos, temos de melhor. É, possivelmente, a única coisa que temos. Quando pensamos em Deus, pensamos na vida, mas não na nossa, sempre cercada pela morte, mas na vida plena, para sempre verdadeira. Jesus é o Filho de Deus *vivo* porque, desta maneira, Pedro o via. Era capaz de comunicar a vida aos que estavam ao seu redor, aos que encontrava, a seus amigos.

No final, Pedro confessou que Jesus preenchia totalmente suas expectativas de libertação e de vida, que em Jesus encontrava uma chance de sair desse círculo fatal de escravidão e morte em que nós nos vemos envoltos. Agora, a questão é perguntar a mim mesmo o que desejo dizer ao confessar que Jesus é o *Filho de Deus*, o *Senhor*, o *Cristo*.

22º domingo do Tempo Comum
(Jr 20,7-9; Rm 12,1-2; Mt 16,21-27)

Ser cristão: questão de sacrifício ou de amor?

Há diferentes maneiras de pensarmos a vida. Quando escolhemos uma profissão podemos pensar em todas às quais renunciamos ou nos fixar naquela que escolhemos. De acordo com o primeiro ponto de vista, ao escolhermos uma profissão nós nos empobrecemos. A partir do segundo, aquela profissão escolhida nos enriquece e é isso que, de fato, temos. Podemos pensar o mesmo de qualquer relação humana. Ter um amigo é ter tudo, dizem alguns. É o melhor tesouro, dizem outros. Mas é igualmente verdade que, como não podemos ser amigos de todo mundo, possuir um significa renunciar a muitos outros. É que, simplesmente, não podemos ter tudo. Essa condição faz parte de nossas limitações como seres humanos.

Seguir Jesus significa renunciar a muitas coisas. Assim nos diz Jesus no Evangelho. Estar com Jesus significa negarmos a nós mesmos, é tornar Jesus o centro de nossa vida, pegar o que é nosso e segui-lo. Podemos voltar a nossa atenção àquilo que deixamos para trás, para as renúncias impostas a nós mesmos, para os mandamentos a que precisamos obedecer. Não são poucos. Tudo isso pode ter algo de cruz. É certo.

Mas talvez seja melhor voltarmos a nossa atenção para aspectos mais positivos. Como diz o profeta Jeremias na primeira leitura: "Seduziste-me, Senhor, e deixei-me seduzir". Quando ocorre esse processo de sedução, a pessoa seduzida já não se ocupa mais com o que ficou para trás. Só tem olhos para aquilo que está adiante, para o objeto que a seduz. Viver desta maneira a nossa fé nos levaria a descobrir não as renúncias, mas a alegria de nos encontrarmos com Jesus; não os mandamentos, mas a maravilhosa oportunidade de tomarmos parte numa comunidade de fiéis que a cada domingo celebra com alegria a sua fé. Isto é, veríamos muitos mais aspectos positivos do que negativos de nossa fé.

É a diferença entre ir forçado ou ir por amor. Quando nos obrigam a ir a algum lugar, quando vemos que outros apenas cumprem com a própria fé como se esta fosse uma obrigação pesada, é claro que descobriremos apenas os aspectos negativos dessa realidade. Se, desde pequeno, os meus pais me obrigaram a comer muito doce, é quase certo que ficarei enjoado. Mas quando é a própria realidade que me atrai, então, eu não me preocupo com o que ficou para trás, pois sinto-me atraído por tudo o que vejo de positivo naquilo que me seduziu. Quando perceberemos que o Evangelho é uma questão de amor?

Quando vou à Missa aos domingos, faço-o por obrigação, como um fardo pesado? Os mandamentos da vida cristã são para mim a expressão de meu amor por Jesus? Como cristão eu estou mais atento às renúncias ou à satisfação do encontro com Jesus e os irmãos?

23º domingo do Tempo Comum
(Ez 33,7-9; Rm 13,8-10; Mt 18,15-20)

Uma comunidade profética e profetizada

Quem são os profetas? Costumamos imaginá-los em um degrau acima de nós dizendo com voz forte o que devemos fazer. Mas, isto não é correto. Na comunidade cristã somos todos profetas e, ao mesmo tempo, destinatários da profecia. Isto é, a comunidade cristã não está dividida entre os poucos – que estão acima –, que dizem aos demais aquilo que devem fazer, e outros, a maioria, que está abaixo e obedece. O evangelho de hoje nos fala de uma comunidade que compartilha do mesmo Espírito. Os discípulos participam em igualdade de condições do culto ("onde dois ou três se encontram reunidos em meu nome..."), da oração ("se dois de vocês puserem-se de acordo na terra para pedir algo..."), da tomada de decisões ("tudo aquilo que unirem na terra será unido no céu..."), e na correção fraterna ("se teu irmão pecar, repreende-o a sós..."). O profetismo é, portanto, responsabilidade da comunidade e de cada um de seus membros. A profecia não é exclusividade de nenhuma pessoa na comunidade. Mas, para ser cristã, essa profecia deve levar em conta dois aspectos muito importantes.

Antes de tudo, a comunidade profética é, ao mesmo tempo, a primeira receptora dessa profecia. E isso nos deve fazer humildes. A palavra profética, a correção, nos guia para crescermos como indivíduos e como comunidade. Com humildade a ouvimos, acolhemos e tratamos de colocá-la em prática e, assim, transformar as nossas vidas para fazê-la crescer na cristandade. Inclusive, quando a profecia se dirige para fora da comunidade é, também, profecia humilde e restauradora, porque a comunidade conhece muito bem as suas limitações.

Em segundo lugar, a profecia não tem sentido se não for concretizada em um contexto de amor. Paulo nos diz na segunda leitura: "aquele que ama cumpriu o resto da lei" e "amar é cumprir a lei inteira". Profecia ou correção fraterna cabe apenas no contexto do amor: amor pelos irmãos e irmãs; amor pela humanidade; amor pela criação. O amor sempre cheio de compaixão e de misericórdia. No dia em que empregarmos a profecia contra algo ou alguém, não seremos profetas verdadeiramente e estaremos traindo o Espírito de Jesus.

Na minha comunidade, oferece-se a palavra a todos? São todos ouvidos da mesma maneira? Quando preciso dizer algo a um irmão, familiar ou amigo, eu o faço com a devida humildade e como fruto do meu amor por ele? Fiz uso alguma vez da correção ou da profecia para atacar alguém ou para me vingar?

24º domingo do Tempo Comum
(Eclo 27,33-28,9; Rm 14,7-9; Mt 18,21-35)

O perdão de Deus, tão grande quanto sua misericórdia

Jesus disse que devemos perdoar até setenta vezes sete. Trata-se de um exagero para que possamos entender, simplesmente, que devemos perdoar sempre. Ninguém teve a chance de perdoar quem quer que seja essa quantidade de vezes. O exagero continua na parábola. A dívida que o empregado tem com o rei, dez mil talentos, é, na prática, impossível de ser paga. Pensemos que as rendas anuais do rei Herodes, o Grande, não chegavam aos mil talentos à época de Jesus. Para o empregado não havia alternativa. O surpreendente é que o rei o perdoa. E, mais surpreendente ainda, é que o empregado se empenha em receber de volta cem denários do seu companheiro, logo depois de ter recuperado a vida.

Todos esses exageros nos levam a um dado fundamental: a misericórdia de Deus é tão enorme que não podemos sequer imaginá-la. Quase poderíamos dizer que todas as nossas ideias sobre o bem e o mal, sobre o pecado etc., desaparecem diante da misericórdia de Deus. O amor de Deus por suas criaturas é tão grande que nem mesmo se fala de perdão. É simplesmente um amor que o cobre todo, que nos envolve totalmente. Como diz Paulo na segunda leitura: "Na vida e na morte pertencemos ao Senhor". Ao lado desse amor, dessa imensa misericórdia, fica claro que qualquer falta que nos faça um de nossos irmãos é nada. Por mais feridos que nos sintamos.

Mas deveríamos ir um passo mais além. Não é soberba demais pensar que posso perdoar ao meu irmão ou à minha irmã? Quando faço isso, coloco-me no lugar do rei da parábola. Superior ao meu irmão. Atribuo-me o direito de determinar não apenas que me ofendeu e feriu, mas também que fez isso voluntariamente e, por isso, é culpável. Desde quando sei o que se passa no coração do meu irmão? Isso pertence ao seu íntimo e a Deus que, com certeza, o verá como um filho e o atenderá dessa forma. Da minha parte, não seria melhor que eu empregasse com meu irmão um pouco da misericórdia que tinha o rei da parábola, ou melhor, da infinita misericórdia com a qual Deus me olha e se compadece de mim? Colocado assim, é difícil que eu chegue a ter de *perdoar* alguma vez na minha vida o meu irmão.

Por quantas vezes experimentei no meu coração o perdão enorme e misericordioso de Deus? O que foi que senti? É possível que saiba, também, do rancor e do desejo de revanche contra os meus irmãos? O que senti nesses momentos? Quando foi que me senti melhor: ao reconciliar-me ou ao manter-me no rancor?

25º domingo do Tempo Comum
(Is 55,6-9; Fl 1,20c-24.27a; Mt 20,1-16a)

O surpreendente Deus

Esta parábola costuma causar surpresa nos que leem a *Bíblia* pela primeira vez. Não entendem como Jesus pode colocar como exemplo de comportamento a injustiça clara praticada pelo proprietário da vinha. É uma norma aceita em nossos dias que o salário deva corresponder ao trabalho realizado. Mas é que a parábola não fala disso, mas de Deus e do seu modo de ser. Então, Deus é injusto? Não paga a cada um de acordo com os seus trabalhos?

As palavras finais da parábola nos permitem entender o sentido de toda a narrativa. São as que o dono da vinha dirige aos trabalhadores que protestam por terem recebido menos do que o esperado: "Estás com inveja porque eu sou bom?". De alguma forma são palavras que Deus dirige a cada um de nós. É uma frase que vai desde a imensidão do ser de Deus até a pequenez de nosso ser criaturas. Denuncia a nossa ânsia de manipular Deus, de querer que Ele atue e seja como nós pensamos que deva agir e ser. Quantas vezes na história não fizemos Deus abençoar guerras e vinganças?

Esta parábola insinua que não temos muita ideia de como Deus é. O pouco que sabemos dele é graças ao que Jesus nos revelou. E o que Jesus nos diz é que é um Pai, ou melhor, um *papai* – isso é o que significa *Abá*. Que nos quer e olha sempre com olhos de carinho e misericórdia. Mas, além disso, sabemos muito pouco ou nada. Como diz a primeira leitura: "Estão meus caminhos tão acima dos vossos caminhos e meus pensamentos acima dos vossos pensamentos, quanto está o céu acima da terra". Não há forma de podermos entender a Deus, introduzi-lo em nossa mente e expressá-lo em nossas categorias e formas de falar. Deus sempre nos surpreenderá com a infinidade de seu amor. Por isso, Jesus não encontrou melhor maneira de falar dele que empregar essas histórias. Desta forma, por comparação, poderíamos vislumbrar um pouco o que é Deus, o amor que nos tem, sua capacidade de acolhida e sua vontade de nos dar a vida plena. Por isso Paulo, que havia aberto totalmente seu coração a Deus, pôde dizer: "Para mim, o viver é Cristo e o morrer é lucro". Melhor é que não tentemos manipular Deus e que simplesmente o aceitemos como ele se revelou em Jesus.

Quantas vezes uso Deus para justificar minhas decisões? E na comunidade? O certo é que seria melhor abrir bem os olhos para a surpresa de Deus. Lendo mais a *Bíblia,* compreenderemos que apenas estaremos em sintonia com Deus quando amarmos, perdoarmos e acolhermos os nossos irmãos como ele o faz.

26º domingo do Tempo Comum
(Ez 18,25-28; Fl 2,1-11; Mt 21,28-32)

Livres no amor

Após alguns domingos, em que as leituras acentuavam o aspecto da misericórdia de Deus, de sua acolhida e perdão, pedindo-nos que fizéssemos outro tanto, neste domingo a leitura do Evangelho nos leva a pensar em nossa responsabilidade. A conhecida parábola dos dois filhos, aquele que não vai e depois vai e o que diz que vai e depois fica, faz-nos lembrar de um conhecido provérbio castelhano: "Obras são amores e não boas razões".

É que alguns pensam que a bondade, a misericórdia e o amor de Deus são razões que justificam qualquer coisa que façamos. Se Deus é assim, dizem, então tanto faz nos comportarmos bem ou mal, tanto faz trabalharmos na vinha ou abandoná-la. Os que assim pensam ainda não saíram de uma mentalidade ajustada à lei. Os que vivem sob a lei, sentem-se impelidos a cumpri-la. A polícia e os juízes encarregam-se de cuidar para que todos a cumpram e de castigar aqueles que não o fizerem. Mas, quando o vigilante olha para o outro lado, então, os que vivem sob a lei se sentem livres. Pensam que podem fazer o que quiserem. E, normalmente, dedicam-se a praticar o que é proibido. Não pensam muito naquilo que estão fazendo. O mais importante é o prazer de quebrar a norma e enganar a quem os vigia. Não se importam em saber se aquilo que fazem nesse momento é bom ou mal, ainda que, muitas vezes, isso seja prejudicial para eles mesmos.

Jesus nos convida a dar um passo adiante. Nós, cristãos, já não estamos sob a lei, mas sob o amor. Deus não nos está vigiando para verificar se cumprimos a lei, mas é como um pai que acolhe e nos leva a tomar as rédeas de nossa vida. O que devemos fazer será realizado por nossa vontade e não porque alguém nos controla de fora. No âmbito do amor de Deus é que nossa liberdade e nossa responsabilidade ganham sentido. Não há ninguém que meça e conte nossas falhas para nos castigar, mas há alguém que, com todo o carinho que podemos imaginar (Deus nosso Pai), nos anima para que cresçamos e amadureçamos como pessoas.

Nesse âmbito entendemos as palavras finais do Evangelho. Dizem que os publicanos e as prostitutas nos precederão no Reino de Deus porque se converteram. Eles compreenderam o amor de Deus, acolheram-no e responderam com generosidade ao seu chamado. Eles começaram a viver de acordo com a nova justiça do Reino. Ali onde o mais importante é, como diz Paulo, ter "os sentimentos próprios de uma vida em Cristo Jesus".

Vivo de acordo com a lei ou vivo de acordo com o amor? Estou ainda pensando na maneira de enganar a Deus? Aprendi na minha vida e ensino a meus filhos a viverem de acordo com a lei do amor de Deus? Trato de assumir minha responsabilidade e cumprir com minha obrigação ainda que ninguém me controle ou vigie?

27º domingo do Tempo Comum
(Is 5,1-7; Fl 4,6-9; Mt 21,33-43)

Fica conosco, Senhor!

Os camponeses poderiam nos falar longamente do verdadeiro significado de cuidar dos campos.

São muitas as tarefas, as preocupações e os suores para conseguirem ter uma boa colheita. É como investir dinheiro a longo prazo e com alto risco. Porque há uma série de elementos que o proprietário da terra não é capaz de controlar. De sua parte, ele pode colocar todo o trabalho e cuidado possível, mas não pode controlar o clima, as geadas ou as secas. Tampouco pode controlar como irão trabalhar os empregados. No final, tudo se deve confiar, um pouco, à Providência, à mão de Deus. Não pode ser de outra maneira, qualquer camponês sabe disso.

O evangelho de hoje nos conta a história de um proprietário de terras que desejou cuidar de seus campos. Cuidou deles da melhor maneira que pôde. Mas teve de viajar, e os trabalhadores que deixou como responsáveis pela vinha acharam que eram os donos. Quiseram ficar com os frutos. A tal ponto que, quando o senhor enviou os seus criados para buscarem a colheita, mataram-nos. Atreveram-se a matar até mesmo o seu filho. O senhor desgostou-se e com razão.

Olhemos para nossas mãos e nossas vidas. A vida da humanidade, nossa família e nossa vida é a vinha do Senhor. Ele a criou e cuidou dela com amor. E a colocou em nossas mãos. Somos responsáveis pela colheita, por viver a nossa vida de maneira fraterna, no amor, na compreensão e na justiça. O fruto que Deus quer é a vida do homem, é nossa vida. Não somos donos dela. É um presente dado por Deus e que nos pede para cuidar dele com amor e que o façamos crescer em liberdade e fraternidade.

Hoje vamos pedir ao Senhor que não nos abandone e que não seja como o senhor daquela terra que teve de partir e deixar os trabalhadores sozinhos. Para que não caiamos na tentação de que a vida é nossa. Para que todas as manhãs saibamos fitá-lo nos olhos ao começar o dia e, dessa forma, reconhecê-lo como nosso Deus e Criador e lhe digamos que persistiremos trabalhando na sua vinha para tornar o mundo um lugar mais justo, mais humano e mais fraterno. Porque esse é o fruto que Ele deseja receber de nós. Vamos pedir que nos acompanhe ao longo da semana que começa para que jamais nos sintamos distantes de sua presença misericordiosa, para que jamais caiamos na tentação.

De que maneira cuido da vinha em que o Senhor me colocou? Trato de cuidar e promover a vida que o Senhor colocou em minhas mãos? E a vida de meus irmãos e irmãs? Dou-lhe graças todos os dias por esse grande presente?

28º domingo do Tempo Comum
(Is 25,6-10a; Fl 4,12-14.19-20; Mt 22,1-14)

É possível ir a um banquete com cara de poucos amigos?

Outro dia fui convidado para comer na casa de amigos. Quando cheguei, percebi que havia alguns casais ali reunidos. Era um grupo de amigos e de familiares. Todos partilhavam a comida, exceto uma mulher que permanecia em silêncio. Um pouco ausente e com cara de poucos amigos. Notava-se que o ambiente ao redor dela era um pouco mais frio. A parte mais animada da festa estava do lado oposto ao que ela se encontrava. Quando ela saía, parecia que levava consigo a frieza e o aborrecimento. Não era difícil fixar-se nela. Certamente chamava a atenção. Não nos estragou a festa, mas faltou pouco.

O evangelho de hoje nos fala, também, de uma festa. Um rei que organiza as bodas de seu filho. Isso, sim, deveria ser uma autêntica festa. Mas, ocorre que os convidados não desejam ir e este é o primeiro inconveniente. Desprezam o banquete preparado pelo rei. Tanto que o rei decide buscar outros convidados. E estes chegam, claro que sim. As pessoas não desprezam um banquete e nem uma festa. Trata-se da expressão de alegria e de satisfação, de abundância e de plenitude. O que nos surpreende é a última atitude do rei. Por que expulsa o convidado que se esqueceu de levar o traje apropriado? O que hoje nos relata o evangelho é uma parábola de Jesus. Acredita-se que o rei é Deus que convida todos os homens e mulheres para o seu banquete. Entendemos que estejam ausentes aqueles que não desejaram ir, aqueles que de maneira explícita rejeitaram o convite. Mas como é possível que Deus expulse alguém? Isso não é contrário à imagem de Deus Pai, que acolhe a todos e perdoa tudo?

A verdade é que Deus não lança fora ninguém. Não expulsa ninguém. Somos nós que não entramos verdadeiramente na festa, excluindo-nos quando ficamos com cara de poucos amigos. Acontece como com aquela mulher da história. Ao redor dela criava-se um ambiente de frieza. Junto dela não havia festa. Era como uma espécie de vírus infeccioso que fazia que os que estavam próximos dela não pudessem nem celebrar nem se alegrar.

Em nossas mãos está a escolha para participarmos do banquete de vida para o qual Deus nos convida. Mas precisamos saber nos vestir para essa ocasião. A fraternidade, o sorriso e a justiça são as roupas que nos adornam e tornam a festa possível. Não vá suceder que estraguemos a festa de Deus e dos nossos irmãos.

Estou sempre preparado para o banquete de Deus? Tenho suficiente justiça, fraternidade, misericórdia e alegria tanto para me "vestir" como para partilhar? O que faço para que ninguém fique sem a "roupa"?

29º domingo do Tempo Comum
(Is 45,1.4-6; 1 Ts 1,1-5b; Mt 22,15-21)

Pagamos muitos impostos

Na sociedade pagamos impostos e taxas. Muitos. Muitas vezes. Mas abramos os olhos para a realidade. Os mais altos impostos não são aqueles que pagamos ao Estado para que este construa estradas melhores, cuide das escolas e da saúde pública, cuide da segurança, ajude aos mais necessitados e tantas outras coisas necessárias que apenas o Estado pode e deve realizar. Há muitos outros impostos que não pagamos sob a forma de dinheiro e que são igualmente muito importantes. Quantas vezes, por respeito humano, não nos atrevemos a dizer o que verdadeiramente pensamos? E preferimos nos calar, guardar silêncio. Aí pagamos um imposto muito alto, vendemos nossa própria autenticidade, nossa liberdade. Tudo isso para que os demais continuem nos aceitando, tudo isso para nos adaptarmos a eles.

Pagar imposto a César não era apenas dar-lhe a moeda. Era tornar-se servo de dele, obediente às suas normas. Significava ser seu escravo. Por isso, Jesus pergunta ironicamente de quem era a efígie que aparecia na moeda. Se fosse de César, então que se devolvesse a moeda a César. Mas, a César devia-se dar apenas o dinheiro, não a vida, nem a honra e nem a liberdade. Tudo isso pertence a Deus e a ninguém mais. A vida, a honra e a liberdade são os dons que Deus colocou em nossas mãos. É nossa responsabilidade devolvê-los a Deus acrescidos, cuidados e elevados à sua plenitude. Este é o imposto que foi preparado para nós por Deus: que levemos nossa vida e nossa liberdade à sua plenitude.

Hoje o Evangelho nos coloca uma questão básica: a quem servimos? A quem pagamos os impostos mais valiosos? E continuo sem referir-me aos que pagamos ao Estado. Esses são necessários. Nós os pagamos com dinheiro. Os maus impostos são os que pagamos ao "que dirão de nós os outros" ou ao egoísmo. Esses, nós os pagamos com nossa liberdade, renunciando a ela. No final, terminamos como escravos desses senhores. E renunciamos aos melhores bens que Deus nos deu: a liberdade e a vida.

Jesus nos pede que não nos esqueçamos de dar a Deus aquilo que é de Deus: a vida que vivemos; a vida de nossos irmãos e a liberdade a que somos chamados. Todos esses dons de Deus pertencem-lhe. E, no final, quando chegar o momento derradeiro, deveremos devolvê-los a Ele, enriquecidos e levados à plenitude. Minha vida e a de meus irmãos e irmãs. Minha liberdade e a de meus irmãos e irmãs.

Sinto-me livre para agir como acho que devo de agir? Ou me deixo levar por aquilo que fazem os outros? Como cuido da vida e da liberdade de meus irmãos e irmãs? De minha família? Reconheço a Deus como meu Senhor? Sou escravo de outros senhores? De quais?

30º Domingo do Tempo Comum
(Ex 22,20-26; 1Ts 1,5c-10; Mt 22,34-40)

Ser cristão é viver no amor

Os sacerdotes levam anos pregando a cada domingo e dizendo aos fiéis cristãos que se devem amar uns aos outros e fazer do amor o mandamento maior para eles; que Deus nos ama acima de tudo e que é nosso Pai. O evangelho de hoje volta a tratar das mesmas ideias.

A pergunta do fariseu estava cheia de más intenções. Para eles todos os mandamentos eram igualmente importantes e deveriam ser cumpridos com o mesmo rigor. Aquele fariseu, ao perguntar a Jesus qual era o mandamento mais importante, desejava colocá-lo em dificuldades. No entanto, Jesus não teve medo e respondeu com clareza. Tudo está resumido em dois mandamentos: amar a Deus e ao próximo. Nada mais é necessário. Todas as demais normas dependem desses dois mandamentos maiores. E foi isso que ouviram surpresos os fariseus e o que nós, hoje, devemos ter bem presente. Todos os nossos deveres como cristãos estão resumidos nesses dois mandamentos: amar a Deus e aos irmãos.

Fora isso, são dois mandamentos que estão ligados entre si. Não são duas normas separadas e independentes. Ou melhor, um é condição para o outro. Assim, o segundo é condição para o primeiro. Apenas aquele que ama seus irmãos ama a Deus; e aquele que não ama seus irmãos não ama a Deus, por mais que vá à Missa ou reze muitas orações ou leia diversas vezes a *Bíblia*. Assim, os dois mandamentos andam bem juntos e não podem ser separados.

Depois, vem o passo seguinte: aplicar esses mandamentos, sobretudo o segundo, o do amor aos irmãos, à nossa vida prática e diária, às relações com nossos irmãos, com nossa família, com os amigos e com os companheiros de trabalho. Para sabermos como fazer isso nos pode servir de ajuda a primeira leitura deste domingo. Nela nos é dito que Deus deseja que cuidemos de maneira especial dos estrangeiros, dos órfãos, das viúvas, dos pobres e daqueles que nada têm para se cobrir. A leitura termina com a afirmação que quando o pobre clamar a Deus, "eu o ouvirei porque sou compassivo. Quer dizer, amar aos irmãos implica ter um especial cuidado com as suas necessidades, principalmente as dos mais pobres, dos mais fracos, dos indefesos. Atendê-los, servi-los, devolver-lhes sua dignidade, respeitá-los, acompanhá-los: tudo isso é amar os irmãos. Só quem assim procede – ou ao menos procura seriamente fazê-lo – pode dizer que ama a Deus.

Tenho clareza sobre quais são os mandamentos mais importantes de minha vida cristã? De que forma vivo o amor a Deus em minha vida comum? Como expresso em minha vida diária meu amor por meus irmãos?

31º domingo do Tempo Comum
(Ml 1,14b–2,2b.8-10; 1Ts 2,7b-9.13; Mt 23,1-12)

"Gostam de ocupar os primeiros lugares"

Cada profissão tem seus perigos e tentações particulares. Os banqueiros sentirão a tentação de ficar com o dinheiro alheio. Aqueles que vendem frutas, por exemplo, terão a tentação de dar um peso inferior ao que estão vendendo. Desta forma, poderíamos continuar com todas as profissões. Pois bem, a tentação daqueles que têm autoridade é precisamente a de abusar dela. Podem chegar a pensar que são proprietários dessa autoridade e que se podem aproveitar dela para benefício próprio.

Dessa tentação não estão livres os que estão à frente da Igreja. Foram ali colocados pela vontade de Deus e o seu trabalho é precisamente servir à comunidade, atender aos mais fracos, repartir o pão da Eucaristia de maneira que na mesa da fraternidade todos tenham o suficiente. Mas, como são humanos, também conhecem a tentação e, às vezes, caem nela. Às vezes aproveitam-se da comunidade em benefício próprio, atendendo aos seus próprios interesses ou aos de seus amigos para aumentar seu bem-estar, e se esquecem de atender aos fracos, de repartir o pão da Eucaristia e da Palavra para todos por igual. Em uma palavra, esquecem-se de servir.

O evangelho de hoje aplica estas ideias aos letrados e aos fariseus do tempo de Cristo. Jesus lhes diz que "amarram fardos pesados e os colocam nos ombros dos outros, mas eles mesmos não estão dispostos a movê-los nem sequer com um dedo". E recorda a seus discípulos que não devem permitir serem chamados de *mestre*, *pai*, ou *chefe*, porque apenas um é pai de todos, e apenas um é *mestre*, e um só é chefe. Na Igreja a autoridade é um serviço, e aquele que não serve perde, automaticamente, o seu poder, atraiçoa o *mestre* e *pai* a quem diz representar, ou seja, a Jesus.

Jesus disse isso apenas para os letrados e fariseus do seu tempo? Não acredito. Hoje, precisamos aplicar essa narrativa à nossa Igreja. Porque todos nós, que temos alguma responsabilidade na Igreja, alguma autoridade, sofremos a tentação de abusar dessa autoridade, de nos acharmos chefes e mestres superiores aos nossos irmãos. E, nesse instante, deixamos de servir e rompemos a comunidade de Jesus. Bispos, sacerdotes, ministros de toda espécie: somos ordenados para servir à comunidade, e com o nosso trabalho contribuir para a formação da família de Deus, reunidos irmãos e irmãs, sem que ninguém seja excluído, em torno da mesa da Eucaristia.

Hoje não há perguntas. Todos nós que pregamos a Palavra, que temos alguma autoridade na Igreja pedimos a oração de nossos irmãos cristãos. Para que não caiamos na tentação e para que a nossa vida seja serviço. Isso é o que pedimos humildemente.

32º domingo do Tempo Comum
(Sb 6,12-16; 1Ts 4,13-18; Mt 25,1-13)

"Estejam prevenidos"

Uma vez mais, Jesus narra aos discípulos uma parábola. É apenas uma história. Como as que às vezes contamos às crianças para que adormeçam. Mas todos nós sabemos que as histórias podem conter muitas coisas. Falar por meio de parábolas é uma forma de comunicar-se, para que aqueles que quiserem entender compreendam. Nesta ocasião Jesus conta a parábola aos discípulos. Estes certamente entenderam que a parábola não era uma simples história. Jesus desejava comunicar-lhes algo a partir da história das dez virgens, encarregadas de preparar a festa de bodas e de esperar pelo noivo. Das dez, cinco foram bastante prudentes em organizar o que precisavam para a espera. Trouxeram azeite suficiente para acender suas lâmpadas. Dessa forma estariam prontas mesmo que o noivo chegasse à meia-noite. As outras cinco não pensaram em nada e nem se preocuparam. A chegada do noivo as pegou desprevenidas. Foram excluídas da festa. Dentro estava a luz; fora, a escuridão. As cinco virgens imprudentes ficaram envoltas na escuridão da noite.

Há pessoas que sempre deixam para amanhã aquilo que podem fazer hoje. Exatamente o oposto do que nos diz o provérbio: "Não deixes para amanhã aquilo que podes fazer hoje". São pessoas que estão certas de que irão dispor do dia seguinte para se reconciliar com seu irmão; visitar aquele amigo doente; devolver o que foi roubado; deixar de beber, começar a ser honesto no trabalho ou a preocupar-se com seus filhos. Esquecem-se de que o amanhã é algo do qual certamente não estamos seguros. O que temos como certo é o agora, o presente. Nada mais. Há alguém que tenha certeza de que amanhã estará vivo? Não será melhor começar, hoje, a realizar todas essas coisas? Dessa forma, caso não disponhamos do amanhã, ao menos comecemos a nos reconciliar, a viver uma vida mais feliz, a amar aos que vivem conosco e a viver honradamente. Ao menos, poderemos dizer ao Senhor que não terminamos de fazer tudo aquilo que deveríamos ter feito, não porque não tenhamos começado, mas porque nos faltou tempo.

É isso que nos pede Jesus: que estejamos atentos, acordados para a nossa vida e que façamos o que é necessário para que, no momento da prestação das contas, não nos encontremos sem azeite nas lâmpadas e com as mãos vazias.

O que está à minha espera por fazer? Eu poderia enumerar tudo aquilo que, como cristão, acreditasse ser necessário realizar e que até agora não o fiz por preguiça, por desleixo, por abandono, ou por ser difícil? Relerei a lista e decidirei fazer uma ou duas de minhas tarefas.

33º domingo do Tempo Comum
(Pr 31,10-13.19-20.30-31; 1 Ts 5,1-6; Mt 25,14-30)

O que significam os talentos?

Recordo-me que, quando eu era pequeno, os professores empregavam esta parábola para nos dizer que era preciso estudar mais. Usar nossos talentos significa empregá-los em estar mais atentos, fazer melhor nosso trabalho e definitivamente obter melhores resultados. Diziam nossos mestres que, mesmo que fôssemos bons alunos e conseguíssemos passar de ano com folga, ainda assim, poderíamos não estar usando adequadamente os nossos talentos. Tínhamos que estudar o máximo possível, pois nos havia sido dada essa capacidade. E nos faziam olhar com atenção para aqueles que conseguiam fazer o justo com grande dificuldade; para que víssemos como trabalhavam seus talentos, os poucos que tinham recebido, talvez melhor do que nós, que havíamos recebido muito, mas não os aproveitávamos tão bem.

Não estavam enganados meus professores. De alguma maneira, tudo aquilo que recebemos: a vida, nosso caráter, nossas habilidades, a família em que nascemos e as condições econômicas de que gozamos – tudo é dom de Deus. Nem todos no mundo tiveram a mesma sorte que nós. Até mesmo entre os membros de nossa comunidade há diferentes sortes, habilidades e capacidades.

Hoje Jesus nos recorda que não podemos enterrar nossos talentos na terra. Isto é uma espécie de suicídio. Temos que colocá-los para trabalhar. Mas, com qual propósito? Para conseguir uma vida melhor para mim? Para ter mais dinheiro na minha conta corrente? Para ser feliz e aproveitar esses dons que eu recebi e outros não? Se lêssemos esta parábola desta forma, estaríamos separando-a do resto do Evangelho. E isso não se pode fazer. Devemos nos lembrar que para Jesus o mais importante é o Reino de Deus. Jesus quer que todos nós cheguemos a viver juntos como irmãos. Os talentos de cada um estão (deveriam estar) a serviço da fraternidade. Qualquer comportamento diferente desse seria enterrá-los.

Certamente já teremos percebido o bem-estar que experimentamos nessas festas em que todos chegam trazendo algo. Cada família leva algo diferente para comer, outros cuidam da música, outros arrumam o local de encontro, uns levam as bebidas e outros se responsabilizam pela limpeza. Todos nós usufruímos de tudo. E cada um contribui com o que tem ou com o que sabe fazer. Isso é colocar as aptidões a serviço da fraternidade. É isso que Jesus nos pede que façamos em nossa família, em nosso bairro, na nossa comunidade. Esse é o significado desta parábola.

Quais são meus talentos, minhas qualidades? Guardo-os para mim? Como poderia colocá-los melhor a serviço do bem-estar daqueles que vivem ao meu redor? Não acontece que, às vezes, proceda como avarento e prefira receber e não dar?

Cristo Rei
(Ez 34, 11-12.15-17; 1Cor 15, 20-26.28; Mt 25, 31-46)

Quem é o juiz?

A parábola de hoje é de fácil compreensão. Estamos em um momento solene: o julgamento final. O momento em que serão avaliadas as nossas ações e cada um de nossos atos serão pesados. A parábola nos diz que, naquele momento, Deus separará uns dos outros, os bons dos maus. Tal como um pastor separa em seu rebanho as ovelhas das cabras. Quem é quem? Quase todos nós, ao ouvirmos a parábola, não teremos dúvida para identificar as ovelhas e as cabras. À direita ficam as ovelhas, os justos, aqueles que passaram a vida fazendo o bem. Os que se situam à esquerda são as cabras, os maus, aqueles que se comportaram mal.

Tampouco é difícil identificar os que receberam as boas ações dos bons e as más ações dos maus. Jesus deixa claro. São os mais necessitados, os últimos da sociedade, os desvalorizados e abandonados. São os que têm fome, os que vêm de fora, os que estão despidos, os que estão doentes e encarcerados. É interessante observar que os bons são bons pelo bem que deram a estes, os últimos, a quem ninguém quer nem dá valor. E o rei, o próprio Deus, se identifica com eles. Não diz que os bons são bons porque trataram bem os pobres, os doentes e os encarcerados. Diz que são bons porque trataram bem a ele próprio. Deus se identifica com os pobres. Assim sempre o afirmou a tradição cristã. Aquilo que se faz aos pobres é feito ao próprio Deus. É preciso ter bom olhar para perceber nos pobres, nos mais simples, o próprio Deus. Essa já é uma importante lição para este domingo em que concluímos o ano litúrgico. Esta é a última lição, a mais importante, o resumo de tudo quanto aprendemos durante o ano todo. Nós nos salvaremos pela maneira como tratamos Deus na figura dos pobres, dos enfermos e dos encarcerados... E infeliz daquele que não se apercebeu de que nestes está presente o próprio Deus. Os pobres são sacramento (sinal) de Deus para nós.

Um último detalhe. Na hora de identificar os personagens da parábola, costuma ser fácil nos identificarmos com os pobres que precisam de ajuda, com os bons que os tratam bem ou com os maus que os deixam de lado. Mas, reconheçamos que, na prática, com quem nos identificamos muitas vezes é com o juiz. Agrada-nos ser juiz de nossos irmãos e irmãs para determinar quem deveria estar à direita ou à esquerda, quem são os bons e quem são os maus. Última parte da lição: jamais devemos ser juízes de ninguém, porque esse lugar foi reservado por Deus para si mesmo. Não devemos nos esquecer disso, pois é muito importante.

Com que olhos eu vejo os pobres, os necessitados, os doentes e os encarcerados? Vejo neles o Cristo ou simplesmente os desprezo? Quantas vezes julgo meus irmãos? Quantas vezes ocupamos o lugar de juízes, esse lugar que Deus reservou para si mesmo?

Ano B

TEMPO DO ADVENTO

1º domingo do Advento
(Is 63,16b-17.19b; 64,2b-7; 1Cor 1,3-9; Mc 13,33-37)

Estejam preparados, pois Deus está próximo

No mercado em que se converteu nosso mundo, há muitos que oferecem a salvação a preços baixos. Alguns nos oferecem uma salvação baseada no ato de consumir: *compre produto tal, use este ou aquele outro.* E nos dizem, com isso, que seremos mais felizes. Tudo ao alcance de nossas mãos... contanto que tenhamos, é evidente, dinheiro suficiente no banco ou na nossa carteira. Basta olharmos para os anúncios que nos cercam por todos os lados: televisão, jornais, rádio, cartazes publicitários.... Mas, sabemos todos, essa não é a verdadeira salvação.

Outros nos falam de Deus: *dê um donativo, reze isso ou aquilo, vá a essa peregrinação ou celebração.* Pedro foi e se curou de câncer que tinha. Miguel não teve mais problemas com a bebida. Também aparece o outro lado, o da ameaça. Porque também nos dizem que José não rezou ou não foi e os problemas pioraram. Esse Deus do qual falam se parece com um remédio mágico com o qual tantos sonham. Um comprimido e tudo está resolvido. O céu ao nosso alcance. Os que assim falam parecem magos que com suas forças controlam Deus e o colocam a serviço deles. Mas tampouco aí está a salvação.

A realidade é muito mais complicada. Deus não é um mago que soluciona tudo. Nosso mundo faz seu próprio caminho. Encontramos Deus ao nosso lado animando-nos a tomar as rédeas de nossa vida, a ser responsáveis por nossa vida e por nossas decisões. Sua presença, encontramo-la na vida de cada dia, nas pessoas com que nos deparamos, nos acontecimentos. Há muito de Deus, da graça, em nossas vidas.

Com este domingo começamos o tempo do Advento. É tempo de preparação para a celebração da vinda do Senhor. A Palavra de Deus nos convida a vigiar. Precisamos estar atentos porque em nossas ruas, em nossas famílias, em nosso mundo, sente-se uma presença nova, nascente.

As comunidades cristãs são já um sinal dessa nova realidade. Há muita gente boa trabalhando para ajudar os demais. Esses são os sinais da presença de Deus. Deus está conosco! Sua presença está crescendo! O Advento é nossa oportunidade de vigiarmos e estarmos atentos para descobrir os sinais da verdadeira presença de Deus e celebrá-los em nossa liturgia e em nossa oração. Vigiemos, portanto, para que não vá acontecer que Deus esteja ao nosso lado ou em nossa própria vida e nos passe despercebido. Vigiar supõe estarmos vivos e atentos aos grandes e pequenos acontecimentos que têm lugar ao nosso redor.

Importo-me com tudo o que acontece ou vivo tão fechado em meus problemas que o meu mundo termina na ponta do meu próprio nariz? Onde e quando descubro Deus próximo de mim?

2º domingo do Advento
(Is 40,1-5.9-11; 2Pd 3,8-14; Mc 1,1-8)

Igreja, profeta da esperança

O evangelho deste domingo nos apresenta João Batista. Foi o precursor de Jesus. Viveu para anunciar aos homens de seu tempo que o Messias, o Salvador, estava próximo e que era preciso preparar os caminhos e os corações. O que João esperava era algo tão novo que tudo mais se tornara velho. Nada mais valia a pena. Por isso, retirou-se para o deserto e viveu na pobreza. Sua atenção e sua vida estavam voltadas para o futuro e naquele que haveria de vir. João jamais se colocou no centro. Não dizia aos que o ouviam que o seguissem ou que fizessem aquilo que ele fazia. Apenas os avisava para estarem atentos, para que se preparassem. João foi um profeta: representante de Deus para os homens.

A figura de João Batista nos oferece algumas chaves que devem caracterizar a vida da Igreja em qualquer tempo e lugar. A Igreja – cada comunidade cristã – deve ser profeta de Deus em nosso mundo. Como João, a Igreja não está no mundo para anunciar-se a si mesma, mas para anunciar a presença de Deus entre os homens. A Igreja não existe para si mesma, para perpetuar-se. Seu centro é Deus. Sua missão é orientar a humanidade em direção a Deus. Nossa vida e obras devem dar testemunho de que Deus vem e quer chegar aos corações de todos os homens e mulheres. Como João Batista, a Igreja tem de saber empregar a palavra e as obras para oferecer esperança e vida aos homens e mulheres de nosso mundo.

No Advento, João Batista é modelo para a comunidade cristã. Como ele, temos de saber que depois de nós vem aquele que tem mais poder. Somos apenas seus anunciadores, que falam em seu lugar. A única missão da Igreja é evangelizar. A única razão de sua existência é anunciar aos homens que a salvação está chegando, e já está presente em nosso mundo.

Como anuncio que o Messias, o Salvador, já está presente em meu mundo? Talvez esteja tão bem em minha comunidade, nos querendo tanto, que nos esquecemos do povo que aguarda nossa mensagem? Que gestos ou sinais eu realizo para dar esperança aos que não a têm ou que a perderam? Quais são as palavras que uso?

3º Domingo do Advento
(Is 61,1a.10-11; 1Ts 5,16-24; Jo 1,6-8.19-28)

Justos e alegres

Advento é o caminho de preparação para o Natal. Mas, como é que nos dispomos para ele? Como palmilhar os caminhos do Senhor que está para chegar? As leituras deste terceiro domingo podem nos ajudar a compreender essa preparação. A primeira indicação nos é fornecida pelo Evangelho. A João Batista fizeram, também, essa mesma pergunta. O que devemos fazer? E a resposta foi muito clara: *convertam-se à justiça*. Sejam irmãos de seus irmãos e compartilhem o que têm. Não é difícil de entender o que João Batista nos pede. É possível que praticá-lo seja mais difícil. O que significa ser justo em nossa vida? Em nossa família? Em nosso trabalho? Em nosso mundo? Estas são as perguntas a que devemos responder. Mas nos custa. Porque nos damos conta de que respondê-las implica geralmente mudarmos de vida. Mas é exatamente isso que João Batista nos diz que façamos: convertermo-nos à justiça.

A segunda indicação é encontrada nas duas primeiras leituras. Há um tema que nelas se repete: a alegria. É pedido que nos alegremos e que vivamos em paz. A alegria, portanto, deve ser outra característica de nossa espera, de nossa preparação para a vinda do Senhor.

Justiça e alegria devem caracterizar a vida da comunidade cristã e da própria Igreja. A nossa mensagem para todos os homens e mulheres é de esperança. O que está para chegar é a salvação de Deus para todos. O que Ele nos promete é salvação, não condenação. É vida, não morte. Por isso, desde agora, nos esforcemos para fazer desaparecer qualquer sinal de injustiça e ódio entre as pessoas. Nós nos comprometemos com a vida e pela vida; dessa forma, somos contrários à morte injusta (solidão, pobreza, desprezo...) a que são submetidos tantos e tantas em nosso mundo. E fazemos isso sempre com a satisfação de quem sabe que está preparando os caminhos do Senhor da Vida.

O que significa ser justo em minha vida diária? O que podemos compartilhar com os demais? A nossa comunidade vive na alegria da espera? Sei comunicar alegria e esperança aos que vivem comigo?

4º *domingo do Advento*
(2Sm 7,1-5.8b-12.14a.16; Rm 16,25-27; Lc 1,26-38)

Maria, a alegre espera pelo recém-nascido

O nascimento de um novo filho é sempre um momento difícil na família, mas, igualmente, alegre e cheio de esperanças. A vida que nasce é frágil e fraca. Os pais voltam-se cheios de cuidados e atenções. O bebê torna-se, necessariamente, o centro da família. Apenas assim, a nova vida poderá crescer e chegar a ser um adulto. Esse processo é cheio de dificuldades. O recém-nascido é para os pais um motivo de responsabilidade. A alegria do nascimento aumenta à medida que os pais colaborem no crescimento do filho. Por isso, a expectativa do nascimento é tempo de esperança, mas também de preocupação. Tudo correrá bem?

Maria é a protagonista deste último domingo do Advento. O momento do nascimento de Jesus está próximo. Maria viveu, sem dúvida, este tempo na esperança e na alegria. Como toda mãe, perguntava-se sobre o futuro do filho que trazia no ventre. E não teria todas as respostas. Podia apenas confiar na palavra que havia recebido de Deus: aquele que ela levava no ventre era obra do Espírito de Deus. A fé caracterizava a atitude de Maria: ela vivia tranquila e confiante no Senhor. Por isso, pôde visitar a sua prima para ajudá-la, também, na hora do parto.

A alegre esperança na fé deve caracterizar igualmente a vida da Igreja e de nossa comunidade cristã. Em nosso mundo está germinando a presença de Deus. Prepararmo-nos para a celebração do Natal é termos aberto o coração para a novidade que Deus pode trazer a qualquer momento para nossas vidas. Porque Deus continua nascendo em nosso mundo. Deus continua se fazendo presente entre nós. Muitas vezes sob as formas mais inusitadas, mas sempre, com certeza, entre seus preferidos: os mais pobres, os mais simples e aqueles que nada têm. Bem-aventurados seremos se formos capazes de descobrir a presença misteriosa de Deus próxima a nós! Então, aí sim estaremos preparados para celebrar o Natal.

Quando observo minha sociedade, sou capaz de descobrir nela essa presença iminente de Deus? Celebro com alegria os sinais da salvação e da vida que descubro em nosso mundo?

Tempo do Natal

25 de dezembro. Natal
(3ª Missa: Is 52,7-10; At 1,1-16; Jo 1,1-18)

Deus, uma criança em nossos braços

Os acontecimentos de nossa história parecem destoar daquilo que se acredita ser o espírito do Natal. Não falam de paz e de amor, mas de morte e de miséria. Além disso, o fracasso, a injustiça ou a enfermidade nos fazem provar o lado escuro da vida. E, no entanto, a Igreja e a tradição cristã continuam nos oferecendo o Natal como uma das festas centrais do ano.

O que essa festa nos oferece é algo muito simples: o nascimento de uma criança. A imagem viva da fraqueza e da impotência. Mas nessa criança está presente o Filho de Deus, o Todo-Poderoso, o Salvador. Esta é a forma genial que tem Deus de nos salvar. Talvez, o único modo possível. Se Deus chegasse com todo o seu poder não teria sido para nos salvar, mas para nos raptar. Deus nos teria feito felizes à força, à maneira daqueles doentes mentais que são mantidos calmos à custa de tranquilizantes. Deus, exatamente por ser Deus, nos respeita e não invade o nosso território. Deus bate à nossa porta e entra apenas se deixarmos. Por isso, entra em nosso mundo pela porta natural, isto é, como uma criança, apenas mais uma criança. Para reconhecê-lo faz falta fé, simplicidade, sinceridade, abertura de coração, sentir-se pobre e carente de salvação. Nós, que estamos cheios de nós mesmos e nos sentimos fortes com nossas próprias forças e com nosso dinheiro, temos dificuldade para compreender e viver o Natal. Às vezes, até, é um tempo em que nos sentimos mais tristes que o normal. Não o entendemos! Não entendemos que Deus se tenha feito criança.

Na criança de Belém, Deus se torna um de nós, se aproxima de nós. Nessa proximidade reencontramos a esperança. Uma criança é sempre motivo de alegria e de esperança porque é uma vida nova. E a vida é motivo de alegria. Deus, ao fazer-se criança, nos diz que continua acreditando em nós. Deus inteiro encarna-se na fragilidade de uma criança e quer que cuidemos dele. Deus se fia em nós. Não faz falta que deixemos de ser conscientes dos fatos negativos do nosso mundo. Mas agora sabemos que o próprio Deus está entre nós. Confia de tal maneira em nós que se fez pequeno e frágil. Depende dos nossos cuidados. Sem eles, como qualquer criança, não sobreviveria. E é esse o motivo de nossa esperança. Deus continua amando este mundo. Natal é uma ocasião para reafirmarmos a nossa fé. Acreditamos em Deus, acreditamos ser Ele o único Salvador, ainda que a nossa fé seja fraca. Senhor, dai-nos esperança! Senhor, aumentai a nossa fé!

Alguma vez, quando eu me senti fraco, tive a experiência de ser cuidado e amado? Como é que eu me senti naquele momento? Percebo que, de fato, somos crianças nos braços de Deus? Que neste Natal viva a alegria do amor, com o qual Deus me presenteia em Jesus.

Sagrada Família
(Eclo 3,3-7.14-17a; Cl 3,12-21; Lc 2,22-40)

Unidos no amor

O Natal está centrado na criança que nasce em Belém. Mas a festa de hoje nos convida a levantar os olhos e fixar a vista em seu redor, para àqueles que a rodeiam. São Maria e José. Havia também, junto ao povo, vários primos e primas, tios e tias. São eles a família de Jesus. São aqueles que se encarregaram de cuidar dele desde o primeiro momento. Nos momentos de alegria e nas horas de dificuldade. Compartilharam tudo. É dessa maneira que Deus se fez homem de maneira completa.

Porque na encarnação não se trata apenas de nascer, de fazer-se carne. Deus se fez carne humana, humanizou-se em todos os sentidos. Isso implicava tornar-se membro de uma família concreta. Com toda essa nuvem de relações, conflitos, amores, carinhos, cuidados, esquecimentos, rancores, desconfianças e alegrias que há em qualquer família humana. Aí, nesse contexto, foi que Jesus cresceu e se fez verdadeiramente homem. Lá, naquela escola da vida que é a família, foi aprendendo o que significa ser pessoa, amar, perdoar, acolher, tomar decisões, contar com os demais. Lá conheceu, sem dúvida, a força da doença e da morte, capaz de levar para bem longe aqueles que tanto queremos. Lá, aprendeu a relacionar-se com outras famílias, com outras pessoas, com seu povo, que, também, foi se convertendo em sua família – nessa família grande que são os conhecidos. Não resta dúvida: foi no seio de sua família que aconteceu a verdadeira encarnação de Deus. Foi assim que Deus assumiu completamente a condição humana.

A família é feita pelas pessoas que a compõem, pela capacidade de querer-se, de amar-se, de perdoar-se, de reconciliar-se e de estar disposto a compartilhar a vida com outras pessoas. A família está mudando. É normal. As maneiras dos vínculos serem estabelecidos entre as pessoas podem mudar. O fato de que todos vivam na mesma casa ou separados também pode ser diferente. Mas, no final, há um vínculo-chave na família: o amor. Esse é o laço que a mantém e a conservará. Esse foi o vínculo que Jesus aprendeu a valorizar em sua família. Descobriu que ele é mais forte até mesmo que os laços de sangue. Por isso, mais tarde, Jesus falou de Deus como o Pai, o *Abá*, que reúne todos os seus filhos ao redor da mesa comum. E, para que entendêssemos a relação que nos une a Deus, nos disse que éramos seus filhos e ele nosso Pai.

Hoje nos cabe assumir a realidade concreta de nossas famílias com suas luzes e suas sombras, para que prossigamos na construção do Reino – a grande família de Deus. É nossa responsabilidade fortalecer os vínculos do amor, que rompe as barreiras de sangue, raça etc., e nos une a todos em uma única família. Hoje, como a Jesus, cabe-nos encarnar em nossa realidade concreta e construir, aqui e agora, a família de Deus.

Valorizo a família como o maior tesouro que tenho em minha vida? Faço todo o possível para cuidar de todos os seus membros com amor e carinho? O que mais eu posso fazer?

1º de janeiro. Maria, Mãe de Deus
(Nm 6,22-27; Gl 4,4-7; Lc 2,16-21)

Com Maria celebramos que somos filhos e irmãos

Começa um novo ano e Maria está no centro de nossa celebração. Está – segundo diz o Evangelho – guardando tudo em seu coração. Está sentada no meio de nós como esteve da primeira comunidade cristã. Como alguém a mais, mas guardando tudo em seu coração. E acompanhando tudo com os olhos de quem sentiu a graça de Deus inundá-la até ficar plena de vida e de paz.

No início do ano, Maria nos convida a olharmos para nós mesmos e para nosso mundo com os olhos cheios de fé. Toda a realidade é abençoada por Deus. Se olharmos um pouco além da aparência, se cavarmos e afundarmos nossas mãos por debaixo da superfície, encontrar-nos-emos com o rio da vida, com a criação recém-saída das mãos de Deus, como o pão tirado do forno: quente, cheirando a casa, a família e a fraternidade. Deus permanece criando este mundo dia após dia. E nós somos os destinatários dessa bênção. O Senhor teve piedade de nós e nos abençoou. E essa bênção é multiplicada quando a recebemos na família, na comunidade e na fraternidade.

Em que consiste essa bênção? Responde-nos a segunda leitura. Em Jesus e por meio de uma mulher fomos abençoados de tal forma que passamos da escravidão para a adoção; deixamos de ser escravos e nos tornamos filhos. A prova de que somos filhos é nossa própria presença na comunidade cristã, é nossa fé. Ou melhor, cada vez que rezamos o *Pai-Nosso*, levantamos as vistas, olhamos com confiança para o alto e vemos que Deus é o Pai, que cuida de nós e nos ama. E, depois, baixamos os olhos e vemos nossas mãos, não somente as minhas, mas as nossas, as dos irmãos, capazes de levantar uma casa comum, de acolher, cuidar uns dos outros, acariciar, querer e amar. Porque os servos desvalorizam-se entre si, mas os filhos sabem que são irmãos. Ser *filho* e ser *irmão* acontece ao mesmo tempo. Não se pode separar. Ninguém pode sentir-se filho de Deus e não se sentir irmão ou irmã dos que o rodeiam.

Ao começarmos o ano, damos graças a Deus por este imenso dom de termos sido feitos filhos e irmãos. E o fazemos com Maria e por Maria. Sentimos sua presença materna no meio de nossa comunidade. Com ela cantamos louvores ao Senhor. Com ela guardamos tudo em nosso coração para que a bênção nos dure o ano todo. Como os pastores quando viram Jesus, contaremos a todos o que sentimos no coração, daremos graças a Deus e seguiremos na vida plenos de bênção e de graça. Trataremos a todos que encontrarmos como irmãos, pois sabemos que eles são igualmente filhos e filhas do mesmo Pai, de Deus, nosso Pai do Céu.

Não acredito que o maior dom que Deus me deu foi a vida? Sinto-me verdadeiramente filho ou filha de Deus? Dirijo-me a ele com confiança filial? Vejo aos que me rodeiam como irmãos? Trato-os como tais?

6 de janeiro. Epifania do Senhor
(Is 60,1-6; Ef 3,2-3a.5-6; Mt 2,1-12)

Um amor que rompe as fronteiras

Deus se fez carne. Esse é o ponto central da celebração do Natal. Mas esse acontecimento tão transcendental para a história da humanidade e do mundo leva consigo uma limitação necessária: acontece em um tempo e lugar reais. Não poderia ser de outra maneira. No final, o lugar é Belém, o tempo é o ano em que o imperador Augusto mandou fazer um censo em todo o Império. Mas aquela criança que nasceu em Belém não era apenas para os judeus, mas para todo o mundo. O amor de Deus manifestado nele não conhece fronteiras. Essa é a chave da celebração desse dia.

A Epifania não é nada além de uma maneira de celebrar o nascimento de Jesus. Hoje o vemos a partir de uma nova perspectiva. Não se trata somente de contemplar a criança nascida em meio à pobreza da manjedoura – porque não havia estalagem para os seus pais. Não é caso de apenas reconhecermos sua fragilidade e fraqueza. Hoje o vemos como aquilo que ele é: a luz que iluminará todos os povos. Hoje nos damos conta que essa criança recém-nascida é o amor de Deus que rompe todas as fronteiras que nós, homens, criamos neste mundo.

Fronteiras já havia no tempo de Jesus e elas continuam erguidas ainda hoje. Quando não são feitas pelas leis, são levantadas pelas tradições, pelos preconceitos e pela desconfiança. Há fronteiras marcadas por injustiças, raças, línguas, religiões ou ideologias políticas. Demasiadas fronteiras que dividem a família de Deus, que rompem a unidade de homens e mulheres deste mundo – o fato fundamental e indiscutível de que todos somos filhos de Deus.

As leituras deste dia nos falam dessa universalidade que deveria ser a característica mais básica da família humana. De uma maneira concisa e clara, afirma-se na segunda leitura extraída da Carta aos Efésios. O plano de Deus consiste em que "todos os povos compartilhem a mesma herança, visto que são membros do mesmo corpo e participam da mesma promessa de Jesus Cristo por meio do Evangelho". Não é necessária nenhuma outra explicação. Deus não pensa mais que reunir todos os seus filhos ao redor da mesma mesa.

Isso é o mesmo que, de uma forma mais poética, se afirma no relato do Evangelho. A história dos três reis magos do Oriente – que tinham avistado uma estrela que os acaba guiando até o lugar em que está o recém-nascido a quem, em sinal de respeito e adoração, dão de presente ouro, incenso e mirra – confirma o que já foi dito. Os povos que viviam para além das fronteiras da Judeia reconheceram a importância daquela criança e seu significado para seus próprios povos. Hoje somos convidados a romper com os preconceitos e as fronteiras que dividem nossa humanidade para que, assim, possamos tornar realidade o plano de Deus.

Quais preconceitos me separam dos meus irmãos? Será que vejo como inimigos os que pertencem a outra raça e falam outra língua, ou, simplesmente, os que pensam diferente de mim em política? O que eu posso fazer para quebrar essas barreiras?

Batismo do Senhor
(Is 42,1-4.6-7; At 10,34-38; Mc 1,7-11)

Reconhecermo-nos como filhos

Com a festa de hoje encerra-se o ciclo do Natal. Jesus cresceu, é adulto e sai de sua aldeia. Deixa sua família e orienta sua vida em uma nova direção. Antes de mais nada se dirige para o deserto. Ali, se encontra com João Batista e decide ser batizado. O batismo de João implicava uma verdadeira mudança de vida. Aquele que era batizado não se obrigava a participar de nenhum grupo, não passava a ser um discípulo de João. Mas comprometia-se a voltar o seu coração para o Senhor, isto é, a converter-se, a mudar de vida para estar preparado para a chegada do Messias, do enviado de Deus. Batizar-se significava abrir o coração à presença de Deus.

Jesus deixou sua aldeia e se fez batizar por João. No deserto, meditou, sem dúvida, sobre a Palavra de Deus. É provável que se encontrasse com este mesmo texto profético que lemos na primeira leitura deste domingo. Identificava-se totalmente com o que naquele texto se diz. Essa seria a sua maneira de viver. Sem gritar, sem destruir ninguém, respeitando a todos, mas proclamando com firmeza a lei de Deus e o direito dos filhos de Deus. Sua palavra seria luz para as nações, palavra libertadora para os oprimidos e cura para os doentes. Jesus se sentiu chamado por Deus para uma missão. Não apenas isso. Experimentou e sentiu intensamente que Deus era seu Pai. Desde então essa experiência profunda não o abandonou em nenhuma ocasião. Deu-lhe força para cumprir sua missão até a entrega final na cruz. O evangelho expressa essa realidade profunda dizendo que Jesus, ao batizar-se, ouviu uma voz que do alto dizia: "Tu és o meu Filho muito amado; em ti ponho minha afeição".

O que aconteceu depois daquele Batismo, veremos e refletiremos nos próximos domingos. Mas, seu resumo final encontra-se no texto da segunda leitura: "Ele andou fazendo o bem e curando todos os oprimidos do demônio, porque Deus estava com ele". O que mais poderíamos dizer sobre Jesus?

O batismo de João fez Jesus se encontrar com seu próprio chamamento e vocação. Faz-nos falta voltar a recordar e reviver nosso Batismo para descobrirmos nosso autêntico e mais profundo chamado para sermos filhos de Deus, para viver em todos os instantes como tais. Também a primeira leitura é todo um programa de vida se quisermos ser consequentes com nosso Batismo. O melhor que se poderia dizer de nós, ao término de nossa vida, é que passamos fazendo o bem a todos porque Deus estava conosco. Que outra coisa são os santos? E tudo porque nos sentimos filhos de Deus, porque não temos outro senhor senão aquele que quer nossa liberdade e nossa felicidade, e quer que sejamos filhos e irmãos uns dos outros.

O que significa para mim o Batismo que recebi há tantos anos? Sinto-me, realmente, filho de Deus e membro da comunidade de irmãos, formada por todos os homens e mulheres? Como vivo a minha condição de ser filho de Deus e irmão de meus irmãos?

Tempo da Quaresma

1º domingo da Quaresma
(Gn 9,8-15; 1Pd 3,18-22; Mc 1,12-15)

Lembremo-nos da Aliança

No primeiro domingo da Quaresma, a Igreja nos convida, há muitos séculos, a meditar sobre as tentações de Jesus. O relato das tentações na versão de Marcos é a mais breve de todos os evangelhos. O mais importante, porém, é sublinhar que a ideia central das leituras desse dia não são as tentações de Jesus e, consequentemente, nossas próprias tentações. A ideia central é antes a da Aliança de Deus com a humanidade.

A primeira leitura nos recorda a história de Noé após o dilúvio. A história do mundo está prestes a começar novamente. Deus deseja que o primeiro ato dessa nova etapa da história humana seja firmar uma Aliança entre Deus e toda a humanidade. Não se menciona nenhum povo em concreto. Trata-se da humanidade voltando-se para Deus. Não há distinção de raças nem de povos, de idiomas nem de fronteiras. Deus se aproxima e oferece uma Aliança definitiva e eterna. Com os que estão nesse momento vivos e com seus descendentes. Quase poderíamos dizer que é uma Aliança com toda a criação, visto que a leitura diz claramente que é uma Aliança com todos os seres vivos.

A Aliança apresenta um conteúdo claro: "Nenhum ser vivo voltará a ser exterminado pelas águas do dilúvio". Em outras palavras, Deus se compromete a favor da vida. Haverá um sinal dessa Aliança. Será o arco-íris, que podemos ver de vez em quando no céu depois das tempestades. O arco-íris nada mais é do que um sinal da beleza da criação. Toda a criação, toda a vida, se converte agora em sinal da Aliança, pois toda ela foi criada, cuidada e amada por Deus.

A Aliança é renovada no Evangelho. Nele Jesus anuncia a presença do Reino de Deus. Já vem. Já está próximo. O Reino é a Nova Aliança, a plenitude daquela primeira Aliança, firmada por Moisés. A plenitude de todas as Alianças. O novo sinal será o próprio Jesus, o Filho, aquele que morreu para nos dar a vida e inaugurou com sua ressurreição a nova vida para todos. Uma vida em plenitude.

Ao começar a Quaresma, nos encontramos com Deus como aquele que faz uma Aliança conosco. Convida-nos a partilhar a vida e a abandonarmos os caminhos da morte. Convida-nos a nos convertermos, a acreditarmos no Evangelho, porque apenas assim encontraremos a felicidade, o bem-estar, a liberdade e a vida pela qual tanto aspiramos. Agora depende de cada um de nós entrarmos nessa Nova Aliança. Deus nos estende a mão. Temos cinquenta dias para pensarmos qual será nossa resposta.

Acaba de começar a Quaresma e é tempo de nos convertermos e firmarmos novamente a Aliança com o nosso Deus. Acredito verdadeiramente que ela seja o melhor caminho para minha vida, para nossa vida? Estou disposto a renunciar aos meus caminhos de morte para entrar na Aliança? O que são, de fato, esses caminhos de morte na minha vida?

2º domingo da Quaresma
(Gn 22,1-2.9 a 10-13.15-18; Rm 8,31-34; Mc 9,2-10)

Subir a montanha

Do alto da montanha enxerga-se melhor o que está acima de nós e o que está abaixo. Por isso, muitas ermidas estão situadas em colinas. Da mesma forma que muitos templos de outras religiões. Ali parece que Deus está mais próximo, e, alheios aos vaivéns e trabalhos do mundo, somos mais capazes de ver com clareza o conjunto de nossa vida. Porque, quando estamos aqui embaixo, as árvores não nos deixam ver o bosque.

As leituras de hoje, tanto a primeira leitura como o Evangelho, acontecem na parte superior da montanha. No alto do monte Moriá. Abraão se encontra com o anjo do Senhor, isto é, o próprio Senhor. Foi pedido a Abraão total disponibilidade ante sua vontade. Não se deve deixar levar pela ideia de como Deus poderia ter solicitado o sacrifício de seu filho. Trata-se do estilo literário, ou seja, a forma de falar sobre a entrega completa de Abraão, que o escritor daquela época escolheu para que as pessoas de seu tempo compreendessem a mensagem. Hoje o teríamos expressado de outra maneira. Portanto, deixemos a superfície e vamos para o tema central da mensagem: Abraão está completamente disponível à vontade de Deus, confia totalmente nele e, por isso, Deus lhe dá sua bênção. Para ele, para seus descendentes e largamente para todos os povos da terra. E a bênção de Deus não pode significar mais que a promessa de vida.

Também, no alto de uma montanha, tem lugar a transfiguração de Jesus diante de seus apóstolos. Ali, distantes das multidões, talvez em um momento de encontro e de diálogo profundo, os apóstolos puderam ver com clareza quem era Jesus e a sua relação com as tradições judaicas – daí a presença de Elias e Moisés. Anos mais tarde, os apóstolos explicaram o que aconteceu dizendo que Jesus se havia transfigurado diante deles. Haviam-no contemplado iluminado pelo próprio Deus e ouviram sensivelmente a voz de Deus que lhes disse: "Este é o meu Filho amado; escutem-no".

A experiência de subir a uma montanha fora definitiva tanto para Abraão como para os três apóstolos que o fizeram ao lado de Jesus. Talvez essa Quaresma seja nossa oportunidade para subirmos também em alguma montanha, para buscarmos algum momento no qual possamos nos isolar do ritmo diário da vida. Ali encontraremos, antes de tudo, o silêncio de Deus, que acabará por chegar até o nosso coração. Ali perceberemos, talvez, que a nossa vida não segue tão bem quanto deveria; ali encontraremos forças para tentar uma mudança, pois contamos com a bênção, a graça e a força de Deus que não nos abandona jamais. Porque, tal como diz a segunda leitura: "Se Deus está conosco, quem estará contra nós?".

Terei tempo nesta Quaresma para buscar um instante de silêncio todos os dias ou uma vez por semana? Talvez essa possa ser nossa montanha particular, na qual nos encontremos com a bênção de Deus e comecemos a ouvi-lo em nossos caminhos.

3º domingo da Quaresma
(Ex 20,1-17; 1Cor 1,22-25; Jo 2,13-25)

A salvação não está à venda

Este mundo é um mercado onde tudo se compra e se vende. Os anúncios publicitários nos informam continuamente que podemos conseguir tudo aquilo de que necessitamos por bons preços. Tantas vezes ouvimos essa mensagem que terminamos por acreditar. Com toda a certeza. Às vezes pensamos que isso é próprio de nossa sociedade capitalista, mas não é bem assim. Ao longo da história sempre esteve presente na mentalidade das pessoas, de uma maneira ou de outra, essa ideia de que tudo pode ser comprado. E, como não, essa mesma ideia também tem estado presente na relação com Deus. Deus, igualmente, pode ser comprado. Acredita-se que Deus tem algo a nos oferecer e que nós podemos lhe dar algo em troca. Tudo se resume a um *toma lá, dá cá*. Talvez por isso os judeus acabaram por transformar o templo em um mercado, como narra o evangelho de João. Não apenas porque havia ali cambistas e bancas em que eram vendidas oferendas para o templo, tais como ex-votos, lembranças e coisas parecidas. O pior era a mentalidade das pessoas que pensavam que oferecer aqueles objetos era o preço que pagavam para alcançar o favor de Deus, aplacar sua ira ou obter o perdão dos pecados.

Diante dessa ideia, as leituras deste domingo lançam uma mensagem poderosa: nosso Deus não está à venda. Ele não tem uma banca no mercado da vida para oferecer paz de consciência, tranquilidade, saúde, ou o que quer que seja. Nosso Deus não vende nem compra nada. Nosso Deus é aquele que nos tirou do Egito, aquele que nos libertou da escravidão. Esse é o nosso Deus. Deus é aquele que concede a liberdade, a vida e a salvação aos que viviam na escravidão e na morte. Nada pede em troca; não é necessário pagar algo antecipadamente. Há uma única condição: que vivamos em liberdade, que não nos deixemos escravizar por nada ou por ninguém e que compartilhemos a vida. Podemos reler todas as normas dadas na primeira leitura e veremos como todas elas são libertadoras, todas nos convidam a viver de maneira solidária e fraterna, de forma livre e respeitando a liberdade dos outros.

Na Quaresma, Deus se manifesta como aquele que nos liberta da escravidão, de todas as escravidões. Até mesmo da morte que é a última delas. Assim, experimentamos esta libertação quando celebramos a ressurreição de Jesus nos dias próximos da Páscoa. E isso Deus faz de maneira gratuita, por puro amor. Não há preço a pagar, não há condições prévias anteriores. Não precisamos vir à igreja como se isso fizesse parte do preço da nossa salvação. Deus nos ama porque sim e basta. Está em nós sermos agradecidos pelo presente e compartilhá-lo com aqueles que estão à nossa volta. Cabe-nos amá-lo como ele nos ama, e reconhecê-lo como Pai que nos ama tanto.

Quando vou à Missa ou quando rezo alguma oração, penso que se trata de algo que devo a Deus? Como deveria *pagar* a Deus por todo amor e liberdade com que me presenteou em seu filho Jesus? Como poderia compartilhar esses presentes com meus irmãos e irmãs?

4º domingo da Quaresma
(2Cr 36,14-16.19-23; Ef 2,4-10; Jo 3,14-21)

Deus ama sem medida

A Quaresma avança e é tempo de nos concentrarmos naquilo que é mais importante e fundamental. Em nossos pecados? Não. É melhor no amor de Deus. Aqui está a chave do assunto, o centro da vida cristã. E, certamente, a energia que dinamiza os domingos da Quaresma à medida que nos aproximamos da Páscoa.

Tanto a segunda leitura como o Evangelho centralizam o ponto com clareza. No Evangelho, Jesus fala com Nicodemos – como qualquer um de nós, um discípulo atento – e lhe diz uma frase que todos deveríamos anotar em um papel e guardar na carteira ou no bolso e, mais importante, no coração: "De tal modo Deus amou o mundo que lhe deu seu Filho único". O amor de Deus é um amor louco, sem medida. Se Deus nos pedisse conselho, qualquer um de nós falaria para ser mais prudente em sua forma de amar. E lhe recordaríamos o ditado de que "a virtude está no meio". Provavelmente Deus nos responderia que não compreendemos o que é o amor. E nos convidaria a ler o famoso capítulo 13 da primeira carta de São Paulo aos Coríntios – e certamente não seria exagero que a lêssemos de novo.

A segunda leitura é de Paulo – da sua carta aos Efésios – e começa de uma maneira que não deixa em seus ouvintes nenhuma dúvida sobre a forma de ser de Deus e sua relação conosco: "Deus que é rico em misericórdia e nos tem um imenso amor...". Isso já bastaria para fazer-nos repensar um pouco sobre a maneira tão miserável que temos, às vezes, de viver nossa fé e nossa relação com Deus. Mas Paulo nos afirma mais ainda que, "quando estávamos mortos em consequência de nossos pecados, (Deus) deu-nos a vida juntamente com Cristo".

A primeira leitura narra a volta para casa dos que tinham sido deportados para a Babilônia. Aquele exílio decorreu do pecado do povo. Mas sua libertação não foi motivada pela bondade deles, e sim pelo puro amor de Deus, que inspirou Ciro para que este libertasse o povo.

Não há muito mais para dizer. Simplesmente meditar muitas vezes sobre essas frases, acolhê-las em nosso coração e permitir que retirem da cabeça muitas das ideias preconcebidas que temos sobre um Deus que castiga e está atento às nossas menores faltas; que nos olha com desconfiança e não acredita em nós etc. Em nossas mãos está repudiar o amor e a vida que Deus nos presenteia em Jesus. Podemos fazer isso, mas seríamos tolos se o fizéssemos. Deus não nos pede nada em troca. Dá-nos de presente o amor para que o vivamos e o compartilhemos sem medidas. O que mais se pode pedir? Quaresma é levantar os olhos, reconhecer o amor com o qual Deus nos ama e descobrir que segui-lo é o melhor que podemos fazer com nossa vida.

Dou graças a Deus pelo imenso amor com que me ama e pela misericórdia que derrama sobre mim? Como compartilho esse amor e essa misericórdia? Procuro ser concreto e expressar alguma forma real de dividir esse amor com os outros?

5º domingo da Quaresma
(Jr 31,31-34; Hb 5,7-9; Jo 12,20-33)

Se o grão de trigo não morre...

Aproxima-se a celebração da Semana Santa. Recordaremos o momento mais alto da vida de Jesus: sua morte. É curioso que a morte seja o momento mais alto da vida, mas é assim. Porque nela se confirma o sentido de tudo quanto foi vivido. Olhando para Jesus no momento de sua morte, compreendemos muito melhor tudo aquilo que Ele realizou ao longo de sua vida, pois entendemos seu significado. Aquilo que em um primeiro momento nos parecia confuso e obscuro, se vê agora sob nova perspectiva que ilumina e esclarece. A forma como Jesus morreu confirma o que foi a sua maneira de viver: uma vida dedicada a realizar o bem e a pregar o Reino de Deus.

Mas é necessário esse último passo. Sem ele a vida de Jesus ficaria pendurada no vazio. É necessário nos darmos conta de que seu amor pelo Pai é pleno, incondicional e sem reservas. É necessário para que percebamos que seu amor por nós é igualmente incondicional, sem reservas. Sua entrega produziu o fruto da vida. Isto é, a Nova Aliança entre Deus e os homens de que fala o profeta Jeremias na primeira leitura. Nela a lei de Deus está inscrita em nossos corações. Basta abrirmos o coração para que Deus entre e nunca mais saia. Ninguém precisará nos ensinar nada sobre Deus, porque todos nós o reconheceremos. Essa é a Nova Aliança que Jesus selou com sua morte, com sua entrega. Para que tivéssemos vida e uma vida de verdade.

Mas tudo isso não acontece sem dor. A morte de Jesus foi um passo necessário. O amor não se manifesta sem entrega, sem que haja renúncia da própria vontade. Os esposos sabem bem disso. Não há casamento que funcione bem sem uma razoável dose de sacrifício, de renúncia e de entrega. De igual maneira, a Nova Aliança firma-se a partir da entrega mútua. Mas como é uma iniciativa de Deus, como é vontade de Deus estabelecer essa Aliança com a humanidade, ao dar-nos de presente a vida, é Deus quem, verdadeiramente, está dando o primeiro passo nessa entrega. Para demonstrar sua boa vontade, se fez um de nós, viveu as mesmas alegrias e dificuldades nossas e acabou por morrer como nós. Mas há uma diferença: fez de sua própria morte um sinal de seu amor por nós. E, assim, a sua morte converteu-se em um sinal de vida. Sua morte é o grão de trigo que morre e, ao morrer, dá muito fruto. Sua morte é já ressurreição para todos, pois, ao ser elevado na cruz, atrai todos para si. A cruz, sinal da morte, transforma-se em sinal de vida. O sinal que muitos cristãos levam pendurado no pescoço é sinal do triunfo da vida, da aliança de Deus conosco, de nossa esperança naquele que, ao morrer, nos deu de presente a vida.

Conheço algum caso em que a morte ou a dor tenham sido ocasião para crescer no amor e na vida? Quando olho para a cruz nela reconheço um sinal de vida ou de morte? Quero fazer de minha vida uma entrega aos demais "para que tenham vida"? De que maneira?

Domingo de Ramos
(Is 50,4-7; Fl 2,6-11; Mc 14,1–15,47)

Do triunfo à cruz

O Domingo de Ramos também é chamado de Domingo da Paixão. Dois nomes diferentes para uma mesma realidade. Porque esse domingo começa em um ambiente de festa. Recordamos, realizando até mesmo uma procissão, a entrada triunfal de Jesus em Jerusalém. Por uma única vez, Jesus é aclamado pelo seu povo. É reconhecido como o novo Davi, o rei que todos esperavam. Claro que sua entrada não é igual à de um rei de sua época. Sua montaria é um asno que não era exatamente a mesma dos reis. Aqueles que o aclamavam formavam parte do povo humilde. Certamente não havia muitos sacerdotes nem escribas entre eles; estes estariam mais interessados em pensar como livrar-se dele. Desta maneira, o triunfo e a cruz começam a mesclar-se. Do mesmo modo que a liturgia une essas suas duas realidades no mesmo dia.

Porque da procissão passamos à Missa e, nesta, as leituras nos colocam diante da morte de Jesus e seu significado. Jesus é aquele que se entrega à morte para cumprir a vontade de Deus, seu Pai, e confia plenamente nele na hora de sua entrega final, como diz o profeta Isaías na primeira leitura. Jesus é o mesmo Deus que entrega sua vida por nós, que não faz alarde de sua categoria de Deus, que se submete inclusive à morte. E é por meio dessa entrega que irá se converter em sinal de salvação para todos. "Frente a Ele, todos os joelhos se dobrarão", como nos diz Paulo na segunda leitura.

Começamos, assim, a Semana Santa. Este é o grande pórtico em que estamos situados: em Jesus o triunfo maior é o momento de sua morte. Aquilo que para nós é a máxima dor – a maior falta de sentido – para Deus é a oportunidade de proclamar seu amor por todos os homens da forma mais solene possível. Já não sabemos mais qual é o momento de sua vida mais triunfal: se sua entrada em Jerusalém montando um asno, enquanto alguns pobres gritavam e agitavam ramos de oliveira, ou o momento da cruz, quando sozinho, abandonado por todos, sela com seu próprio sangue que durante toda a sua vida desejou estar a serviço do Reino de Deus. Jesus pretendeu ser um testemunho vivo de seu amor pelos homens e mulheres, e que sua entrega fosse para que todos tivéssemos vida e vida em abundância. Resta apenas uma pergunta pendente: Onde nós estamos nessa história? Porque Jesus está se entregando por nós – por cada um de nós. Quando levantamos os olhos e o vemos no asno ou na cruz, encontramos o mesmo: seus olhos nos veem e dizem que ele se dá todo para que sejamos felizes, para que vivamos, para que nos amemos e, ao menos durante esta semana, saibamos permanecer próximos de Jesus. Não é necessário dizer muitas palavras. Em silêncio, mas perto dele. Sem nos distrairmos com os detalhes de pouca importância. Simplesmente permitindo que chegue ao nosso coração a profundidade de seu amor, de sua entrega por nós. Para que tenhamos vida e vida em abundância.

Tríduo Pascal

Quinta-feira Santa
(Ex 12, 1-8.11-14; 1 Cor 11, 23-26; Jo 13, 1-15)

A festa da fraternidade

Na Quinta-feira Santa os cristãos celebram uma grande festa. Trata-se da lembrança da Última Ceia de Jesus com seus discípulos. Mas é, também, a lembrança da primeira Eucaristia. É uma festa de dupla face: por um lado, é uma festa triste. Jesus se despede de seus amigos. Sabe que logo chegará o último momento, que os chefes dos judeus já têm tudo preparado contra ele. Não resta muito tempo. É uma cena cheia de saudade, de sinais que fazem lembrar os tempos passados juntos pelos caminhos da Galileia, das conversas partilhadas, dos momentos de oração e, também, de dúvida e de dificuldade. Tudo é recapitulado nessa cena. São os de sempre, os que estiveram com Jesus desde o princípio, mas todos sabem que é a última cena. Daí o andamento solene.

Mas é, igualmente, a primeira Eucaristia, a primeira Missa. Durante a despedida, Jesus anuncia uma promessa: cada vez que fizessem aquilo em sua memória, lembrar-se-iam dele – de tudo aquilo que fizera por eles, e do que lhes havia ensinado sobre o Pai e seu Reino –, da Nova Aliança que na sua morte irá se inaugurar entre Deus e os homens. Após a morte de Jesus, os discípulos se reuniram para lembrar-se dele, para compartilharem do pão e do vinho. Perceberam que, quando assim procediam, experimentavam a presença de Jesus vivo no meio deles de uma maneira especial. Não era já mais uma simples lembrança, mas uma força viva no meio deles. A comunidade dos discípulos sentia junto de si a graça de Deus. Por isso, passaram a repetir com frequência a ceia com os mesmos gestos e os mesmos ritos até nossos dias.

Hoje, na Eucaristia, a Missa é o centro da vida da Igreja e de cada comunidade cristã. A Eucaristia expressa com força o melhor do Evangelho. Eucaristia é fraternidade, comunidade de irmãos e irmãs que se reúnem ao redor de Jesus. Aos olharmos uns para os outros, para além das diferenças, reconhecemos o rosto do irmão e da irmã. A Eucaristia é a profecia em ação, representação da nova humanidade, do Reino anunciado por Jesus, feito vida por alguns instantes, sonho feito realidade. A Eucaristia é memória de Jesus de Nazaré, recordação de suas palavras que são proclamadas e ouvidas com atenção e carinho. A Eucaristia é o compromisso assumido de seguirmos Jesus para além do lugar em que nos encontramos. Para aqueles que participam da Eucaristia, esta se prolonga ao longo de todo o dia para tornar vida aquilo que foi experimentado nela, para criar a fraternidade com todos sem excluir ninguém, para acolher os mais fracos e os pobres em nosso seio, para fazer de nossa vida um serviço simples para àqueles que nos rodeiam, para tornar realidade o Reino pelo qual Jesus morreu.

Como vivo a Eucaristia de cada domingo? É a lembrança de Jesus que me compromete a viver como cristão em todo momento? É apenas uma obrigação que eu cumpro sem sentido? Participo de minha comunidade para fazer da Missa uma autêntica Eucaristia?

Sexta-feira Santa
(Is 52,13–53,12; Hb 4,14-16;5,7-9; Jo 18,1–19,42)

Em nome de Deus: nunca mais!

Hoje, faria falta ouvir na celebração o testemunho de alguém que tivesse sido torturado. Seu testemunho nos aproximaria um pouco do que Jesus experimentou nas últimas horas de sua vida. A tortura não destrói apenas fisicamente a pessoa, aniquila igualmente sua dignidade, sua confiança em si mesma e nos demais. Jesus foi submetido à tortura. Os soldados riram-se dele. Troçaram de sua doutrina. Converteram a sua vida em ridículo. Assim, foi apresentado ao povo... que também se riu dele. Acabou pregado na cruz, agonizando com uma inscrição acima dele. Era a última graça, a última brincadeira macabra dos torturadores: "Este é Jesus, o Rei dos Judeus".

Hoje nos recordamos desses momentos da vida de Jesus. Não é uma celebração festiva. Os acontecimentos que estamos recordando nos convidam ao silêncio. É terrível pensar naquilo que os homens podem fazer contra si mesmos. Porque o torturador não apenas destrói a dignidade do torturado, mas também a sua própria. É mais horroroso ainda pensar que hoje se continua praticando a tortura, que continuamos nos matando uns aos outros, que continuamos fabricando armas de destruição em massa ou mesmo não tão massivas, mas, igualmente, planejadas para matar, para destruir e para eliminar a vida. O que Deus criou com tanto carinho, com tanto amor, nós o destruímos em um instante. É para se guardar silêncio e sentir todo o horror desse momento. Em Jesus, encontram-se presentes todos os mortos de nossa história. Em Jesus, todos nos reconhecemos como torturadores e como torturados.

Mas se hoje nos lembramos de Jesus é porque acreditamos que no seu caso houve uma diferença. Jesus padeceu da mesma morte que tantos outros. Mas soube dar um sentido à sua própria morte. Jesus entregou seu espírito, não o tomaram dele. Caminhou em direção à morte como um inocente e com sua entrega rompeu a espiral de violência que nos leva a matar para vingar a morte.

Nós – seus seguidores – acreditamos que a violência não soluciona a violência, que há outra saída, que a paz é possível. E nos comprometemos a construir a paz em nossas vidas, em nossas comunidades. Comprometemo-nos a acolher as vítimas e a afirmar e defender sua dignidade. Comprometemo-nos a acolher os torturadores e a ajudá-los, também, a recompor sua humanidade destruída por suas próprias ações. Comprometemo-nos a reconciliar nosso ser ferido pela violência, nossas famílias, nossos bairros, nosso mundo. Por isso, levantamos hoje a cruz e voltamos nossos olhos para Jesus: "Verão aquele a quem transpassaram". Jesus, cravado na cruz, converte-se em sinal de esperança e de vida, sinal de nosso compromisso com a paz e a fraternidade. Para que não haja mais torturados nem torturadores.

Estamos conscientes da violência gratuita que existe perto de nós? Em nossas famílias? Em nosso trabalho? Em nosso bairro? Em nosso mundo? Comprometemo-nos em nome de Jesus a trabalhar pela paz? O que fazemos concretamente?

Vigília Pascal
(Leituras selecionadas: Rm 6,3-11; Mc 16,1-7)

Em nome de Deus, vive!

A Vigília Pascal guarda um sabor de criação. Todos os ritos e sinais, a escuridão e a luz, a água, as leituras, as velas em nossas mãos e o círio pascal nos convidam a reviver um momento inicial da história. Como se nada tivesse acontecido até agora. Ou melhor, como se nada daquilo que aconteceu tivesse a mínima importância diante daquilo que está acontecendo nesta mesma noite. É a noite que marca o começo da semana; dir-se-ia que marca o começo de uma nova era na história do mundo e da humanidade. É a noite que dá passagem ao sol do novo dia. É à noite que velamos, junto à tumba de Jesus, aquele que não tinha pelo que morrer, mas que morreu pelas mãos dos homens. É à noite que se tempera a esperança no encontro e diálogo fraternos.

Recordamos velhas histórias de libertação. Nosso Deus é quem criou este mundo a partir do nada; abençoou-nos a todos em Abraão. Libertou-nos da escravidão do Egito; apesar de nossa infidelidade, é sempre fiel ao seu amor por nós. É quem nos oferece selar uma aliança definitiva conosco. Ele nos arrancará o coração de pedra e nos dará um espírito novo. Com essas histórias, que sabemos verdadeiras, nosso espírito se anima e nossa esperança fica fortalecida. Até que chega o grande relato, a grande história, a verdade que toca o coração e nos manterá despertos até o começo do novo dia. Porque essa história é, na verdade, o sol que amanhece em nossos corações, que nos tira da escuridão e nos faz entrar no reino da luz.

Jesus ressuscitou! Faz dois dias, sentimos toda a impotência do mundo ante o sofrimento de Jesus. Nele vemos refletidos os sofrimentos do mundo: injustiça, dor, doença, pobreza, miséria, morte e todos os sofrimentos de tantos inocentes. Até os sofrimentos da natureza, para a qual nós homens tanta dor estamos causando. Sai de nossos corações um *Nunca mais!* carregado de um sentimento de impotência. Chegava até nossa garganta a amargura diante da morte de Jesus, de nosso mundo e de nossos irmãos e irmãs. Mas, hoje, ouvimos assombrados a notícia da ressurreição trazida por algumas mulheres. Elas nos dizem que Jesus está vivo e que nos espera na Galileia, que sua morte não é o fim, mas o começo de uma nova história marcada pela esperança e presença salvadora de Deus.

Hoje, nosso registro já não é mais negativo. Hoje nos dirigimos à criação e à humanidade. Estamos conscientes de seu sofrimento e de sua dor. Mas temos em nossos corações uma mensagem de esperança. Com força e satisfação dizemos: "Em nome de Deus: vive!". E nos sentimos comprometidos com a vida. Já não há amargura que valha. Jesus ressuscitou, e é isso que marca o começo de um novo mundo no qual nem a morte nem a dor, em qualquer de suas formas, terão a última palavra. A morte foi vencida. Nossa morte foi vencida. Em Cristo ressuscitado todos nós vivemos. Vivemos!

TEMPO DA PÁSCOA

Páscoa da Ressurreição
(At 10,34a37-43; Cl 3,1-4; Jo 20,1-9)

Aleluia!

Recordar as últimas horas da vida de Jesus nos fez reviver em nosso interior a injustiça de um mundo que é capaz de matar o autor da vida, de repudiar aquele que nos traz a salvação. Não foi apenas a lembrança de alguns acontecimentos que tiveram lugar em um país distante e há muitos anos. Somos conscientes da atualidade desse relato. Hoje continua se repetindo a cada dia a morte do inocente. Em muitos lugares. Longe de nós e também perto. Por isso, recordar a morte de Jesus não nos permite ficar indiferentes. Toca-nos no mais fundo de nossas almas. Sentimo-nos, ao mesmo tempo, vítimas e carrascos. Participamos com o povo de Jerusalém gritando: *Crucifica-o*, mas, da mesma forma, choramos com as mulheres porque sentimos que com sua morte vai-se embora nossa esperança, o melhor que nós tínhamos.

Mas a Semana Santa não termina na Sexta-feira Santa. Nem mesmo no silêncio cheio de tristeza do Sábado Santo. A Vigília Pascal e o Domingo de Páscoa nos trazem uma boa-nova que nos faz contemplar tudo o que aconteceu a partir de outra perspectiva. Não é fácil entender. Tampouco o foi para os discípulos naquela ocasião. O evangelho de hoje nos relata com clareza. A primeira sensação experimentada pelos apóstolos foi de certa confusão. São as palavras de Maria Madalena a Pedro e a outro discípulo: "Tiraram o Senhor do sepulcro, e não sabemos onde o puseram". Algo aconteceu. Algo tão inusitado e surpreendente que não sabem qual nome lhe dar. Preferem pensar, em um primeiro momento, na hipótese mais simples: o corpo de Jesus foi roubado. É preciso nos aproximar do local desses acontecimentos, guardarmos silêncio e permitirmos que a surpresa chegue ao nosso coração. É preciso ver o vazio deixado pela ausência do corpo no sepulcro. Apenas, então, a fé ilumina a situação. "Viu e acreditou". Os discípulos não entenderam, em um primeiro momento, o que havia acontecido. Precisaram de tempo para perceber que Jesus havia ressuscitado, de que o Pai, o *Abá* de quem tantas vezes havia falado e em quem havia depositado a sua confiança, não o havia desapontado.

Como os homens haviam matado seu mensageiro, Deus não aceitou perder a partida. Deus se manifestou então como o que é: ou seja, o Senhor da Vida, aquele que é mais forte do que a morte. Deus ressuscitou Jesus e, assim, certificou que era com certeza seu filho, que as suas palavras não eram vãs, que a sua boa-nova era verdadeiramente uma promessa de salvação para a humanidade, e que a morte não é o fim do caminho. Hoje somos todos convidados a *ver e crer*, a contemplar o sepulcro vazio e o triunfo de Deus sobre a morte. Hoje se abre uma grande esperança: vale a pena lutar por um mundo diferente, porque Deus, o Deus de Jesus, está conosco.

O que significa para mim a ressurreição de Jesus? O que penso de minha própria morte? Se, verdadeiramente, acredito que Deus está a favor da vida, como a defendo e promovo? Como celebro hoje a ressurreição?

2º domingo da Páscoa
(At 4,32-35; 1Jo 5,1-6; Jo 20,19-31)

Uma comunidade que acredita

A fé ocorre sempre no seio de uma comunidade. Jesus não é reconhecido quando se está sozinho, mas no relacionamento com os irmãos e irmãs que constituem a comunidade eclesial. É a comunidade de crentes que vai fazendo o caminho da fé, apoiando-se mutuamente, colocando em comum as dúvidas e as dificuldades, as descobertas e as certezas. Os crentes arriscam-se a acreditar em comum, o que é sempre mais complicado, mas muito mais satisfatório do que crer solitariamente. Na relação fraterna, a confissão da fé converte-se em compromisso público, que examinarei em minha conduta diária ante os outros.

Essa realidade tão fundamental para a Igreja reflete-se nas leituras deste domingo. Os Atos dos

Apóstolos destacam o aspecto dessa postura em comum em relação a tudo por parte da comunidade de crentes. Aqueles que formavam a Igreja dos primeiros dias tinham tudo em comum. Junto à comunidade os apóstolos davam testemunho da ressurreição do Senhor. O testemunho era acolhido e compartilhado. A fé era compartilhada e celebrada. A vida era igualmente compartilhada em todos os aspectos. Desta forma, ninguém passava necessidade. Todos se confortavam mutuamente na fé e em tudo o que era necessário para viver.

Isso não quer dizer que a primeira comunidade não enfrentasse problemas e que crer fosse fácil para eles. Isso não era simples sequer para os próprios apóstolos. A fé na ressurreição de Jesus não foi algo alcançado em um abrir e fechar de olhos. Foi um processo no qual os apóstolos e os demais discípulos foram crescendo juntos. O evangelho de hoje é testemunho direto desta realidade. Jesus se faz presente junto aos discípulos, fala-lhes ao coração e os confirma na fé. Todos eles sentem-se mais seguros. Exceto um que não estava presente quando Jesus apareceu. É Tomé. Não é que duvide. Simplesmente quer estar seguro de que verdadeiramente é Jesus quem aparece, e não um fantasma ou uma ilusão. Tomé não está disposto a entregar sua vida por nada. Por isso, quer ver o sinal dos pregos e colocar seu dedo no lugar dos pregos. Tomé quer estar certo de que está seguindo Jesus e não um fruto de sua imaginação. Ele o viu e acreditou.

Hoje é proposto a todos nós, comunidade cristã, que nos encontremos com Jesus. Não com o Jesus que imaginamos, mas com o Jesus real dos evangelhos. É necessário, portanto, lê-los com atenção para nos comprometermos a seguir Jesus, porque está vivo, porque ressuscitou. Acreditar na ressurreição compromete nossa vida de tal maneira que nada poderá ser igual ao que era antes. Diante dos irmãos e irmãs nós nos comprometemos a viver como cristãos, como seus discípulos, durante as vinte e quatro horas do dia.

Dizer que Jesus ressuscitou significa acreditar na vida eterna. Mas há nisso alguma consequência para esta vida? Como posso ser um sinal da ressurreição para aqueles que vivem comigo, para minha família e para minha comunidade? Atrevo-me a assumir o compromisso de ser cristão ante minha comunidade?

3º domingo da Páscoa
(At 3,13-15.17-19; 1Jo 2,1-5a; Lc 24,35-48)

Páscoa, tempo de perdão

Há uma ideia que percorre as três leituras deste domingo. É a ideia do perdão dos pecados. É um perdão que vai muito além de todos os limites e que nos abre novas possibilidades de vida e uma nova esperança. Para aqueles que fizeram de suas próprias vidas um verdadeiro desastre, Deus abre novos caminhos. Nem tudo está perdido, pois o Deus que ressuscitou Jesus dentre os mortos é o mesmo do perdão misericordioso, não o da vingança.

A leitura dos Atos dos Apóstolos registra alguns dos primeiros discursos de Pedro aos judeus. Fala para uns israelitas surpresos que foram testemunhas de uma cura milagrosa. Diz-lhes que isso não é nada, que o mais importante é a ressurreição de Jesus, a quem haviam matado, e que fora Deus quem a havia realizado. Este fora o verdadeiro milagre. E o melhor é que, em seu nome, todos podemos nos arrepender e ter nossos pecados apagados. Na segunda leitura, João afirma que todos nós temos um advogado diante do Pai, que pede sempre pelo perdão de nossos pecados. Esse advogado é Jesus. Ele morreu não somente pelo perdão de nossos pecados, mas pelos do mundo inteiro.

No evangelho a mensagem do perdão mistura-se a outra que também nos chega bem fundo no coração: a mensagem da paz. Jesus ressuscitado aparece a seus discípulos e a primeira coisa que faz é desejar-lhes a paz. Não é um fantasma que aparece. É o verdadeiro Jesus. Quando o reconhecem, os discípulos enchem-se de alegria. Ficam atônitos. Não sabem o que dizer. Os discípulos o tinham visto morto na cruz e agora o veem vivo a seu lado. Jesus lhes explica que tudo aconteceu da maneira como haviam anunciado os profetas. O Messias deveria sofrer e ressuscitar. E em seu nome será pregada a conversão e o perdão dos pecados a todos os povos.

A mensagem do perdão está presente, pois, nas três leituras. O evangelho coroa a mensagem com a paz. O perdão traz a paz aos corações das pessoas e da sociedade. Talvez Jesus esteja nos dizendo que não há outra maneira de alcançar a paz, a verdadeira paz, senão por meio do perdão. Talvez esteja insinuando que a vingança jamais foi caminho para se alcançar a paz, mas apenas uma maior violência, pois a vingança é capaz apenas de gerar mais morte e violência. Isso vale tanto para as pessoas como para as nações. Jesus rompe essa espiral de violência. Ao matarmos o autor da vida, Deus o ressuscitou dos mortos e nos abriu o caminho que leva à verdadeira paz. É o caminho do perdão. O perdão que recebemos generosamente de Deus é o que, da mesma forma como o recebemos de Deus, concedemos a nossos irmãos e irmãs.

Já experimentei alguma vez em minha vida como a violência apenas gera violência? Conheço algum exemplo do contrário, isto é, como o perdão conseguiu, em um determinado instante, romper a espiral de violência? A quem devo perdoar hoje? De quem preciso receber perdão?

4º domingo da Páscoa
(At 4,8-12; 1Jo 3,1-2; Jo 10,11-18)

Olhem que amor...

Encontramos o centro da mensagem deste domingo na segunda leitura. João nos faz perceber o imenso amor que Deus tem por nós. Trata-se de um amor que se realiza na relação real entre nós e Deus. Não apenas nos chama de *filhos de Deus*. Realmente, somos. Esta é a grande transformação produzida em nós como consequência da manifestação de Jesus. Este é o ponto central que, hoje, todos precisamos levar em conta. Somos *filhos de Deus* e, como diz a segunda leitura, ainda não se manifestou o que haveremos de ser. Isto é, ainda nem nós mesmos somos capazes de perceber o autêntico significado dessa afirmação. O certo é que já não devemos e não podemos mais enxergar Deus como um senhor feudal a quem devemos temer. Nosso Deus é um pai, um *Abá*, como era do agrado de Jesus dizer na sua língua, *Papai*. Trata-se de um relacionamento de grande proximidade, de enorme confiança, porque dele, do nosso *Abá*, apenas podemos esperar coisas boas.

Jesus é o nosso irmão mais velho. Veio para nos reunir em uma família e para nos fazer conhecer esse acontecimento fundamental de nossas vidas: somos *filhos*. Por nós, seus irmãos, o dia inteiro, até a vida. Por isso, emprega a imagem do Bom Pastor. Da mesma maneira que o Pastor dá a vida por suas ovelhas, ele deu sua vida por nós. A imagem do pastor se refere a Jesus. Fala-nos de seu modo de se comportar conosco. Como o pastor cuida amorosamente de cada uma das ovelhas de seu rebanho, especialmente das mais fracas, de igual forma Jesus cuida de nós.

Mas isso não significa que devemos dizer que somos como as ovelhas. Nós somos *filhos*. Mas não é só isso. Somos *filhos de Deus*. Como filhos, somos herdeiros. Deus nos deseja adultos, responsáveis, capazes de agir livremente, de tomar decisões e assumir nossos próprios riscos. Como um bom pai, sofrerá com os nossos equívocos e erros, mas não nos castigará. Ou melhor, nos oferecerá bons conselhos e nos incentivará a tentar uma vez mais. Porque o que Deus quer é que cresçamos, que não sejamos perpétuas crianças, mas filhos maduros com os quais possa dialogar em um mesmo nível.

Hoje, as leituras nos fazem tomar consciência do amor com que Deus nos ama. É um amor que nos transforma em filhos. É um amor que levou Jesus a dar a vida por nós – igual ao que faz um pastor por suas ovelhas. É um amor que nos ajuda a crescer, que nos leva a ser livres e adultos – irmãos de nossos irmãos. É um amor que nos faz nos sentirmos membros da família e responsáveis por cada um dos que vivem conosco. Isso – e não outra coisa – é sermos filhos de Deus.

Quando penso em Deus, eu o vejo como um juiz a quem devo temer? Como um avozinho a quem é indiferente o que fazemos? Como um pai que sente satisfação quando crescemos e assumimos nossas responsabilidades de uma forma livre e madura?

5º *domingo da Páscoa*
(At 9,26-31; 1Jo 3,18-24; Jo 15,1-8)

A videira e os ramos

Todos nós temos a experiência da amizade. Há pessoas com quem nos relacionamos todos os dias. Às vezes podemos até mesmo sair para passear juntos ou nos divertir. Mas isso não significa que sejamos amigos. Com o amigo há um relacionamento mais profundo, há algo que nos une independente de nos vermos com frequência ou não. É como se entre os amigos se estabelecesse um vínculo mais profundo. Ser amigo quer dizer algo mais que se divertir um pouco juntos. Esses seriam os *conhecidos* que servem apenas para irmos à diversão, mas nada mais. Lembremos que o filho pródigo, quando partiu com sua parte da herança, teve muitos amigos, mas quando o dinheiro acabou, ficou sozinho. Os amigos são outra coisa. Os amigos conectam e compartilham seus mais profundos sentimentos, os bons e os maus. Entre os amigos, às vezes, não são necessárias palavras. Entendem-se pelo olhar.

O evangelho de hoje nos fala de nossa relação com Jesus. Oferece-nos um exemplo concreto para falar dela: a videira e os ramos. Os ramos têm vida apenas se estiverem unidos à videira. Mas, também podemos dizer o que Jesus nos diz: sem os ramos, a videira nunca dará frutos. O que une a videira com seus ramos é o fluxo da seiva que leva a vida continuamente de um a outro. Quando olhamos a videira, não vemos a seiva. Esta flui por dentro do tronco e dos ramos. Mas, nem mesmo quando cortamos um ramo vemos facilmente a seiva. Faz-nos falta um olhar mais profundo, talvez com microscópio, para vê-la. E, no entanto, ela está lá. Um ramo que seja separado da videira acaba por secar e morrer. Como diz Jesus, é lançado ao fogo.

Hoje Jesus nos pede que mantenhamos essa relação profunda com ele, tal como a videira e os ramos. Como os bons amigos. Não nos pede que passemos o dia inteiro na igreja rezando. Os amigos não serão mais amigos por passarem o dia inteiro juntos. Mas que mantenhamos esse vínculo profundo, que permitamos que sua seiva nos invada e nos dê a vida da qual necessitamos para que possamos dar frutos. Quais frutos? Pois, como diz a segunda leitura, os frutos serão: cumprir o seu mandato, isto é, nos amarmos uns aos outros. Esse é o fruto que temos que oferecer: "frutos de amor para a vida do mundo", como diz o Concílio Vaticano II.

Que os outros se sintam estimados e valorizados, acolhidos com misericórdia e compreensão; que nós semeemos a paz e a serenidade ao nosso redor, que renunciemos à violência, que sejamos honrados no nosso trabalho. Esses são os frutos que daremos se permanecermos unidos a Jesus. Mas, como também diz a segunda leitura, não devemos "amar por palavras e da boca para fora, mas, verdadeiramente e com fatos".

O que significa para mim permanecer unido à videira que é Cristo? Sinto que mantenho essa relação profunda com Jesus que me permite dar frutos de amor? Como expresso meu amor aos que estão ao meu lado? Renunciei, ao menos, à violência em minha vida?

6º domingo da Páscoa
(At 10,25-26.34-35.44-48; 1Jo 4,7-10; Jo 15,9-17)

O amor que se antecipa ao nosso amor

O evangelho de hoje vai ao centro da vida cristã. Fala-nos do mandamento, do único mandamento: "Que se amem uns aos outros como eu os amei". Mas é possível que amar seja um mandamento, uma lei, uma ordem? Podem-nos ordenar que amemos? Na realidade, o amor é algo que nasce de dentro da pessoa, e não de uma ordem recebida de outrem. No exército são dadas ordens e estas são obedecidas. No trabalho acontece o mesmo. Mas ninguém pode nos ordenar o que devemos sentir pelos que estão ao nosso redor. Isso é algo diferente.

Jesus sabe que é algo diferente. Jesus experimentou o amor de Deus. Ainda mais, experimentou que Deus é amor. A sua presença em nosso mundo é um sinal concreto, real, desse amor de Deus por cada um de nós. Esse amor é o que nos dá vida. O amor de Deus é o que criou este mundo e é ele que o mantém em sua existência, apesar da forma imprópria como o tratamos e como lidamos uns com os outros. Aí está a razão pela qual Jesus fala de "mandamento do amor". Porque Deus nos amou primeiro. Porque somos as criaturas de seu amor. O amor, como diz a segunda leitura, não é algo que nasce de nós, mas de Deus. Ele é a origem do amor, desse fluxo vital sem o qual não podemos viver.

Não há forma de colocar limites a esse amor que vem de Deus. Para Deus não há judeus ou pagãos. Isso surpreende os judeus na leitura dos Atos dos Apóstolos. Deus vai além das normas e das tradições. Seu amor é mais forte que qualquer lei humana. Deus presenteia-se e dá-se a todos.

As leituras de hoje nos falam do mandamento do amor. Mas, de fato, nos convidam a prestar atenção no amor com o qual Deus nos ama e cuida de nós. Apenas a partir dessa experiência nascerá nosso próprio amor, nossa capacidade de amar e dar a vida de presente aos que estão à nossa volta. Algo parecido acontece quando pretendemos convencer alguém de que não ir à Missa aos domingos é pecado. É muito melhor convidá-lo a vir à nossa comunidade, fazer com que aprecie a celebração da Missa com os cantos, com a fraternidade e o encontro com Jesus. É provável que ele retorne. Mas se o ameaçarmos com o pecado é muito provável que ele não volte. Com o amor acontece algo parecido. Ninguém irá amar sob a ameaça de uma multa se não o praticar. Mas é mais fácil que ame se já experimentou ser amado e reconhecido pelos que estão ao seu lado. Hoje está em nossas mãos fazer os que vivem conosco conhecerem o amor de Deus por todos nós. Isso significa, na prática, sermos cristãos.

Sei que Deus me ama? Como? Por quê? Quais são os sinais concretos e práticos que tenho desse amor de Deus? Será possível que o amor que recebo daqueles que estão ao meu lado seja o melhor sinal do amor de Deus? Como transmito esse amor de Deus aos que estão próximos de mim?

Ascensão do Senhor
(At 1,1-11; Ef 1,17-23; Mc 16,15-20)

Ilumina os olhos de nosso coração

A Ascensão marca o começo do término da celebração pascal. Recordamos a última aparição do Ressuscitado. Ou o final daquele período de tempo da fundação da Igreja, em que os apóstolos, junto com os primeiros discípulos, tiveram a experiência viva de Jesus, a quem haviam seguido em vida e visto morrer na cruz – não havia morrido, mas ressuscitado. Aquela experiência, tão fortemente vivida, os fez sentirem-se em grupo, em comunidade. Sua fé lhes dizia que no centro de sua união estava não apenas a lembrança daquilo que Jesus havia feito e dito. Sentiam que o Espírito de Jesus animava seu grupo e que aquela comunidade tinha a missão de levar a todos os homens e mulheres a boa-nova da salvação.

Essas ideias encontram-se refletidas nas leituras deste dia. A primeira, dos Atos dos Apóstolos, e o Evangelho relatam, cada qual à sua maneira, a última aparição do Ressuscitado ao grupo de discípulos. Aqueles últimos instantes servem para confirmá-los na missão. Vê-se com clareza em ambas as leituras que o que tinham vivido não era só para eles, mas para toda a humanidade. Os discípulos serão, graças à força do Espírito, testemunhas de Jesus "em Jerusalém e até os confins do mundo" (Atos). "Vão pelo mundo e proclamem o Evangelho a toda a criatura" (Mc). O que os discípulos haviam recebido não era um presente exclusivo para eles, mas algo que deveriam compartilhar.

A segunda leitura, tomada da carta aos Efésios, é uma oração de Paulo. Nela o apóstolo intercede por todos os que a lerão. Supõe que sejam do grupo dos fiéis e pede a Deus que lhes dê a todos – nos dê a todos – a graça e a sabedoria para compreender o que Deus fez a cada um de nós. Porque a ressurreição do Senhor não é algo que Jesus lhe tinha comunicado. No mistério da Páscoa, Deus fez uma Nova Aliança com a humanidade. Em Cristo, Deus demonstrou sua força poderosa resgatando-o e livrando-nos do poder da morte e do pecado em todas as suas formas. Já não estamos condenados à morte, ao egoísmo, ao pecado, ao ódio ou à violência. Deus nos destinou a sermos seus filhos. Tudo isso é o que os apóstolos experimentaram intensamente no tempo pascal. Tudo isso nos obriga como cristãos a viver de outra maneira, e a compartilhar essa experiência de salvação com todos os nossos irmãos e irmãs. Essa, não outra, é a missão da Igreja e de seus fiéis.

A Ascensão não é um tempo de tristeza porque ficamos sozinhos. As palavras dos anjos aos apóstolos são dirigidas, hoje, a todos nós: "O que fazem olhando assim para o céu?". Adiante os que creem em Jesus, a missão é urgente para todos nós. Há muito que fazer!

Como vivi o período da Páscoa? A celebração da ressurreição de Jesus trouxe alguma mudança para minha vida? Como posso compartilhar a riqueza da graça que recebi de Jesus com os que estão ao meu redor?

Pentecostes
(At 2,1-11; Gl 5,16-25; Jo 15,26-27; 16,12-15)

Como um vento forte

Há três celebrações chaves na liturgia cristã, três Páscoas, no sentido mais original do termo, que tratam do *passo* de Deus na nossa direção. Lembremo-nos de que a primeira Páscoa se deu na noite da libertação do Egito. Lá foi Deus quem, com sua presença, libertou o povo da escravidão. Desde então, a Páscoa: a) sempre fala da proximidade de Deus; e, b) traz consequências libertadoras para a humanidade. Na liturgia cristã essas três Páscoas são: a Encarnação – Deus se faz homem, se faz um de nós –, a Ressurreição – Deus acaba com a ameaça do pecado que era a morte e nos abre uma porta para uma vida nova e mais plena –, e Pentecostes, que é a celebração deste domingo.

O Espírito de Deus invade de repente nosso mundo. No livro dos Atos dos Apóstolos conta-se que o Espírito se fez presente como vento e como fogo. Vento e fogo são fenômenos naturais que, deixados à sua própria dinâmica, podem chegar a ser ameaçadores para a vida da humanidade. Neste dia simbolizam destruição e renascimento. Sempre que alguém é tocado por Deus, produz-se um autêntico *batismo de fogo*, uma verdadeira transformação. Algo morre na pessoa e algo nasce. O novo é diferente. Isto é consequência da ação do Espírito.

Para os discípulos de Jesus, a passagem do Espírito por suas vidas teve consequências imediatas. Se até então estavam fechados (no evangelho de João se alude mais de uma vez ao fato de que os discípulos se trancavam com medo dos judeus), agora abrem as portas e as janelas. Este fechar-se revelava uma falta de comunicação radical entre a primeira comunidade dos seguidores de Jesus e o mundo que os cercava. Agora a comunicação ocorre de maneira abundante, e com tal clareza, que todos os que estão em Jerusalém e que entram em contato com eles entendem-nos como se lhes falassem em suas próprias línguas.

O Espírito, pois, faz os que acreditam saírem pelo mundo, dialogarem e levarem a todos a Boa-Nova da salvação. O Espírito age em todos os membros da comunidade e os faz confessar sem receio a sua fé. O Espírito promove diversos carismas (serviços, funções) no interior da comunidade, mas, ao mesmo tempo, os faz ser uma comunidade coesa a serviço de uma única missão: levar a paz ao mundo, anunciar a boa-nova, pregar o perdão e a reconciliação. Hoje, celebramos que o Espírito permanece tocando os corações de todos os cristãos, que nos faz uma única família com apenas uma missão: continuar anunciando no mundo de hoje a Boa-Nova do Evangelho. Hoje sentimos novamente em nós a chama e o vento do Espírito que nos liberta e encaminha. Porque no mundo muitos continuam esperando o anúncio de que Deus os ama como filhos.

Tenho medo de dizer que sou cristão, ou de comportar-me como tal em algumas situações?

Se for verdade que o Espírito enche meu coração, como me deveria comportar? Como deveria falar para que todos conhecessem o amor com que Deus nos ama?

Tempo Comum

Santíssima Trindade
(Dt 4,32-34.39-40; Rm 8,14-17; Mt 28,16-20)

O amor não se compreende, se agradece

Conta a história que Santo Agostinho estava certo dia passeando pela praia. Meditava sobre Jesus Cristo, sua relação com o Pai, a quem Jesus sempre chamava de *Abá* que significa *papai* em aramaico, e sobre o Espírito Santo que os apóstolos haviam recebido no dia de Pentecostes. E não conseguia compreender. Era um só Deus? Eram três? Três pessoas e um único Deus? Três deuses e uma única pessoa? Dava voltas e voltas na cabeça com aquelas ideias e cada vez se sentia mais confuso. Mas estava decidido a compreendê-lo e continuaria a dedicar seus melhores esforços.

Distraído com esses pensamentos, quase não percebeu a presença de uma criança que brincava na areia. Percebeu, porém, algo estranho nela, que o tirou de suas reflexões. Viu com surpresa que a criança constantemente ia da beira-mar até um poço que havia escavado na areia. A criança enchia uma pequena balde com água do mar e ao chegar junto ao poço, esvaziava-o cuidadosamente nele. Assim procedia sem parar. Agostinho ficou ali parado observando o pequeno e perguntando-se qual o sentido daquela brincadeira. Ele não podia entendê-la. Assim que, levado pela curiosidade, aproximou-se da criança e lhe perguntou: "O que pretende fazer levando continuamente a balde de água do mar e esvaziando-o no poço que fez na areia?". A criança levantou a cabeça, olhou-o e respondeu: "Quero colocar toda a água do mar no poço". Agostinho riu da resposta: "Isto é impossível – disse-lhe – jamais conseguirá". Então, a criança lhe respondeu: "Igualmente impossível é o que tu pretendes: compreender o mistério da Trindade".

Vem bem a calhar esta história para recordar que Deus não é uma teoria ou ideia que se estuda, analisa e disseca. Deus é um mistério de amor. Ele nos foi revelado como amor que cria, liberta e nos oferece a felicidade. Assim se apresenta na primeira leitura, do Deuteronômio. Não apenas isso. Em Jesus, Deus nos fez filhos seus, nos fez membros de sua família, herdeiros de sua graça. Do mesmo modo que Jesus entrou na glória da ressurreição, também a nós nos promete participar em sua glória. Tudo isso por puro amor para conosco. Por isso, o Espírito de Deus nos faz gritar *Abá*, como diz Paulo na carta aos Romanos.

Deus se manifestou a nós como Pai, Filho e Espírito Santo. Muito além de nossa compreensão e de nossas ideias, com o coração entendemos e experimentamos que Deus é amor. É amor entre o Pai e o Filho e o Espírito Santo. E é amor para cada um de nós. Deus é amor e não pode fazer outra coisa que amar. Não há outra forma de entendê-lo a não ser amando.

Se o viver do cristão é amar como Deus nos ama, como amo os que estão próximos de mim? Amo-os como Deus me ama? O que faço para evitar que o ódio, o rancor, a violência – tudo quanto se opõe ao amor – estejam presentes em minha vida?

Corpo e Sangue de Cristo
(Ex 24,3-8; Hb 9,11-15; Mc 14,12-16.22-26)

A Eucaristia, sinal da Nova Aliança

Desde o primeiro instante, os discípulos compreenderam que a refeição que tinham celebrado com Jesus não era uma simples refeição. Havia sido algo mais. Especialmente, a última ceia celebrada com Jesus tinha um significado particular. Não apenas porque foi um momento de despedida. Além disso Jesus, ao repartir o pão e o vinho entre os seus discípulos, fez desse ato de partilha o sinal de seu sangue e corpo. Disse-lhes que a entrega de sua vida, que iria se tornar realidade pouco depois, era o sinal da Nova Aliança que Deus faria com a humanidade. Aquela entrega estava simbolizada na oferta do pão e do vinho a todos os comensais.

Os discípulos já haviam ouvido da Aliança entre Deus e o seu povo. Abraão havia sido o primeiro. Depois, Moisés e o povo resgatado da escravidão. Mas todas aquelas alianças tinham sido destruídas pela infidelidade do povo. Agora, ouviam Jesus falar de uma Nova Aliança que seria selada com seu próprio sangue. Deram-se conta de que aquela última ceia com Jesus era um momento-chave em suas vidas. Aquela ceia era importante para toda a humanidade. Por isso, quando, após a ressurreição de Jesus, voltaram a se reunir, celebraram uma ceia parecida com aquela. Recordaram a presença de Jesus e repetiram suas palavras quando repartiram, entre todos, o pão e o vinho. Aquele pão e aquele vinho foram e continuam sendo sinal da Nova Aliança, a aliança do amor e da fidelidade de Deus que vai sempre além das infidelidades, limitações e pecados dos homens.

Hoje, nós, cristãos, continuamos celebrando aquela ceia. Nós a chamamos de *Missa* ou *Eucaristia*. Nela recordamos Jesus e repetimos suas palavras sobre o pão e o vinho, que são convertidos em sinal vivo de sua presença entre nós e no sinal da Aliança, do amor de Deus para conosco. Na Missa reúnem-se pessoas de diferentes origens e, em nome do Senhor Jesus, descobrimos que Deus nos fez irmãos a todos, que nos convida a viver no amor e na justiça e a trabalhar pela paz no mundo. Ouvimos a palavra de Deus e, ao comungar o pão e o vinho, recebemos em nosso coração a presença viva de Jesus, que nos anima a nos comprometermos em fazer deste mundo uma única ceia, em que todos nos encontremos como irmãos e ninguém se sinta excluído, porque todos somos filhos. Na Missa rezamos, juntos, o Pai-Nosso, a oração que é um presente de Jesus e nos faz descobrir que Deus é pai de todos. Damos graças porque, em Jesus, Deus nos libertou da morte e do pecado.

O que significa para mim a celebração da Missa a cada domingo? É uma ocasião alegre para me encontrar com os irmãos? Ou procuro fugir dela porque é um rito chato e sem sentido? Como eu a viveria se percebesse que Jesus está junto comigo?

19 de março. São José
(2Sm 7,4-5a.12-14a.16; Rm 4,13-16.18-22; Mt 1,16.18-21.24a)

José, um justo na obscuridade

São José é um desses personagens que aparecem no Novo Testamento dos quais sabemos muito pouco. No entanto, ocupa um lugar muito importante: é o pai de Jesus e o esposo de Maria. Casualmente, sabemos que era carpinteiro ou aquilo que naquele tempo se entendia assim: uma pessoa habilidosa, possuidora de ferramentas elementares e que ajustava e fazia o que fosse preciso. Dele, diz o evangelho de hoje que era *justo*. Não é pouco. Certamente, gostaríamos de conhecer outras informações sobre a sua vida.

Quando morreu? Estava perto de Jesus? Terá compreendido o que fazia seu filho? Quem eram seus pais? Como conheceu Maria? Como Maria e José viveram seu casamento? Como foi seu relacionamento?

Mas não temos respostas para nenhuma dessas perguntas. Nada. Os evangelhos guardam silêncio e se centram na pessoa de Jesus. Nada mais. É como se, diante da luz que é Jesus, todos os demais personagens aparecessem como reflexos. Fala-se deles na medida em que servem para contar a história de Jesus, para sublinhar sua forma de se comportar etc. Fora isso, ficam na obscuridade. O mesmo se poderia falar de alguns apóstolos do grupo que também ficam ofuscados.

Talvez tenhamos que assumir que a obscuridade faz parte da vida cristã. Da mesma forma que nos quadros dos pintores renascentistas, o Evangelho é cruzado por um raio de luz que é Jesus, e o resto, ou fica na obscuridade, ou somente se ilumina por estarem perto da luz. Desta forma, por contraste, se vê melhor a luz e aquilo que ela ilumina. Mas o quadro é tudo. A parte iluminada e a parte escura. As duas partes compõem o quadro. As duas partes são necessárias. E mais: a maior parte do quadro encontra-se dominada pela escuridão. O mesmo acontece com os personagens do Novo Testamento. A maior parte deles está na obscuridade. Não apenas isso. Inclusive a maior parte da vida do próprio Jesus transcorre na obscuridade de Nazaré. Não sabemos nada de sua juventude, e a tradição diz que era já adulto – trinta anos – quando começou sua vida pública.

José viveu na obscuridade. Recebeu apenas um reflexo quando, devido a seu caráter justo, decidiu não repudiar Maria por ter concebido um filho sem que houvesse convivido com ele. Depois, o anjo lhe confirma que agiu bem porque o filho de Maria "vem do Espírito Santo".

Nós deveríamos aprender a viver na obscuridade. Nosso papel, como cristãos, não é ocupar o primeiro lugar na foto, mas sermos justos, mesmo que seja na obscuridade. Porque o justo sempre agrada a Deus e será, devido à sua própria justiça, homem ou mulher de Deus e, portanto, de Evangelho.

Quais das pessoas que conheço posso dizer que são *justas*? Vivem na obscuridade, à maneira de José, ou pretendem estar sempre na primeira fila? O que eu precisaria fazer para que se pudesse dizer de mim que sou *justo*?

25 de março. Anunciação
(Is 7,10-14; 8,10; Hb 10,4-10; Lc 1,26-38)

Maria, seu "sim" e a liberdade

A ordenação atual da liturgia coloca esta festa, habitualmente, próxima à Semana Santa, quando celebramos a Páscoa de Jesus – sua morte e ressurreição. O que comemoramos é o princípio dessa história. Precisamente nove meses antes do Natal celebramos a concepção de Maria – o momento em que o anjo do Senhor aproximou-se dela para comunicar-lhe que teria um filho. Esse filho se chamaria Jesus e nele seriam realizadas todas as promessas que Deus havia feito, desde a antiguidade, à humanidade.

Mas, talvez, o mais importante é o que diz respeito à liberdade de Maria. Ela assume livremente a incumbência de Deus. Por puro amor para conosco, Deus se aproxima da humanidade e oferece a salvação. Mas, precisamente por esse mesmo amor, não força, não impõe, não obriga, mas propõe, oferece, estende a mão. Assim, desde o início, a história da salvação converte-se em um diálogo em liberdade.

Além disso, é preciso dar graças a Maria pela fortaleza de seu espírito e de sua disponibilidade. Livremente se oferece para assumir a oferta de Deus. Compromete sua vida a serviço da história da salvação. De uma forma definitiva, a serviço do amor de Deus. Assim faz do amor salvador o centro de sua vida. A partir daquele momento, Maria passa a ocupar um posto-chave na história da salvação. Assim o compreendeu a tradição cristã, que praticamente, desde o início, colocou Maria em um lugar privilegiado devido a seu amor e devoção. A enorme quantidade de solicitações e devoções a Maria, por todo o mundo cristão, são prova desse amor.

Hoje, com ela e por ela, voltamos a dar graças a Deus por aquele seu *sim*, por sua disponibilidade, por no-la ter dado como mãe. E, também, por ter respeitado e amado, daquela forma tão surpreendente, nossa liberdade.

Diante de Maria, nossa mãe, me pergunto se estou disposto a dizer *sim* ao que Deus me pede. Quero ser verdadeiramente fiel àquilo que me exige minha vida cristã? Estou disposto a levar Jesus, tal como Maria, aos que estão à minha volta?

Sagrado Coração de Jesus
(Os 11,1.3-4.8c-9; Ef 3,8-12.14-19; Jo 19,31-37)

Há corações e corações

Faz alguns anos, encontrei-me com um médico que me falou sobre o que chamava de "tolice de devoção ao Coração de Jesus". Para ele, segundo me dizia, o coração nada mais era do que um músculo alojado no peito das pessoas que bombeava o sangue para todo o corpo. Ele, cirurgião, o havia tido, em suas próprias mãos, em muitas ocasiões. E não era nada além disto: um músculo. Quando ele me disse isso, não era o momento próprio de lhe responder. Mas ficou-me na alma certa compaixão e pena por aquele homem. De tanto andar tocando e apalpando corações de pacientes, os seus olhos e a sua mente tornaram-se materiais por demais. Havia perdido – assim me pareceu – a capacidade para a poesia, para empregar os símbolos e as metáforas que expressam aquelas coisas e sentimentos que, às vezes, são difíceis de exprimir em palavras.

O coração – de alguma forma o médico tinha razão – é um músculo. Mas também é um órgão que, desde séculos, serviu como símbolo para nos remeter a outras realidades que estão além do meramente físico. O coração converteu-se no lugar do amor. Entregar o coração é entregar o amor, a própria pessoa, porque o coração é o centro da pessoa. Quando o coração falha, falha a própria vida. E quando se dá o coração, se entrega a vida.

No coração, empregado como símbolo, está guardado aquilo que a pessoa tem de melhor. Porque o melhor da pessoa é sua capacidade de amar e de entregar-se de maneira ilimitada. Os que amam sabem bem disso.

Por isso nós, cristãos, quando nos referimos ao centro da vida de Jesus, a seu amor infinito por nós, referimo-nos a seu coração. Dizemos que seu coração arde de amor por nós. E em muitas imagens se apresenta Jesus com o coração à mostra com uma chama que sai dele. Assim pretendemos tornar visível o que sabemos que está bem presente em sua pessoa o que é o centro dela. Porque Jesus viveu para o amor. E se entregou totalmente para nos salvar. Sem medida. Sem condições. Tudo isso está simbolizado no momento em que, estando Jesus na cruz e tendo já morrido, o soldado o atravessou com a lança e saiu sangue e água. A tradição cristã viu nesse fato, que certamente poderia ter uma explicação médica, a entrega total de Jesus. Já não há mais sangue em seu coração, deu-o todo. E, o mais importante, Jesus assim o fez por nós.

Não nos resta mais nada que concluir com a oração de Paulo na carta aos Efésios: que Cristo habite pela fé em nossos corações, que o amor seja nossa raiz e nosso alicerce. Isto é, que acolhamos o amor de Deus que nos foi manifestado em Cristo Jesus e que esse amor seja, por sua vez, o fundamento da nossa vida e das nossas ações.

Em que se manifestou, para mim, o amor que Deus nos tem em Cristo Jesus? Que atitude de Jesus é a que mais me move a amar? Que coisas deveriam mudar em minha vida para que eu chegasse a amar como Cristo amou?

29 de junho. Pedro e Paulo
(At 12,1-11; 2Tm 4,6-8.17-18; Mt 16,13-19)

Pedro e Paulo e muitos outros

Celebramos juntos os dois apóstolos que são os fundamentos da Igreja. Sobre ambos foi edificada aquela primeira comunidade cristã. Não podemos ter dúvida de que houve muitos outros que trabalharam com dedicação e compromisso total na propagação do Evangelho. São figuras anônimas. Não têm rosto nem nome. Mas deixaram a vida na constância. Hoje, ao celebrarmos Pedro e Paulo, recordamos todos eles. Porque em Pedro e Paulo estão todos eles simbolizados.

Todos eles com suas vidas e suas entregas foram respondendo, dia a dia, à pergunta que Jesus fez aos apóstolos naquela ocasião em Cesareia de Filipe: "E vocês, quem dizem que eu sou?". Pedro respondeu com facilidade. Jesus lhe disse que era o Espírito quem o havia inspirado. Mas o difícil não era, naquele momento, pronunciar essas palavras: "Tu és o Messias". O difícil, de fato, bastante complicado, era fazer da própria vida uma resposta à pergunta de Jesus. Aí se definia o futuro da salvação, ou seja, que todos os homens e mulheres chegassem a conhecer a boa-nova da salvação, do amor irrestrito do Pai por todos nós.

Aqueles discípulos da primeira hora levaram a sério um compromisso. Permitiram que a palavra de Jesus lhes chegasse dentro, ao coração, e, em consequência, vivenciaram-na fazendo de suas vidas um cumprimento da missão: anunciar a boa-nova do Evangelho até os confins do mundo. Com certeza, as palavras de Paulo, na segunda carta a Timóteo, poderiam ter sido escritas por muitos daqueles seguidores de primeira hora. Ao final de suas vidas e voltando seus olhos para trás, poderiam dizer com Paulo que haviam combatido o bom combate, corrido até a metade e mantido a fé apesar de todas as dificuldades. Haviam experimentado a presença do Senhor que lhes deu forças para anunciar a mensagem de maneira completa. Agora já aguardavam a coroa merecida.

Graças a eles, a Pedro e Paulo e a muitos outros, hoje, confessamos a Jesus, celebramos a nossa fé, ouvimos a Palavra e compartilhamos o pão da Eucaristia. Graças a eles, são muitos os que ao longo desses vinte séculos viveram comprometidos com a paz e a justiça, e entregaram suas vidas ao serviço dos pobres, ou deram tudo pelo Evangelho. Tudo isso foi possível graças àqueles primeiros portadores da chama da fé. Hoje damos graças a Deus por eles. Porque foram os primeiros, porque mostraram o caminho, porque tornaram a vida cristã um pouco mais fácil ao nos darem como exemplo suas vidas.

Hoje, ao invés de fazermos muitas perguntas, bastaria que dedicássemos algum tempo a darmos graças por Pedro e Paulo e pelos muitos outros que tornaram possível que a fé chegasse até nós. O que podemos fazer para transmitir melhor a fé aos que nos seguem?

15 de agosto. Assunção da Virgem
(Ap 11,19a; 12,1-3.6a.10ab; 1Cor 15,20-27a; Lc 1,39-56)

Maria e um estilo diferente de vida

A festa que hoje celebramos não é a comemoração de mais um milagre. Não é a recordação de um acontecimento assombroso à maneira da ressurreição de Lázaro. A assunção de Maria é a consumação natural da vida de uma pessoa que fez de Deus, em todo momento, o centro de sua vida. Nela se cumprem as promessas de Deus. A Assunção de Maria é a confirmação definitiva de que a vida que Deus oferece, aos que nele acreditam e confiam, é uma realidade.

O cântico do *Magnificat (Minha alma engrandece ao Senhor),* que hoje o Evangelho nos traz à memória, é possivelmente o melhor resumo daquilo que foi a vida de Maria. Não nos fala do que ela fez, mas das atitudes mais profundas de seu coração. A vida de Maria esteve completamente referida a Deus. E o louvor, até mesmo nos momentos mais difíceis, esteve no centro de seu coração. Nele, Maria deixou entrar plenamente a Palavra de Deus. Acolheu a Palavra e a deixou crescer, sem impedimentos e sem criar dificuldades. Maria foi capaz de perceber que, apesar das aparências, Deus estava atuando sua salvação na história. Uma verdadeira revolução produzia-se para os que sabiam ter olhos para vê-la. Sua misericórdia, tantas vezes anunciada nos profetas, estava chegando e fazendo-se presente em meio dos homens e mulheres deste mundo. Por isso, as palavras, e também a atitude profunda de seu coração, estiveram plenas de louvores e ação de graças.

Celebrar a festa da Assunção de Maria aos céus nos lembra aos cristãos a maravilha da promessa de Deus. Ele é vida, oferecida gratuitamente a todos nós. E vida em plenitude. Acreditar em Deus é celebrar, desde já, esse dom da vida que Deus nos dá de presente. Ser cristão significa, com toda a certeza, comprometer-se e trabalhar para anunciar o Reino. Mas no centro desse compromisso encontra-se a ação de graças e o louvor ao Deus da Vida. Viver com essa atitude é o melhor testemunho que nós, cristãos, podemos oferecer aos que vivem ao nosso lado e, todavia, não acreditam no Deus de Jesus. Viver na esperança alegre daquele que sabe que Deus faz parte de nossa história, caminhando ao nosso lado, transformando este mundo de pecado em um lugar de vida e salvação.

Tal como Maria, deixo que a Palavra de Deus entre em meu coração? Sei contemplar os acontecimentos de minha vida e de meu mundo com os olhos da fé para neles descobrir Deus atuando e cuidando da salvação de todos os homens e mulheres? Dou testemunho de minha esperança com meu estilo de vida?

1º de novembro. Todos os Santos
(Ap 7,2-4.9-14; Jo 3,1-3; Mt 5,1-12)

*Nem todos os santos estão incluídos
na lista dos canonizados*

Talvez já tenhamos ouvido falar do que é um processo de canonização. Para que a Igreja declare que um homem seja santo ou uma mulher santa, é preciso um longo processo. É necessário chamar muitas testemunhas, e tudo é recolhido por um tribunal. Há um advogado que irá defender a causa. Mas há, também, um promotor, popularmente chamado de *advogado do diabo,* que trata de destacar os aspectos negativos da vida da pessoa em questão. Depois, o tribunal prepara um relatório que é encaminhado ao Vaticano. Lá, comissões especiais voltam a estudar tudo. No final é o Papa quem toma a decisão. Mas sempre é preciso que sejam atribuídos ao futuro santo dois milagres perfeitamente verificados a partir do ponto de vista da ciência. A conclusão do processo – ou seja, a canonização – realiza-se em uma cerimônia solene.

No entanto podemos dizer com toda a certeza que *nem todos os santos estão incluídos na lista dos canonizados*. Isto é, há muitas pessoas, de todos os países, de todas as culturas e de todas as línguas que, desde o início da história da humanidade até os nossos dias, foram verdadeiras santas ou santos, ainda que a Igreja não os tenha submetido a esse processo nem os declarado como tais. Porque, quem é santo? Aquele que fez milagres? Nem tampouco. Santa é aquela pessoa que, ao longo de sua vida, vai permitindo, pouco a pouco, que a Palavra de Deus chegue ao seu coração e a vá pondo em prática. É preciso sublinhar a expressão *pouco a pouco*. Os santos não o são desde o momento de seu nascimento. Ser santo não significa dizer que jamais cometeram erros ou que jamais pecaram. Os santos são pecadores como o somos todos. A diferença é que eles foram perseverantes no seu esforço para melhorar e para viver todos os instantes de suas vidas de acordo com a mensagem de Jesus. Constantes no seu esforço e não nos resultados. É importante nos lembrarmos disso. Os resultados práticos vão chegando aos poucos. O que Deus nos pede é a vontade firme de viver de acordo com o Evangelho. Os resultados práticos dependem de cada pessoa, das circunstâncias em que vive e do seu ponto de partida... Um santo se vai fazendo pouco a pouco na fidelidade, na perseverança, na entrega de serviço aos demais, na aceitação da graça de Deus que nos torna sãos, curando e potencializando o melhor de nossos corações.

Os milagres acrescentam pouco ao processo de canonização ou a uma vida de fidelidade. Torna-na pública o que, com toda certeza, não agradaria à maior parte dos santos. Isto porque ao cristão de verdade não agrada chamar a atenção e nem mesmo virar notícia da imprensa. O seu único desejo é viver sua vida a serviço dos outros, tal como Jesus a viveu.

Se li a vida de algum santo, o que me pareceu mais importante nela, as maravilhas realizadas ou a sua entrega diária ao serviço do Evangelho? Conheci alguém, falecido recentemente ou, talvez, ainda vivo, a quem possa referir-me como uma pessoa santa? O que vejo nessa pessoa santa para classificá-la assim? De que forma poderia imitá-la?

8 de dezembro. Imaculada Conceição
(Gn 3,9-15.20; Ef 1,3-6.11-12; Lc 1,26-38)

Imaculada, precursora de um mundo cheio de graça

Quando levantamos os olhos para Maria Imaculada temos a impressão de que está muito distante. Ela é imaculada, cheia de graça, tal como diz o anjo no evangelho desta festa. No entanto, nós caminhamos com os pés sujos do barro de nossos caminhos. Nós somos, de fato, imaculados. Nem nos parece estar cheios de graça. Todavia, Maria é a grande promessa de Deus para cada um de nós. Maria, cheia de graça, nos anuncia que todos, homens e mulheres deste mundo, encontramos graça aos olhos de Deus. Nossa vida presente encontra-se ungida pela esperança.

Mas esperar não é o mesmo que aguardar sem nada fazer. Não foi essa a atitude de Maria. A graça de Deus é sempre um dom, um presente gratuito. Não é uma invasão, nem dominação. Maria, ao perceber-se cheia de graça, sentiu que sua vida era preenchida por uma missão e uma responsabilidade: fazer frutificar os dons que o Senhor lhe havia dado. O primeiro de todos era o filho que Maria sentia crescer no seu ventre, mas também sua alegria, seu espírito de serviço, seu relacionamento com os demais e seu carinho por José. Poderíamos imaginar a vida de Maria, e a nossa, como se Deus houvesse posto em sua mão um punhado de sementes nas quais se ocultava seu sonho sobre ela. Maria sabia que necessitava da ajuda de Deus para que essas sementes germinassem, para levá-las à plenitude, mas era o mínimo que ela podia fazer. Maria descobriu que por seu intermédio Deus se entregava a todos nós – homens e mulheres.

Em nossas mãos, se olharmos bem, também há muitas sementes, são o sonho de Deus para cada um de nós. E é responsabilidade nossa fazê-las germinar e crescer. Até que este mundo floresça cheio de graça. Até que a Imaculada deixe de ser uma promessa para começar a converter-se na vida nossa de cada dia. Até que o sonho de Deus para a humanidade – todos os irmãos e irmãs – seja uma feliz realidade.

Olho para minhas mãos, e quais sementes de graça de Deus encontro nelas? O que Maria fez para cultivar suas sementes e torná-las maduras? O que eu faço? Como compartilho esses frutos com os outros?

2º domingo do Tempo Comum
(1Sm 3,3b-10.19; 1Cor 6,13c-15a17-20; Jo 1,35-42)

Todos fomos chamados a seguir Jesus

Hoje se fala muito sobre as vocações. Ou melhor, da falta de vocações. Seminários e noviciados das congregações religiosas, tanto masculinas como femininas, parecem quase vazios. Não há vocações como antes? Não há rapazes e moças que ouçam o chamado de Deus?

As leituras deste domingo nos apresentam o itinerário mais elementar da vocação cristã. Não da vocação ao sacerdócio ou à vida religiosa, mas à vida cristã. Apenas aquele que ouve a voz de Deus chamando-o à vida cristã poderá pensar se deve vivê-la como um leigo casado ou casada, como sacerdote diocesano ou como religioso ou religiosa. Mas o básico será sempre colocar-se à escuta e não confundir a voz de Deus com as muitas vozes que no nosso mundo oferecem caminhos aparentemente belos e cheios de boas perspectivas, mas que, ao longo da vida, talvez não nos deem tudo aquilo que prometem. Essa necessidade de ouvir bem e de identificar as diferentes vozes que nos chamam fica clara na primeira leitura. O pequeno Samuel ouve a voz de Deus que o chama, mas, talvez, devido à sua pouca idade, acredita que seja Eli, seu mestre, que o procura. Samuel precisa de ensinamentos, de orientação e de ajuda para diferenciar e perceber que a voz que o chama é de Deus.

A etapa seguinte da vocação cristã é seguir a Jesus e escutá-lo. Melhor ainda, entrar em sua casa e permanecer junto dele, conviver com ele, senti-lo e compartilhar seus sentimentos e ideais. Até torná-los nossos. Foi isso que fizeram os discípulos de João quando viram Jesus passar. "Mestre, onde moras?". A resposta é clara: "Venham e verão". Não há outro caminho senão o de irmos por nós mesmos e experimentar. Conhecer Jesus de perto é uma experiência pessoal que ninguém pode fazer em nosso lugar.

Apenas próximos de Jesus sentiremos como muda a nossa vida e que esta toma uma nova e definitiva direção, pois o Evangelho se converte em seu centro. É o que está simbolizado no Evangelho com a troca de nome de Simão. Seu novo nome *Cefas-Pedro* tem a ver com a missão que lhe é atribuída a serviço do Evangelho. Ou o que na segunda leitura se sugere ao dizer que agora o cristão é o templo do Espírito Santo. Oxalá todos ouvíssemos a voz de Deus, que nos chama a viver a serviço do Reino pregado por Jesus! Porque o restante – ser sacerdote, viver casados ou comprometer-se na vida religiosa – virá como consequência.

Escutei alguma vez a voz de Deus que me chamava e convidava a segui-lo? Preferi fechar os ouvidos porque sentia que ouvi-lo exigiria muito de mim? O que eu creio que Deus me peça para mudar em minha vida?

3º domingo do Tempo Comum
(Jn 3,1-5.10; 1Cor 7,29-31; Mc 1,14-20)

Convertam-se e sigam-me

Depois dos muitos anos em que viveu oculto em Nazaré com sua família, após passar 40 dias no deserto e se fazer batizar por João Batista, Jesus tinha ideias claras sobre sua missão. Sua vida seria dedicada a proclamar a Boa-Nova da salvação. A mensagem a comunicar era concisa e concreta: "Completou-se o tempo e o Reino de Deus está próximo; fazei penitência e crede no Evangelho". Quase diríamos que em sua formulação interveio algum profissional do mundo da publicidade atual. Jesus diz ao povo que já terminara o tempo de espera. Há alguma coisa nova que está aqui, que vem até nós. Sua vinda não depende de nosso esforço, mas da vontade de Deus. Foi ele quem rompeu com os prazos e se apresentou em nosso mundo. Sem avisar. Sem pedir permissão. Depende de nós acolhermos esse Reino que vem. Para que o recebamos convenientemente, se dirigem as últimas palavras de Jesus, convidando-nos à conversão e à fé.

Percebe-se que a criança de Belém – que há pouco tempo celebrávamos entre canções e festas – cresceu e tem, agora, algo para nos dizer. Não é um mero brinquedo com o qual possamos fazer o que quisermos. Jesus dirige-se aos adultos que somos, convida-nos a mudar de vida, a nos convertermos e a recebermos o Reino de Deus que está próximo. Porque o tempo já se cumpriu. Já não é tempo de desculpas, Deus está aqui e nos chama.

Por isso a mensagem de Jesus, que a princípio parece dirigir-se a todos os que o escutam, de uma maneira abstrata e geral, torna-se um chamamento real. Suas palavras são ditas diretamente para Simão e seu irmão André. E para Tiago, o filho de Zebedeu e seu irmão João. Jesus passa ao seu lado e não os deixa tranquilos. Chama-os. Convida-os à conversão, a mudar de vida e a segui-lo. Dá-lhes uma missão. Seu trabalho já não será pescar peixes, mas pescar homens e mulheres, reunir a família de Deus, convocar todos os chamados a participarem do Reino do Pai.

Hoje, somos nós os que ouvimos essa Palavra. Jesus passa ao nosso lado e nos convida à conversão porque o Reino está próximo. E, logo, nos chama pelo nome para que o acompanhemos, para que sejamos seus discípulos, para que participemos da missão de reunir os filhos de Deus perdidos e formemos a família dos filhos ao redor do Pai. O momento é de urgência, como diz Paulo na carta aos Coríntios. Vamos perder também esta oportunidade?

Minhas palavras e ações são fonte de divisão e violência entre os irmãos? Ou contribuo com minha forma de viver e de me relacionar com os que me rodeiam, para reuni-los aos filhos de Deus? O que posso fazer para cumprir com a missão que Jesus me encomendou?

4º domingo do Tempo Comum
(Dt 18,15-20; 1Cor 7,32-35; Mc 1,21-28)

Onde estão os profetas?

Assim começava, anos atrás, certa canção. Dizia que os profetas de outros tempos haviam dado esperanças ao povo e forças para amar e viver em fraternidade, para superar a mentira e a opressão, para ser livre e responsável. Mas agora, dizia a canção, já não encontramos mais os profetas ao nosso lado. E a canção indagava com angústia onde estavam os profetas.

De fato, para o cristão, o profeta já não está entre nós. Não há outro profeta além de Jesus. E todos os demais que de alguma forma recebam esse nome o farão por referência a ele. Jesus carrega consigo essa autoridade que define o profeta. Trata-se de uma autoridade que não nasce da violência nem da força, mas do Espírito que possui o profeta. Autoridade que foi reconhecida, sem que houvesse dúvida a respeito, pelos moradores de Cafarnaúm quando viram a forma como Jesus havia libertado aquele homem, possuído por um espírito impuro, e o tinha devolvido a seu ser, à liberdade. Duas vezes é mencionado no evangelho deste dia que Jesus ensinava com autoridade e não como os letrados. Aí está a diferença entre o profeta e o professor. Este segundo ensina aquilo que estudou. Nada mais faz além de repetir, talvez, de uma maneira melhor ou mesmo inovadora, aquilo mesmo que já foi dito anteriormente. É possível que fale sobre algo novo, mas isso é fruto do seu esforço. O profeta, pelo contrário, é dominado pelo Espírito de Deus e comunica-se de uma forma nova, e o povo, que o escuta, sente que o que diz penetra bem fundo dentro de seus corações. E quando chega aí, torna são e cura, liberta e reconcilia, dá a vida para sempre. Esse é o sinal mais claro de que o profeta é autêntico: quando suas palavras e seus atos são fonte de vida para aqueles que se encontram com ele.

Jesus é o profeta. E permanece vivo entre nós. Sua palavra continua ressoando como um eco em nossas igrejas, na *Bíblia* que temos em nossa casa e na que meditamos e oramos com a Palavra; na vida de tantos homens e mulheres que se comprometeram a ser seus discípulos, a seguir suas pegadas como sacerdotes, como pessoas casadas e religiosas. Jesus é o nosso profeta. E muitos cristãos, homens e mulheres de boa-fé são profetas de Deus. Com sua vida anunciam o Deus da Vida. Não há por que sentir angústia. É preciso abrir os olhos para descobrir os testemunhos da vida e a libertação ao nosso redor. Eles são os profetas que iluminam nosso caminho para que sigamos as pegadas de Jesus.

Conheço alguém que ensina com autoridade, como Jesus? O que mais chama a minha atenção em sua vida? A minha vida é um sinal profético para aqueles que vivem comigo – minha família e meus amigos? O que seria preciso mudar para que minha vida fosse ainda mais um sinal profético?

5º domingo do Tempo Comum
(Jó 7,1-4.6-7; 1Cor 9,16-19.22-23; Mc 1,29-39)

Mensageiros de vida e de salvação

Não é difícil estabelecer relação entre a primeira leitura e o texto evangélico. As frases da primeira leitura poderiam ter sido ditas em um momento ou outro da vida de qualquer um de nós. Todos nós temos a experiência de sentir que a vida não é mais que luta, esforço, sofrimento, angústia e cansaço. E tudo isso envolto na voragem do tempo que nos arrasta sem deixar-nos apenas para pensar ou aproveitar. Basta superarmos um problema ou dificuldade, para que um outro surja no horizonte. Voltamos os olhos para trás e vemos o tempo passado. Sempre se foi demasiadamente rápido. Aguardamos uma felicidade incerta que não sabemos se chegaremos a possuir.

Para certa parte da humanidade, àqueles aos quais tocou a pior parte, essa é sua experiência básica da vida. Mas, nem mesmo aos que coube a melhor parte estarão isentos dores e sofrimentos. E, no final, a morte iguala a todos. Sem piedade. Sem contemplações.

A partir dessa experiência, tão profundamente humana, a passagem de Jesus é uma espécie de alívio sem tamanho, de consolação e de alegria para a alma. Não é de se estranhar que aqueles que tiveram a oportunidade de se encontrar diretamente com Jesus, ou simplesmente de conhecer sua existência, se aproximassem com a esperança de que fossem curados de suas doenças. De todos os seus males. Dos do corpo e dos da alma, pois não se sabe quais são mais dolorosos.

Jesus tomou pela mão a sogra de Simão e a curou. Mais tarde, talvez ciente daquilo que havia ocorrido, uma multidão de doentes reuniu-se à porta da casa em que Jesus estava hospedado. Todos aguardavam ser curados. Todos viram suas esperanças serem confirmadas. E o demônio do mal os abandonava para sempre. As pessoas estavam desesperadas, mas, finalmente, haviam encontrado alguém que os libertava do mal. O próprio Jesus tinha consciência de que essa libertação do mal era parte fundamental de sua missão. Queria chegar a todos: "Vamos às aldeias vizinhas, para que eu pregue também lá, pois para isso é que vim".

Hoje somos nós essa presença salvadora de Deus no mundo. Colocou em nossas mãos a missão de oferecer esperança e vida aos homens e mulheres de nosso tempo, que vivem angustiados pela dor, pobreza e injustiça. Hoje os cristãos devem dizer como Paulo: "Ai de mim se não anunciar o Evangelho!".

Sinto-me enviado por Jesus para libertar meus irmãos da dor e do sofrimento de todo tipo? Sou capaz de me aproximar, sem medo, dos que sofrem? O que faço para ajudá-los a sair dessas situações de morte?

6º domingo do Tempo Comum
(Lv 13,1-2.44-46; 1Cor 10,31–11,1; Mc 1,40-45)

Jesus nos cura e nos faz irmãos

A lepra é uma enfermidade que torna a aparência externa da pessoa repulsiva. Nos tempos antigos, a lepra era uma doença temida. Temia-se seu aspecto, mas receava-se muito o contágio. O leproso era expulso da sociedade. Era melhor não tocá-lo. Havia o risco de contaminação e, assim, de tornar-se leproso também. O círculo fechava-se ao redor do leproso, que não tinha escapatória. Ninguém queria se aproximar dele, ninguém o ajudava. Ele era impuro e contaminaria quem o tocasse. Quem se aproximasse dele seria também marginalizado. A sociedade primitiva mostrava, assim, seu medo ante uma enfermidade da qual não tinha meios para se defender.

Hoje, sabemos como curar a lepra. Mas há outras *lepras*, outras realidades sociais diante das quais nos sentimos mal preferindo olhar para outro lado, expulsar da sociedade os que a padecem, marginalizá-los e abandoná-los na sarjeta. Os leprosos agora são os imigrantes, os que saem da prisão, os pobres... Leprosos tornam-se todos os que são diferentes de nós pela raça, cultura, religião ou língua. Separamo-nos de todos eles, marginalizando-os. Estabelecemos fronteiras e limites que não devem ultrapassar. Sua presença faz que nos sintamos mal (impuros). Por isso nós os mantemos distantes e à parte.

Jesus rompe essas barreiras artificiais. Cura o leproso. Desta forma, demonstra que sua enfermidade não é fonte de impureza, não mata. E o faz tocando-o. É um momento-chave porque Jesus, ao tocar o leproso, torna-se oficialmente impuro, um marginalizado. É desta maneira que Deus nos cura e nos salva. Ele se faz um conosco. Toca-nos e, ao fazê-lo, rompe as barreiras que a sociedade estabeleceu entre os bons e os maus, os puros e os impuros, os justos e os injustos. Deus aproxima-se e une, juntando e não dividindo, convocando todos a formar a única família de Deus.

É necessário compreender que o leproso não obedece a Jesus e conta o que aconteceu a todos que encontra, fazendo que o povo procure por Jesus depois de conhecer o sucedido. Hoje, nós nos aproximamos de Jesus para que nos cure a lepra. E Jesus o faz. Com certeza. Mas, ao mesmo tempo, nos lembra que, da mesma maneira que nos cura, não há razão para que os demais sejam marginalizados e que não há casos perdidos, pois, para Deus, todos nós temos futuro. E que, com a segunda leitura, tudo devemos fazer para a glória de Deus, que não é outra coisa que o bem da pessoa humana. Para Deus o que podemos fazer de melhor é, como Paulo, seguir o exemplo de Cristo e nos aproximarmos de todos os leprosos de nosso mundo para curá-los e convidá-los a formar parte da família humana. Isso e não outra coisa é ser, em Jesus, filho de Deus.

Jesus me cura de minhas lepras? Há outras lepras que vejo nos outros e me causam medo fazendo afastar-me deles? O que posso fazer para que não se sintam marginalizados? O que posso fazer para que se sintam membros da família de Deus?

7º domingo do Tempo Comum
(Is 43,18-19.21-22.24b-25; 2Cor 1,18-22; Mc 2,1-12)

Do leito à liberdade

Há muitos personagens no relato evangélico deste domingo e podemos facilmente nos perder. Há o paralítico e os que o levam. O primeiro nada diz. Além de paralítico, parece ser mudo. Pratica um único gesto, isto é, recolhe o próprio leito ou, o que é o mesmo, toma as rédeas de sua vida, uma vez que foi curado. Aqueles que o levam nada dizem, mas manifestam sua confiança em Jesus quando abrem um buraco no telhado da casa para que o paralítico fique diante de Jesus. E este louva sua fé. Além desses, havia os escribas. Criticam as palavras de Jesus. Quem pode perdoar os pecados senão Deus? Quem Jesus acredita ser? E, por fim, o outro personagem é Jesus. Um pouco desconcertante. Em um primeiro momento não faz aquilo que lhe pedem. E isso ele podia fazer. Mas em lugar de curar o paralítico, perdoa-lhe os pecados. Se o tivesse curado diretamente, é possível que nada tivesse acontecido. Mas isso de perdoar pecados...

Isso é reservado a Deus, diziam os escribas. Mas, na prática, reservavam esse atributo a si mesmos. Eles tinham a chave do saber. Eles sabiam quando Deus perdoava os pecados e quando não. E se surpreenderam com o fato de Jesus também perdoar os pecados. Parece-nos iluminadora, neste ponto, a leitura da carta aos Coríntios. Em Jesus, Deus nos disse um sim definitivo. É um sim à vida e à esperança. As promessas cumpriram-se. Em Cristo se confirma a vontade de Deus de nos salvar para sempre. Tudo isso é o que não puderam, ou quiseram, entender os escribas.

Talvez essa tenha sido uma novidade grande demais para eles. É a novidade da qual fala o profeta Isaías na primeira leitura. O melhor de tudo é que essa novidade, esse recriar o mundo na esperança e na vida, Deus o realiza apesar de muitos, como diz Isaías sobre si mesmo, não se esforçarem em seguir a Deus nem se cansarem de suas culpas. Apesar disso, o novo já está brotando, o deserto já não o será mais. Porque Deus se fez presente no mundo.

Finalmente, não devemos nos esquecer do sujeito paciente dessa história: o paralítico. No final, perdoados seus pecados e curada sua paralisia, pega seu leito e põe-se a caminhar. Talvez pela primeira vez em sua vida, ele era capaz de decidir, por si mesmo, qual a direção a seguir. A ação de Jesus o liberta da escravidão e lhe abre o caminho da vida. Se antes estava como morto (por seus pecados? por sua doença? em que se diferenciam as duas coisas na hora das consequências?), agora está vivo. Deus se manifesta em Jesus como quem nos devolve a liberdade e eleva à plenitude a nossa vida. Hoje voltamos nossos olhos para Ele. É de se supor que com a mesma confiança e fé que aqueles que levavam o leito. A fim de que nos liberte de tudo o que nos oprime e que nos dê a vida.

De quais pecados e enfermidades espero que Deus me liberte? Tenho a fé e a confiança daqueles homens que carregaram o paralítico até Jesus? Estou disposto a tomar as rédeas de minha vida, de minha liberdade, para não tornar a cair na escravidão?

8º domingo do Tempo Comum
(Os 2,16b.17b.21-22; 2Cor 3,1b-6; Mc 2,18-22)

Ser cristão é viver cheio de alegria

Para muitos a religião é motivo de tristeza. Parece que pertencer a uma religião, acreditar em

Deus, leva a viver uma vida triste, sacrificada. É preciso ser sério durante todo o dia e ter uma cara de poucos amigos. Os verdadeiros crentes, dizem, não podem perder seu tempo na alegria e nem no gozo. Muitos cristãos assumem essa imagem ao entrarem na igreja. É curioso notar que são pessoas normais, relacionam-se com todo mundo, vivem com alegria e satisfação. Mas, quando entram na igreja, parece que engoliram uma vassoura e ficam empertigados. Às vezes nem sequer são capazes de sentar-se e permanecem de pé em algum canto. Dá-nos a impressão de que para eles, ser cristão é uma carga pesada, que levam com paciência, mas sem convicção.

Hoje Jesus se defronta com aqueles que lhe recordam ser o jejum questão fundamental em qualquer prática religiosa. Diz-lhes que não há sentido jejuar quando Deus está no meio de nós. E que ninguém pode remendar um tecido novo com material velho, nem colocar vinho novo em vasilhas velhas. Jesus destaca, desta forma, a novidade de sua mensagem. Não tem comparação com nada anterior. Não é uma religião a mais em uso. É algo diferente. Não se trata de repetir as práticas de sempre. Ser cristão é reconhecer o Deus que está junto de nós e que nos dá de presente a vida.

A primeira leitura expressa estas mesmas ideias, entretanto em uma linguagem mais poética. O profeta emprega a imagem do matrimônio. Na viagem ao deserto, o casal recupera a vontade primeira. Deus falará ao coração de seu povo (não é aí onde está o melhor da vida?). E voltará a se casar com o seu povo, mas, desta vez, sob a forma do "direito e justiça, misericórdia e compaixão, em fidelidade". Cada uma destas palavras tem importância. É o compromisso de Deus com seu povo. Não importa que o povo lhe tenha sido infiel. Deus voltará a se comprometer com ele, conosco. Abre-se, assim, um futuro de esperança para o povo. E, portanto, de alegria e de satisfação.

Mas o Evangelho nos diz, também, que chegará o dia em que os amigos do noivo jejuarão porque "chegará o dia em que o noivo será tirado". O que significa isso? É chegado o tempo em que devemos jejuar visto que Jesus encontra-se ausente? Acredito que Jesus esteja conosco. Não é esse o motivo de nosso jejum. O nosso jejum deve ser colocado a serviço do encontro de Deus com o seu povo. Jejuar significa comprometer-se em favor do direito, da justiça, da misericórdia e da compaixão. Este é o jejum pretendido por Deus. É ele que nos leva a sermos irmãos e a nos encontrarmos com Deus. Basta de jejuns ridículos! Passemos a fazer o jejum que constrói fraternidade e nos une mais a Deus. Então conheceremos a verdadeira alegria.

Ser cristão é para mim fonte de alegria e satisfação? Comportar-me como cristão em todos os instantes me dá alegria ou é um fardo pesado? Como eu vivo o jejum? Estou comprometido com a justiça e a misericórdia?

9º domingo do Tempo Comum
(Dt 5,12-15; 2Cor 4,6-11; Mc 2,23–3,6)

A festa da liberdade

Quase todos nós sabemos que o sábado é para os judeus o dia em que recordam a Criação, quando Deus, no sétimo dia, descansou de todo o trabalho que havia realizado. Daí a proibição de se trabalhar nesse dia. E muitos lembrarão como essa proibição passou também para o domingo cristão. No entanto, hoje, a primeira leitura nos convida a considerar o sábado – o dia da festa semanal – a partir de outro ponto de vista. No sábado é preciso descansar porque este é o tempo em que o povo deve lembrar que foi escravo no Egito – e no trabalho escravo não há descanso – e que foi Deus quem o livrou de lá "com mão forte e braço estendido". O sábado é, pois, a ocasião para recordarmos a libertação da escravidão.

Na Igreja, trocamos o sábado pelo domingo. Celebramos a ressurreição do Senhor. De modo definitivo, celebramos a libertação de outra escravidão, mais profunda caso se queira, a libertação da morte, a última das opressões. O domingo é um presente que Deus nos oferece a cada semana para que nos lembremos de que a liberdade é o grande presente que nos foi dado. E que – ainda que hoje, às vezes, nos pareça que continuemos submetidos à opressão de muitas maneiras – Deus está do nosso lado e nos libertará. Está em nossas mãos nos mantermos firmes para não voltar a cair na escravidão.

Mas parece que a liberdade nos dá medo e nos agrada ficarmos presos a normas. No Evangelho, Jesus teve de recordar aos judeus que o sábado foi feito para o homem e não o homem para o sábado. O mesmo se poderia dizer do domingo. É tempo de recordar a libertação e é tempo de trabalhar pela libertação. A minha e a dos demais. É tempo de recordar que não somos escravos e que não viemos ao mundo apenas para trabalhar, mas também para viver, gozar e aproveitar o que o Senhor nos deu de presente.

A liberdade é um presente, um tesouro maravilhoso, porém frágil. Ou, talvez a vasilha em que a levamos seja frágil. Paulo nos lembra na segunda leitura que dessa forma se vê o quanto essa força extraordinária provém de Deus e não de nós mesmos. Não obstante, muitas vezes nos deixamos escravizar e nos enganamos a nós mesmos. A liberdade sempre estará aí como a vocação fundamental da pessoa humana, o presente maior que Deus nos deu. Um presente para ser compartilhado com os irmãos e irmãs. Porque – em termos cristãos – sabemos que a nossa liberdade começa quando inicia a dos outros. Minha liberdade não se realiza contra os outros, mas em comunhão, em fraternidade, em família, na grande família dos filhos e filhas de Deus que é o Reino.

Que realidades ou situações me fazem viver na escravidão ou não permitem que eu exerça a minha liberdade? O que faço por meus irmãos, e irmãs oprimidos e escravizados? Acredito que a liberdade seja o maior presente de Deus ou um fardo pesado com o qual não sei o que fazer?

10º domingo do Tempo Comum
(Gn 3,9-15; 2Cor 4,13–5,1; Mc 3,20-35)

O Espírito da liberdade

Jesus é um homem radicalmente livre. Manifestou isso em cada momento de sua vida. E também na maneira como enfrentou sua própria morte. Hoje nosso mundo tem também sede de liberdade. Os povos desejam se libertar da opressão, a que vem de seus próprios governantes e a que vem da dominação de outros povos. Os jovens desejam livrar-se da autoridade dos pais para poderem fazer sua vontade. Qualquer forma de autoritarismo é socialmente mal vista. O tema da liberdade é dos poucos que ainda são capazes de conseguir que pessoas de todas as classes e ideologias saiam às ruas e se manifestem em defesa de seu direito sagrado.

Mas ser livre continua sendo uma aventura difícil, um caminho arriscado. Significa assumir a responsabilidade de tomar as rédeas da própria vida. Implica assumir os erros sem procurar justificativas e sem lançar a culpa sobre os outros. Isso é difícil. Isso nos custa muito. A primeira leitura é um exemplo muito claro de que não se nasce livre, mas que se aprende a ser livre com esforço. Adão e Eva não souberam assumir sua própria responsabilidade. A única coisa que fizeram foi lançar a culpa no outro. O castigo coube à serpente porque já não havia ninguém para culparem. Pelo contrário, o Evangelho manifesta a soberana liberdade de Jesus. Para defender sua própria opção, Jesus não teme enfrentar a sociedade e nem mesmo a própria família. Até o ponto de declarar que sua família não é a do sangue, mas a daqueles que obedecem à vontade de Deus. E Deus não tem outra vontade que não seja a nossa salvação e a nossa liberdade. Porque é "para que sejamos homens livres que Cristo nos libertou" (Gl 5,1). Essa liberdade levou Jesus a enfrentar a sociedade de seu tempo e o levou à morte. Mas, Jesus não renunciou à sua liberdade em favor de sua vida. Jesus disse com a sua vida: *antes morto do que ajoelhado*. Poderiam tomar-lhe a vida, mas não a liberdade.

O pecado maior do qual Jesus fala no Evangelho é a renúncia à liberdade. A liberdade é o dom maior que Deus nos deu de presente. Renunciar à liberdade significa renunciar a sermos filhos e pessoas. Hoje o Evangelho nos convida a seguir nosso caminho. Seguir Jesus significa viver de maneira intensa a nossa liberdade e tomar nossas decisões, conscientes de que não há mais que uma realidade: somos irmãos e irmãs filhos do mesmo Pai. E assumir a responsabilidade de nossas ações, que devem estar dirigidas para a construção da fraternidade e não para a sua destruição. Porque a glória de Deus é o bem do homem. Essa é a vontade de Deus. Essa é a mensagem que Paulo pregou sempre: libertar-nos de todas as opressões para vivermos na liberdade dos filhos. Que jamais pequemos contra o Espírito da liberdade!

O que significa para mim a liberdade? Quais são as escravidões que me prendem? Assumo de maneira responsável as consequências de meus atos? Ponho minha liberdade a serviço da fraternidade, da libertação dos demais?

11º domingo do Tempo Comum
(Ez 17,22-24; 2Cor 5,6-10; Mc 4,26-34)

O Reino de Deus se parece com...

Jesus não foi um teólogo no sentido que hoje damos ao termo. Mas isso não significa que não tenha sido claro sobre aquilo que pretendia transmitir aos que o ouviam. E, para isso, escolheu uma linguagem que sugeria mais do que dizia; que abria pistas para que as pessoas pudessem pensar por si mesmas, ainda que não oferecesse um sistema fechado de pensamento. Sua mensagem fundamental foi o anúncio do Reino de Deus.

Mas, o que é o Reino? Surpreendentemente, Jesus jamais o diz. Gosta de falar do Reino por meio de comparações e parábolas. São comparações simples, facilmente compreensíveis pelos que o ouviam, quer fossem camponeses pobres na sua maioria, quer escribas e estudiosos da lei. Suas parábolas aludem a diversos aspectos do Reino. Mas nunca o definem de maneira completa. Seus ouvintes vão entendendo pouco a pouco. Quase poderíamos dizer que eles compreendem na medida em que querem entender. Porque é certo que alguns dos que foram ouvi-lo se afastaram dele julgando que aquele homem não fazia mais que contar histórias para crianças.

Hoje o Evangelho nos rememora as parábolas de Jesus. Uma acentua o caráter misterioso do crescimento. O Reino se parece com a semente que o camponês espalha e que logo cresce, sem que ninguém saiba como, na escuridão da terra. Mas cresce e acaba por dar seu fruto. Tanto faz que o camponês esteja dormindo ou em vigília. Chegará o momento em que a única coisa que terá de fazer será guardar a colheita. A outra parábola diz que o Reino assemelha-se à semente de mostarda, a menor delas, que logo se torna tão grande que até os pássaros do céu buscam abrigo na planta nascida daquela semente. De igual maneira, o Reino crescerá até acolher todos os filhos de Deus, sem exceção.

É que o Reino é a obra de Deus que completa misteriosamente sua criação, contando com a colaboração do homem, com certeza, mas não apenas. Porque a graça de Deus atua até mesmo quando o homem dorme. Assim é o Reino, muito maior que a Igreja, que é apenas seu sinal visível. Nós cristãos nos comprometemos a trabalhar a serviço do Reino, a preparar o campo para que receba a semente do Reino. E Deus será aquele que, muitas vezes sem percebermos, fará com que cresça em lugares e formas que não podemos imaginar. Porque o campo de Deus é o mundo, e a semente a planta nos corações de todas as pessoas que são seus filhos e filhas. Por isso, nós cristãos vivemos guiados pela fé, como diz Paulo na segunda carta aos Coríntios. Hoje, talvez, não vejamos o resultado da obra de Deus que constrói o Reino, mas estamos certos de que ele a levará a bom termo. Até que chegue à sua plenitude.

Por que não dedico algum tempo para contemplar o campo do mundo e para ver onde está crescendo o Reino de Deus – a fraternidade, a liberdade e a justiça?

12º domingo do Tempo Comum
(Jó 38,1.8-11; 2Cor 5,14-17; Mc 4,35-41)

Confiem, porque Jesus está com vocês

É certo que Jesus e os discípulos atravessaram mais de uma vez o lago. Igualmente que, alguma vez, tiveram mar bravo, visto que o lago é grande. É provável que Marcos, ao mesmo tempo em que recorda uma travessia com Jesus na qual tiveram mar bravo, nos esteja falando de outras tantas travessias e tempestades que encontramos na vida.

Podemos pensar que a barca em que estavam os discípulos assustados pelas ondas seja a Igreja. Nos quase dois mil anos de história, houve momentos em que viveu em águas agitadas. Em outro nível, podemos pensar em nossa comunidade. Sem dúvida, terá passado por momentos difíceis. Ou podemos pensar em nossa família, que, de igual maneira, terá passado por altos e baixos. Ou, inclusive, em minha própria pessoa e nas crises e momentos de dificuldade os quais me tocou passar. Em todos esses casos é fácil ver a imagem da barca agitada por ventos e ondas. E é fácil compreender que o medo pode torturar e paralisar os que estão na barca. Não se vê saída. Não há um porto próximo.

Em todos esses casos, é bom que abramos os olhos e vejamos que não estamos sozinhos na barca. Jesus está sempre conosco. Ainda que pareça estar dormindo e querer não saber nada de nossos problemas. Na realidade, Jesus está lá e nos dirige sempre as mesmas palavras que disse aos discípulos naquela noite no lago: "Como sois tão medrosos! Ainda não tendes fé?". Porque a questão não é que Jesus nos vá evitar todas as "ondas" da vida. Os problemas estão aí e continuarão existindo. Fazem parte da condição humana. Haverá momentos de dúvida e de hesitação. Há decisões que precisamos tomar das quais jamais estaremos certos de serem corretas. O centro da questão está em termos fé, a ponto de termos certeza de que, além da escuridão e das ondas, existe um porto ao qual chegaremos. O centro da questão está em ficarmos seguros de que Jesus nos acompanha e que ele não soltará a nossa mão. Isso tanto pelo que se refere à Igreja como à nossa comunidade, nossa família ou minha própria vida pessoal. Ainda que muitas vezes não sintamos sua presença, ainda que nos pareça estar dormindo. Jesus está aí.

Fruto dessa experiência, Paulo afirma com clareza, na segunda leitura, que já não avalia ninguém a partir de critérios humanos, e que "o mundo velho desapareceu. Tudo agora é novo". Assim somos nós, os cristãos. Apesar das ondas e da escuridão da noite, estamos certos de que todos nós nascemos em Cristo para uma vida nova. O novo já começou e nós vivemos o dia a dia de nossa vida de uma maneira renovada. Com o gozo e a alegria que nos dá saber que Jesus está conosco.

Recordo-me de algum momento em que senti que realmente a barca de minha vida, de minha família etc., estava a ponto de afundar? Recorro a Jesus com confiança? Acredito que vale a pena confiar sempre em sua presença junto a mim?

13º domingo do Tempo Comum
(Sb 1,13-15;2,23-24; 2Cor 8,7.9.13-15; Mc 5,21-43)

Deus é a favor da vida

É curioso. A frase que dá título a esta homilia pode causar conflitos. Infelizmente, continuamos fazendo de Deus a bandeira de nossa própria maneira de pensar. Definitivamente o empregamos para justificar o que pensamos, queremos ou desejamos. Há grupos que são favoráveis à paz. Estes agitam a bandeira de Deus para dizer que é preciso ser contra qualquer forma de guerra ou violência. Há outros grupos que parecem estar preocupados unicamente com o aborto. O tema da guerra não lhes interessa ou talvez muito pouco. Uns e outros são favoráveis à vida, mas em apenas um aspecto. Entre eles andam os partidários da eutanásia que parecem ser a favor da vida, mas não de toda a vida, ou da vida a qualquer preço, mas de uma vida dignamente vivida. Todos esses, de uma forma ou de outra, procuram atrair Deus para o seu lado e, assim, justificar suas posições.

A realidade é que Deus é a favor da vida, da vida da pessoa. Já dizia Santo Irineu, um santo Padre dos primeiros tempos da Igreja, que a "glória de Deus é a vida do homem". Deus quer o nosso bem. Não é possível que seja de outra maneira! Ele nos criou. É o autor da criação. Não podemos imaginar que tenha criado este mundo para condená-lo à morte. Ou melhor, precisamos pensar o contrário: que o criou para destiná-lo à vida e à vida eterna. Isso é o que nos diz a primeira leitura tirada do Livro da Sabedoria.

No Evangelho, Jesus está, definitivamente, a favor da vida. Não é necessário entrar em complexas exegeses nem explicações do texto. É tão simples como ver Jesus curar a filha do chefe da sinagoga. E também cura a mulher que sofria de hemorragia. No primeiro caso, é Jesus quem se dirige até o enfermo ou o morto para tocá-lo. No segundo, é a mulher que se aproxima de Jesus e o toca. Em ambos os casos, cura-se uma enfermidade física que é sem dúvida a primeira ameaça à vida.

Hoje somos nós que temos de nos encarregar da defesa da vida. Mas devemos fazê-lo com honestidade suficiente para não ficarmos em silêncio diante de nenhuma ameaça à vida. Não apenas o aborto é um pecado contra a vida. Não apenas a guerra. A injustiça, a pobreza, o egoísmo, a falta de amor são também ameaças à vida. Não podemos nos pronunciar categoricamente em um caso e nos calarmos no outro. Isso não significa que não haja dúvidas. Há situações nas quais é difícil ver com clareza o que é melhor ou o que significa realmente defender a vida. A eutanásia poder ser uma delas. Aí teremos que aprender a dialogar e a ouvir. E até mesmo aprender a conviver com situações reais para as quais não temos uma resposta clara. No entanto, sempre defendendo a vida e a vida para todos. Com Deus, nosso Criador e nosso Salvador.

Estou convencido de que Deus defende toda a vida e a vida de todos? De que maneira a vida encontra-se ameaçada em sua integridade perto de mim? O que posso fazer para defendê-la, promovê-la, apoiá-la, salvá-la e curá-la?

14º domingo do Tempo Comum
(Ez 2,2-5; 2Cor 12,7-10; Mc 6,1-6)

Saibam que houve um profeta no meio deles

Logo de início, devemos dizer que não é profeta o que prediz o futuro. Os adivinhos não são profetas e na maior parte das vezes costumam se enganar. O profeta não diz o que vai acontecer, mas vive e age de maneira que as coisas sucedam de outra forma. Tem um estilo de vida diferente e provocativo. Sua palavra liga-se a realidades de que nos esquecemos. Ante ele sentimos que o terreno foge aos nossos pés e que aquilo que nos parece normal

– que estamos acostumados – não é bem assim. E que não deveríamos nos habituar a isso. O profeta não prediz o futuro, mas nos abre um caminho novo e nos convida a entrar nele. Cabe-nos ouvi-lo e segui-lo por esse caminho novo, ou repudiá-lo. Mas sempre, pelo abalo que suscitou sua palavra e sua presença em nossa vida, saberemos que houve um profeta entre nós.

Assim foi o profeta Jesus. Quando voltou para sua aldeia, as pessoas não paravam de se perguntar e se admirar. Algo novo havia naquele homem que todos tinham conhecido desde criança. As palavras de Jesus eram ditas com autoridade. Traziam consigo a novidade. Falava de Deus como quem o conhecia de perto e o tratava com intimidade. Oferecia uma esperança nova para os que viviam na luta diária simplesmente para chegar ao dia seguinte. Mas ouvir suas palavras os obrigava a deixar aquela vida rotineira e habitual. As palavras de Jesus desinstalavam as pessoas que o escutavam. Faziam-nas sentirem-se inquietas. Os vizinhos de sua aldeia preferiram enquadrá-lo como louco, acreditando que as suas palavras não faziam sentido; que era impossível que dissesse algo com sentido aquele que não era mais que o filho de Maria, o carpinteiro. Por isso Jesus não pôde fazer ali nenhum milagre. Nenhum futuro novo foi aberto para os moradores de Nazaré. Eles próprios fecharam o caminho.

Hoje, não faltam profetas. Outra coisa diferente é que os ouçamos. Tampouco os aceitemos como tais. Simplesmente porque são nossos conhecidos.

Utilizamos o mesmo argumento empregado pelos patrícios de Jesus. E, assim, nos fechamos a novas possibilidades, caminhos e esperanças que Deus nos abre por meio deles. Porque os profetas são homens e mulheres animados pelo Espírito de Deus. Marcam-nos com coisas diferentes, retiram-nos da rotina e nos levam a descobrir novas formas de viver – mais humanas, fraternas, livres e justas. Nos profetas reside a força de Cristo, a força de Deus. Certamente têm suas fraquezas. Não são santos de altar. Mas, como disse Paulo na segunda leitura, é quase certo que aprenderam a conviver com elas e a gloriarem-se em Cristo e não em si mesmos. Por meio deles fala o Espírito. Se não os ouvimos, pior para nós!

Quem são, hoje, os profetas para mim? Alguns podem ser personagens importantes ou pessoas que estão ao meu redor. De que maneira ouço o que dizem? Sinto que, se os ouvisse, poderia viver de outra forma? Ser mais feliz? Mais livre? Mais justo? Mais solidário?

15º domingo do Tempo Comum
(Am 7,12-15; Ef 1,3-14; Mc 6,7-13)

Uma Igreja em missão

O evangelho de hoje nos conta como Jesus enviou os discípulos de dois em dois para pregarem a conversão, e lhes deu autoridade sobre os espíritos que escravizavam e oprimiam os homens e mulheres daquele tempo. Pediu-lhes que levassem consigo somente o necessário. Apenas um cajado e nada mais. O mais importante era a mensagem que levariam.

Essa missão, iniciada nos tempos de Jesus, continua hoje. Nestes vinte séculos, na Igreja sempre houve homens e mulheres dispostos a sair de suas terras levando apenas um cajado e deixando para trás segurança e comodidades para ir anunciar o Evangelho. Esses missionários nem sempre são bem recebidos. Alguns foram mortos de maneira violenta. Mas muitos outros foram acolhidos com o coração aberto e, nos países que os receberam, desgastaram suas vidas a serviço das populações locais. Educaram seus filhos, cuidaram de seus doentes, libertaram os oprimidos e deram alegria aos tristes.

Assim, os missionários e missionárias realizam – e continuam realizando em muitos lugares – o Reino de Deus. Fazem muitas coisas diferentes, mas em tudo que fazem levam a mesma mensagem: que Deus nos abençoou em Cristo com todo tipo de graças; que nele escolheu para que sejamos santos no amor; que nos destinou a sermos seus filhos; e que, nele, perdoou todos os nossos pecados. A vontade de Deus é a de reunir todos em Cristo, fazer de todos nós uma única família. Essa é a mensagem que os missionários levam não apenas aos lugares distantes, mas também aos mais próximos. Porque aqui, bem junto a nós, às vezes em nossa própria família ou casa, há pessoas que desconhecem essa mensagem de salvação e deixam-se levar pela tristeza e falta de esperança.

As leituras deste domingo nos ensinam que a missão da Igreja não afeta apenas os missionários que deixam seu país de origem e partem para lugares distantes. Toda a comunidade cristã, cada pessoa que a integra, deve ser, também, missionária. Todos somos responsáveis por anunciar o amor de Deus, o perdão dos pecados, o Reino de salvação aos que não o conhecem e aos que vivem sem esperança. Não é necessário conhecer línguas ou ter estudado bastante. Basta apenas fazer de sua própria vida um testemunho do amor de Deus, do amor com que ele nos ama e presentear esse amor aos que vivem ao nosso redor. Se assim vivermos, descobriremos, com surpresa, como expulsaremos muitos *demônios* que oprimem a vida das pessoas que nos rodeiam.

Acredito que há pessoas próximas a mim que desconhecem a mensagem de salvação que Jesus nos oferece? O que significa verdadeiramente sermos testemunhas do amor de Deus para essas pessoas? Quais atitudes eu deveria adotar e quais ações eu deveria realizar para dar testemunho desse amor?

16º domingo do Tempo Comum
(Jr 23,1-6; Ef 2,13-18; Mc 6,30-34)

Profetas a serviço da reconciliação

Pensamos nos profetas como pessoas um tanto temperamentais e radicais. Imaginamos que a sua palavra seja sempre dura e nos conduza a decisões extremas e dolorosas. Mas não é assim. Os discípulos foram enviados por Jesus para que pregassem o Reino de Deus, ou seja, para que todos os homens e mulheres fossem chamados para fazerem parte da família de Deus, pois todos já são, de fato, filhos e filhas de Deus, porque todos são objeto do amor misericordioso e compassivo de Deus, acima das fronteiras, culturas, línguas e, inclusive, das religiões. Essa é a grande mensagem profética de Jesus. Isso é o que nós, discípulos de Jesus no século XXI, devemos pregar. Somos profetas a serviço da reconciliação e da união no seio da família de Deus. Não somos profetas de desgraças nem de divisões, mas do encontro e da fraternidade.

A primeira e a segunda leituras iluminam esse aspecto de nossa missão. Na primeira leitura, Deus se dirige aos líderes do povo. Não cuidaram do rebanho, dividiram-no e o dispersaram. Por isso, Deus anuncia que reunirá as ovelhas dispersas e que colocará à frente do rebanho pastores que cuidem dele e o mantenham reunido. A leitura é concluída com o anúncio da chegada de um rei pastor que fará justiça ao rebanho. É a justiça de Deus que consiste em dar a cada um não *o seu*, mas tudo o que necessita para crescer, realizar, e desenvolver de maneira plena esse imenso dom que o próprio Deus nos deu de presente: a vida. E a carta aos Efésios fala de Cristo como o eixo ao redor do qual se reconciliam os dois povos que estavam separados: o judaico e o pagão. Era a grande divisão que se vivia no tempo de Jesus. De um lado estavam os que se sentiam proprietários das promessas de Deus, do outro os excluídos.

Havia incompreensão e inimizade entre os dois povos. Havia uma grande separação. A mesma leitura afirma que Jesus reuniu por seu sacrifício os dois povos, derrubou o muro que os separava e que fora feito de ódio, fez as pazes ente os dois e criou um novo povo que trouxe a paz.

É Cristo quem reconcilia os povos. Aquele que a todos atende cheio de compaixão porque os vê, segundo diz o evangelho de hoje, como "ovelhas sem pastor". A nós nos cabe continuarmos sua missão e sermos profetas a serviço da reconciliação. No mundo e em nossa nação, em nosso bairro e em nossa família. Cada vez que conseguimos que alguém se reconcilie, estaremos sendo cristãos de verdade. Isso significa sermos cristãos: criadores de perdão, fraternidade e reconciliação.

Há algum aspecto de minha vida que precisa de reconciliação e perdão? Qual? Com quem me deveria reconciliar: esposo ou esposa; filho ou filha; pai ou mãe? E agora, que deverei fazer de concreto para que possa reconciliar-me?

17º domingo do Tempo Comum
(2Rs 4,42-44; Ef 4,1-6; Jo 6,1-15)

Jesus abençoou os pães e os repartiu

O problema da alimentação tem sido um dos assuntos mais urgentes para a maior parte da humanidade ao longo da história. Ainda hoje o é para milhões de pessoas. A cada manhã sentem a fome não satisfeita e todos os seus esforços estão voltados para encontrar o necessário à sua subsistência. Parece impossível? Pois é verdade. E nos referimos à fome física, à de pão ou de arroz e à falta do imprescindível para a sobrevivência.

O evangelho de hoje nos conta como Jesus multiplicou os poucos pães e peixes e, assim, alimentou uma multidão. Fala-se em cinco mil homens, sem contarmos as mulheres e as crianças. Era uma gente desesperada. Talvez, por isso mesmo, deixaram as suas casas e entraram no deserto seguindo aquele pregador. Seguiam-no esperando, quem sabe, encontrar uma palavra de conforto, algo que lhes infundisse nova esperança.

O milagre de Jesus não consiste em lhes dar de comer. O mais importante é transformar aquela multidão em uma família que compartilhasse a alimentação. Torna-os uma fraternidade. Por isso, a comida sobra. Se não houvesse ocorrido essa mudança qualitativa no relacionamento entre aquelas pessoas não teria restado nada. É certo que todos procuraram pegar para si toda a comida que pudessem. Não tinham feito mais do que cuidar de seus próprios interesses, para saciarem a fome daquele dia e a do dia seguinte. Não havia nenhuma razão para que compartilhassem com os demais. Mas acontece um milagre. Jesus os faz descobrir que, ao dividirem o pão, começam a viver de uma forma nova e que o bem-estar do outro é a condição do próprio bem-estar, que em família é muito mais fácil satisfazer as necessidades e acaba por sobrar pão.

Ao realizar o milagre, Jesus dá uma nova esperança àquelas pessoas. É o que os faz dizer: "Este sim, é o profeta que precisava vir ao mundo". Jesus – mensageiro e porta-voz de Deus – dá esperança aos que estão desesperados, acolhe em família aos que estão sozinhos e dá de comer aos que sentem fome.

Com Jesus abre-se também diante de nós uma nova esperança. Devemos ser portadores dela para nosso mundo. Como cristãos nos comprometemos a reunir, a compartilhar o que temos e a acolher. Não desejamos dividir, nem odiar e nem separar. Acreditamos que podemos viver reunidos no amor com o vínculo da paz. Acreditamos que é possível superar o ódio que mata e destrói. A isso nos comprometemos para esta nova semana que começa.

Onde acredito que haja sinais de divisão no meu bairro e em minha família? O que poderia fazer para reunir os que estão separados ao redor da mesa da comunhão? Acredito que a Missa de cada domingo é um sinal de união? O que poderia fazer para melhorá-la?

18º domingo do Tempo Comum
(Ex 16,2-4.12-15; Ef 4,17.20-24; Jo 6,24-35)

O pão que dá a vida

Há muitos tipos de pão. Talvez, porque haja muitos tipos de fome. Há pessoas que, por viverem pensando e desejando tanto o alimento de amanhã, se esquecem de aproveitar o pão que têm diante de si nesse momento. Ou, talvez, chorem porque ontem não houve pão, sem perceber o banquete que está preparado na sua frente. Há também os que são capazes de se preocupar com seus próprios estômagos, incapazes de perceber que há irmãos e irmãs próximos que carecem do pão necessário.

A maioria da humanidade trabalha arduamente todos os dias para conseguir pão, arroz, milho, necessários para sobreviver, para poder chegar ao dia seguinte. Geralmente são estes que sabem se alegrar, agradecer e desfrutar a cada dia o alimento que têm na mesa, seja fruto do seu trabalho ou presente. Quando a vida pende por um fio, tudo quanto se tem é pura graça e é recebido como um presente.

Os que haviam comido do pão dado por Jesus foram buscá-lo quando perceberam que havia desaparecido. Estavam satisfeitos, pois aquele pão era muito delicioso. Para aqueles cuja vida significava apenas luta e sofrimento, o fato de serem presenteados com semelhante banquete – um pouco de pão e de peixe – foi motivo suficiente para irem procurar quem lhes dera tão grande dádiva. Por isso, foram atrás de Jesus.

Com certeza, aqueles que buscavam Jesus, sobre os quais nos fala o evangelho de hoje, não entenderam, inicialmente, o que significa dizer que Jesus era o *pão da vida*. O que eles entendiam claramente era que o pão e o pescado, dados por Jesus, lhes tinha saciado a fome e permitido dormir bem. E o entendiam simplesmente porque sentiam fome. Seria necessário um longo processo até que chegassem a passar da fome física para fome de vida, que era o que Jesus lhes estava oferecendo saciar. No entanto, ao menos o primeiro passo já havia sido dado. Pelo contrário, aqueles que não sentem fome desprezam o pão, e os que estão saciados não precisam de nada. Jesus pode estar em suas vidas, mas não passará de mais um enfeite.

Que tipos de fome eu descubro no mundo? Em minha comunidade? Em minha família? Em mim mesmo? Jesus é um simples enfeite em minha vida e em minha família ou, realmente, nele encontro o *pão da vida*? O que significa para mim Jesus ser o *pão da vida*?

19º domingo do Tempo Comum
(1Rs 19,4-8; Ef 4,30–5,2; Jo 6,41-51)

A surpresa de Deus

Jesus não apenas oferece aos judeus o pão para se alimentarem fisicamente. Jesus fala do pão que dá a verdadeira vida. Jesus lhes oferece a ressurreição. Diz-lhes que o antigo desejo de toda pessoa, de viver, e viver eternamente, e de maneira plena, não é um mero sonho. É uma promessa real para os que acreditam nele e o aceitam como enviado de Deus.

Mas, Jesus se depara com um muro difícil de ser superado: a incredulidade dos judeus. Estes já o conhecem. Sabem perfeitamente que é o filho de José, o carpinteiro. Conhecem seu povo e sua família. Não há nada que possa ser feito. Eles já sabem como seria o Messias enviado por Deus. Os longos períodos de tempo passados estudando as Escrituras Sagradas deram seu fruto. Não há surpresas possíveis. Deus tem seus caminhos marcados e eles já os conhecem. Por isso são incapazes de aceitar a novidade que está presente em Jesus. Jesus não se adapta ao modelo que conhecem. Ele não cumpre todos os requisitos necessários para ser o Messias.

No fundo, os judeus, aos quais Jesus se dirige neste Evangelho, não deixam oportunidade para a suprema liberdade de Deus. As Escrituras não eram para os judeus um caminho que os abrisse à imensidade do mistério, mas um manual que o próprio Deus se via obrigado a obedecer.

Acontece que Deus é incomensuravelmente livre. E sua vontade de salvar os homens manifesta-se de muitas formas. Quase sempre de modos diferentes daqueles que esperamos ou desejamos. Mas, em todo caso, testemunhando seu amor infinito por cada um de nós.

A fé poderia ser imaginada como um rosto de olhos abertos e cheios de surpresa. Com o olhar voltado para o horizonte, para muito além daquilo que é visível fisicamente. A pessoa que vive na fé assemelha-se ao vigia que vive examinando continuamente o horizonte à espera da novidade que há de chegar. Não encontramos nosso Deus no passado: Ele se aproxima de nós no futuro, em nosso futuro.

Lá se deixa encontrar. Mas é preciso estar com os olhos bem abertos porque talvez não o reconheçamos num primeiro relance. E há o perigo de que a sua presença nos passe despercebida. A vida que nos é oferecida por Jesus está além de nossas possibilidades. Como os judeus, poderíamos repudiá-la por ser impossível, mas para aquele que, a partir da fé, vive na esperança, a salvação de Deus torna-se experiência diária e cotidiana.

Para onde estou olhando? Detenho-me na pequenez de meus problemas e de minha vida corriqueira? Ou sou capaz de abrir os olhos e deixar-me surpreender pela presença salvadora de Deus em tantos momentos e em tantas pessoas com quem nos encontramos?

20º domingo do Tempo Comum
(Pr 9,1-6; Ef 5,15-20; Jo 6,51-58)

Compartilhar a vida com Cristo

Durante o período das perseguições contra os cristãos, nos primeiros séculos de nossa era, estes eram acusados de comer carne humana. Foram acusados de antropófagos. Foi, naturalmente, um mal-entendido sobre a Eucaristia. Da mesma forma, os judeus que aparecem no evangelho de hoje não entendem quando Jesus lhes fala que "se não comerem a carne do Filho do homem e não beberem o seu sangue, não terão a vida em vocês mesmos".

O que significa *comer a carne e beber o sangue*? Para os judeus, carne e sangue não são apenas realidades físicas, são também o lugar em que está presente a vida. Comer a carne e beber o sangue significa participar da mesma vida. Fala de uma união profunda entre as pessoas. Por isso, quando, no Gênesis, Adão vê Eva recém-criada por Deus, diz que é "carne de minha carne" (Gn 2,23). Quando alguém é muito próximo a nós ou da nossa família dizemos que é *do nosso sangue*.

O evangelho de hoje nos fala da relação que há entre a vida sacramental, em particular a Eucaristia, e a vida do cristão. Participar da Eucaristia é, de fato, receber o pão que dá a verdadeira vida, mas é também comungar com o corpo e sangue de Cristo. Graças à participação no sacramento ficamos estreitamente unidos a Cristo. Habitamos no Cristo e ele em nós. Somos *sangue de seu sangue e carne de sua carne*. Mas comungar com ele nos leva a um compromisso especial, a viver de uma determinada maneira, ou seja, como Jesus. O Evangelho converte-se em nossa norma de vida. Ao tomar a Eucaristia nos transformamos para viver a mesma vida de Jesus.

Celebrar a Missa é, pois, uma maneira de nos comprometermos publicamente em viver a vida à maneira de Jesus. Em cada Eucaristia, Jesus nos repete a mesma pergunta que fez aos Zebedeus: "Podeis vós beber do cálice que eu devo beber?" (Mt 20,22). Receber a vida na comunhão da carne e do sangue, do pão e do vinho, na Missa significa viver de uma maneira diferente, de acordo com o Evangelho, nossa vida de família, nosso relacionamento com os amigos, em nosso trabalho, como cidadãos. A Eucaristia converte-se em lugar de vida e a vida, a nossa vida, transforma-se no lugar em que viver é o que recebemos durante a Eucaristia. Nossa maneira de vida atesta se, de fato, participamos da Missa e se nos fizemos *sangue do seu sangue*.

Celebrar a Missa dominical, juntamente com o sacerdote, não é apenas chegar a tempo de participar dos cânticos e saudar os amigos. Celebrar a Missa é ouvir a Palavra e comprometer-se comungando com Jesus. Como eu me preparo para celebrar, de uma melhor forma, a cada domingo, a Missa? Faço isso em família? Esforço-me para mudar a minha vida após celebrar a Missa?

21º domingo do Tempo Comum
(Js 24,1-2a.15-17.18b; Ef 5,21-32; Jo 6,60-69)

Reafirmar a fé em tempos difíceis

Tornava-se difícil para os judeus ouvir Jesus. A proposta era, com toda a certeza, bastante atraente, mas os tirava totalmente dos caminhos trilhados a que se haviam acostumado. Diante de Jesus, já não eram mais aqueles que conheciam as leis. Tampouco poderiam apresentar mérito algum. Simplesmente deviam aceitar aquilo que Jesus dizia. Seguir Jesus de verdade exige sempre abandonar tudo e colocar-se em suas mãos. É preciso abrir-se à ação de Deus que nos guia por caminhos inimagináveis.

Ao longo de sua vida pública, Jesus se encontraria mais de uma vez com a rejeição de parte daqueles que o ouviam. Não apenas isso. Mais de uma vez, também, aqueles que ele havia escolhido para segui-lo deixariam o grupo para voltar atrás, a seu mundo e às suas ocupações habituais. Era-lhes difícil caminhar com Jesus, seguir seu ritmo. Com certeza, sua palavra e seu estilo de vida, sua pregação, eram atraentes, mas igualmente bastante exigentes. E haviam deixado para trás a pequena segurança de suas casas e de seus trabalhos, de suas famílias e seus patrícios, seu mundo e seu lar.

O evangelho de hoje nos coloca frente a uma dessas situações de crise no próprio grupo de Jesus. Diz expressamente que "muitos discípulos voltaram atrás e deixaram de ir com ele". Mas também nos dá a resposta corajosa de alguns outros. Certamente, nem uns nem outros sabiam com segurança qual seria o final do caminho. Mas, aqueles que decidiram ficar estavam certos de que Jesus tinha palavras de vida eterna. Sua novidade os havia deslumbrado de tal forma que valia a pena deixar qualquer coisa para segui-lo. Foi Pedro, como em outras ocasiões, o encarregado de responder em nome do grupo: "Senhor, a quem iríamos nós?". Suas palavras foram solenes, mas por trás delas se escondia um longo processo de dúvidas e hesitações, passos adiante e passos para trás. Recordemos que este é o mesmo Pedro que negaria a Jesus três vezes durante a Paixão. E que, enquanto isso, os demais discípulos haviam fugido.

Para nós é importante recordar essas palavras de Pedro. Nos momentos de dificuldade e de vacilação, quando sentimos a tentação de abandonar Jesus, de deixar a comunidade, de nos entregarmos a uma vida cômoda e sem compromisso quando tudo corre bem. Estas palavras podem ser convertidas em nossa oração: "Senhor, a quem iríamos nós? Tu tens palavras de vida eterna". É certo que nessas palavras e na graça de Deus encontramos a força para recomeçar.

Quais partes do Evangelho são mais difíceis para eu aceitar? O que não aceitamos da vida da Igreja ou de nossa comunidade cristã? Quando me sinto desiludido? O que me ajudou a voltar a caminhar? Recorremos então à oração para encontrar no Senhor a força necessária para prosseguir caminhando?

22º domingo do Tempo Comum
(Dt 4,1-2.6-8; Tg 1,17-18.21b-22.27; Mc 7,1-8.14-15.21-23)

Ser cristão é um dever?

Dizem que as sociedades e grupos humanos criam tradições quando se sentem felizes. As tradições são precisamente uma forma de recordar e reviver esses momentos de felicidade, plenitude e comunhão. Um país celebra todos os anos o aniversário de sua independência. Trata-se de celebrar a libertação. A maioria das tradições do povo judaico foi construída a partir da memória feliz da libertação do Egito e da sua entrada na terra prometida. Essas são recordações e celebrações de um passado feliz que, graças às tradições, passam de uma geração a outra.

O inconveniente é que, muitas vezes, as tradições deixam de ser a recordação de um passado feliz para converter-se em algo que se faz sem se dar conta do motivo. Isso significa que as tradições, nesse caso, perderam seu significado. Não são libertadoras. Não nos ligam mais à nossa história, apenas nos oprimem e obrigam a praticar gestos dos quais desconhecemos o sentido e a razão.

No evangelho de hoje, Jesus censura os judeus exatamente por terem convertido as suas belas tradições em uma lei que todos, sem exceção, eram obrigados a cumprir. É quase certo que o lavar as mãos antes da refeição era uma forma do judeu expressar que a comida era, em certo sentido, um momento de comunhão com o Deus que lhes havia dado de presente a terra que habitavam e os seus frutos. Mas, com o tempo, foi esquecido o significado e ficou apenas a regra, ou seja, a tradição destituída de sentido. Chegou a ser um simples gesto automático, um rito sem sentido. Jesus recorda aos judeus que o ato de lavar as mãos não pode ser mais do que um sinal de uma pureza mais profunda: a pureza do coração. Para entrar em comunhão com Deus, precisamos purificar o coração. As mãos são apenas um signo dessa outra pureza necessária.

Nós cristãos podemos pensar que estamos livres dessas tentações que teve o mundo hebraico. Não é verdade. Para quantos de nós a Missa dominical é apenas uma obrigação que devemos cumprir? No entanto, em sua origem a Missa foi a expressão da alegria vivida e sentida pela comunidade ao redor de Jesus ressuscitado. Como não expressar essa alegria na participação comunitária da Eucaristia? Mas transformamos em uma obrigação aquilo que era uma alegre ação de graças em comunhão com irmãos e irmãs. A Missa não é mais do que um exemplo. Poderíamos acrescentar muitos outros. Ser cristão não significa cumprir uma série de normas. Significa viver com satisfação o amor que Deus colocou em nossos corações.

Qual o sentido que têm, para mim, os atos dos quais participo em nossa comunidade cristã? Eles são apenas uma obrigação que cumpro por temer o castigo?

23º domingo do Tempo Comum
(Is 35,4-7a; Tg 2,1-5; Mc 7,31-37)

Ânimo, não tenham medo!

Havia um homem surdo e gago, para não dizer mudo de todo. Isto é, não tinha comunicação possível entre ele e a sociedade, e nem desta para com ele. Por isso, o surdo não se dirigiu a Jesus sozinho, mas tiveram de levá-lo. De fato, ele era uma pessoa afastada da sociedade. Mas Jesus opera o milagre. Cura-o e o abre à realidade que o cerca. De repente, a comunicação é estabelecida. Aquele homem, que devido à falta de comunicação se tinha tornado praticamente uma coisa, voltava a ser uma pessoa, um membro da sociedade, irmão de seus irmãos. Como não poderiam se alegrar e se admirar os que o viam!

Jesus cumpre, assim, as expectativas do povo, que estão presentes nas palavras do profeta Isaías na primeira leitura. Nelas está o título desta homilia. São palavras que podemos sentir como dirigidas por Deus a cada um de nós: "Ânimo, não tenham medo!". Porque Deus está conosco. Porque o Deus de Jesus é Pai e não deseja que nenhum de seus filhos fique excluído, deixado de lado. Deus deseja que os seus filhos estejam sentados juntos à mesma mesa, no mesmo nível, compartilhando, juntos, o pão das alegrias e das dores, das satisfações e das contrariedades próprias da vida humana. Deus quer que seus filhos vivam juntos no amor e na esperança. Porque ele é o pai e mãe que cuida sempre de seus filhos. E a última coisa que seus filhos podem fazer é perder a esperanças e a confiança em seu Pai. Por isso, não devemos ter medo. Deus vem em pessoa nos salvar.

A partir desta perspectiva, a dos filhos e filhas de um único Pai, compreendemos melhor as palavras da carta de Tiago. Como é possível que a comunidade cristã faça acepção? Como é possível que continue havendo títulos, distinções e privilégios? Como é possível que continue havendo lutas pelo poder e pelos primeiros lugares? E devemos ter muito cuidado ao situar esses problemas apenas na alta hierarquia da Igreja. Isso acontece, igualmente, nas comunidades paroquiais, nos grupos e movimentos das comunidades religiosas. Todos o sabemos por experiência. Por isso, é preciso estarmos muito atentos. Não podemos pensar que o que disse Tiago seja para os outros. Falava à sua comunidade e o diz, atualmente, de igual maneira, para a nossa. A tentação do poder estará sempre presente no coração humano e é uma ameaça forte e permanente para a fraternidade do Reino. É exatamente o contrário do que fez Jesus ao curar o surdo. Exclui, divide e separa ao invés de unir e juntar.

Há lutas pelo poder e por privilégios em minha comunidade? O que faço para me defender dessa tentação? Como são tratados os marginalizados na minha comunidade? Talvez a resposta a esta última pergunta seja a chave para nos libertarmos da luta pelo poder.

24º domingo do Tempo Comum
(Is 50,5-9a; Tg 2,14-18; Mc 8,27-35)

É tempo de nos decidirmos por Jesus

Na vida há tempos e momentos que exigem decisões sérias, que logo devem ser assumidas com todas as suas consequências. Jesus colocou os apóstolos diante de uma dessas decisões naquele diálogo com eles perto de Cesareia de Felipe. Pediu-lhes, nem mais nem menos, que se definissem ante ele. Hoje a pergunta ecoa também para nós. "E vocês, quem dizem que eu sou?". Não é uma questão superficial. Pedro dá a impressão de que é capaz de respondê-la de pronto. Mas logo percebemos que à sua resposta falta convicção. De fato, Pedro não havia entendido nada ou quase nada. Quando Jesus começou a explicar o que significava ser o Messias, então Pedro se empenhou para dissuadi-lo. Jesus chama a atenção dele e prossegue apresentando o que será sua vida e a de seus seguidores. "Aquele que me quiser seguir...".

É que o cristão pode ser que encontre resistência nos que o rodeiam na sociedade. O ambiente pode lhe tornar mais difícil ser cristão. É verdade. Mas, há outra resistência que provém de dentro da pessoa. É a resistência à Palavra de Deus. A ela alude a leitura do profeta Isaías: "O Senhor me fez ouvir suas palavras e eu não opus resistência". O profeta não se lhe opôs, mas nós, talvez, sim. Talvez nos dê medo assumir as consequências de seguir Jesus, de nos comportarmos como cristãos em nossa família ou em nosso bairro, de nos aproximarmos dos mais frágeis e necessitados, e compartilhar com eles nosso tempo ou nossos bens, de perdoar com generosidade da mesma forma como Deus nos remite. Precisamos ser fortes, às vezes, para sermos cristãos e amar a todos como Deus nos amou em Cristo. Em nossos ouvidos voltam a ressoar as palavras de Jesus: "Aquele que quiser me seguir...".

Porque ser cristão não é questão de soltar um grito num determinado momento dizendo: "Sim, eu quero seguir Jesus", e logo esquecer-se do que foi dito seguindo como se nada tivesse mudado em nossa vida. Ser cristão significa comportar-se como tal não apenas aos domingos, mas também durante os dias da semana. Não vá acontecer que se apresente apóstolo Tiago e nos pergunte (segunda leitura): "De que aproveitará a alguém dizer que tem fé se não tiver obras?". Pode-se falar em voz mais alta, mas não de maneira mais clara. Além disso, sabemos que é verdade. A fé é demonstrada nas obras, na forma de nos relacionarmos com nossos irmãos e irmãs, em nossa capacidade de compartilhar a vida e o que temos e em nossa capacidade de amar sem medida e perdoar com generosidade. Decidir-nos por Jesus não é apenas confessar como Pedro em Cesareia que ele é o *Messias*. Decidir-nos por Jesus é viver as consequências cada dia de nossa vida.

O que acredito que me pede Jesus que faça para segui-lo? Custa-me ouvir sua Palavra? Comporto-me sempre como cristão? Em que poderia melhorar para ser mais coerente entre minha celebração da Missa aos domingos e o resto dos dias?

25º domingo do Tempo Comum
(Sb 2,12.17-20; Tg 3,16–4,3; Mc 9,30-37)

Viver o que Jesus nos ensina

Os discípulos não foram santos de um só golpe. Na realidade, ninguém na história da Igreja foi um perfeito cristão desde o início de seus dias. Ser cristão é ser seguidor de Jesus, e isso só se aprende seguindo o caminho da vida com Jesus. É um caminho longo, às vezes complicado. Nele há momentos de satisfação e alegria e também momentos difíceis. Mas há algo que deve estar claro desde o início: no seguimento de Jesus todos somos irmãos, todos estamos no mesmo nível e compartilhamos tudo. Do mesmo modo que Jesus compartilhou tudo conosco. Até mesmo o seu Pai do céu. Inclusive seu Espírito.

Ao longo do caminho, Jesus vai ensinando aos seus discípulos. Como qualquer estudante, em qualquer colégio do mundo, os discípulos não entendem tudo de uma vez. Às vezes, nem da segunda. No entanto, Jesus, o bom mestre, não perde a calma. E repete a explicação. Isso é o que se vê no evangelho de hoje. Depois de terem feito tanto caminho juntos – já estão próximos do final, pois Jesus lhes anunciava sua morte – os discípulos discutem entre si quem é o mais importante entre eles. Percebe-se que não entenderam nada. Não importa. Jesus, com toda a paciência, torna a explicar: "Aquele que quiser ser o primeiro, que seja o último de todos e o servidor de todos".

Não podemos dar como certo que os discípulos o entendessem já para sempre. Lembremo-nos de que, no momento da crucifixão, todos fugiram apavorados. É certo que houve outras repetições. E na carta de Tiago, percebemos que a lição foi aprendida e é transmitida às gerações dos fiéis. É claro que a aprendizagem da lição não significa que isso se torne concreto na vida das pessoas. Na comunidade de Tiago, provavelmente, terão ouvido a lição mais de uma vez. Já a *sabiam*. Mas, na prática, continuava havendo invejas e rivalidades, discórdias e conflitos. Tiago tem que recordar uma vez mais a lição da fraternidade.

Hoje, ainda precisamos ouvir essa lição de vez em quando. Porque em nossa vida, em nossas famílias, em nossas comunidades, de vez em quando, há surtos de violência e inveja; há rancores que não nos deixam viver em paz e tornam amarga a existência; há demasiadas aspirações pelos primeiros postos e para sermos os importantes. Hoje, vem bem a calhar que Jesus nos repita a lição: "Aquele que quiser ser o primeiro...".

Tenho rancores, invejas e desavenças guardados em meu coração? Que consequências trazem para minha pessoa, minha família e minha comunidade? Boas ou más? O que aconteceria se eu seguisse verdadeiramente o conselho de Jesus sobre o serviço? Viveria melhor e mais feliz?

26º domingo do Tempo Comum
(Nm 11,25-29; Tg 5,1-6; Mc 9,38-43.45.47-48)

O Reino é maior do que a Igreja

A paróquia, a diocese, a Igreja, o movimento ao qual pertenço são os grupos básicos ao qual está ligado o cristão. Por intermédio deles recebe a formação de que necessita e canaliza o compromisso de sua vida. Por intermédio deles relaciona-se com outros grupos, outras comunidades, outras paróquias e com toda a Igreja. É maravilhoso observar essas concentrações massivas. Num dia reúnem-se os catequistas, noutro encontram-se os membros de um grupo ou da comunidade tal. O bispo convoca uma reunião diocesana. Reunimo-nos, oramos e celebramos, juntos, nossa vida cristã, sentimo-nos animados para prosseguir trabalhando e nos esforçando por viver melhor nosso compromisso.

Às vezes, porém, temos a tentação de olhar para todos aqueles que não pertencem a nosso grupo como estrangeiros e inimigos. Eles não pensam exatamente como nós. Adotam um estilo e uma maneira diferentes de fazer as coisas. Talvez – e isso se deu antigamente no caso das congregações religiosas – até se vistam de forma diferente. Isso que acontece dentro da Igreja Católica ocorre, também, com relação às demais Igrejas, com as demais religiões... Olhamos para os outros como se fossem estranhos e, de imediato, nós os condenamos porque não nos são semelhantes.

O evangelho de hoje nos recorda algo muito importante: o Reino de Deus é maior que o pequeno grupo que formamos – os discípulos de Jesus –, maior que o que somos em nossa paróquia, nossa comunidade, nosso grupo ou nossa Igreja. O Reino abrange todos os homens de boa vontade. Sem exceção. Basta abrirmos os olhos depois de termos deixado de lado os preconceitos, os filtros negativos e os óculos escuros, e olharmos ao nosso redor. Nós nos surpreenderemos ao ver a quantidade de homens e mulheres que, ainda que pensando muitas vezes de maneira muito diferente da nossa, e empregando um nome diferente para chamar a Deus, ou até mesmo dizendo que Deus não existe, fizeram de sua vida um serviço aos demais, ao seu bem-estar, à sua felicidade, à justiça e à fraternidade. É muito claro: eles também pertencem ao Reino. Jesus nos trouxe uma mensagem de um Deus que é a favor da vida do homem. E todo aquele que estiver a favor do homem e de sua vida está do seu lado.

Nós cristãos precisaríamos aprender a desempenhar o jogo da inclusão e evitar a todo custo o da exclusão. Porque Jesus não excluiu ninguém, mas juntou a todos. Hoje é o dia para nos sentirmos irmãos de todos aqueles que, independentes de sua fé ou ideologia, dedicaram-se a fazer o bem. Jesus está com eles e nós também.

Como olho para meus irmãos de outros grupos e movimentos? E para os de outras Igrejas? E para os de outras religiões? Eu os incluo ou excluo do Reino? Acredito em sua boa vontade?

27º domingo do Tempo Comum
(Gn 2,18-24; Hb 2,9-11; Mc 10,2-16)

Trata-a como tua própria carne!

A primeira leitura nos recorda como foi o princípio de tudo. Conta-nos de maneira romanceada.

Talvez não tenha sido exatamente assim, mas, o mais importante está nessa história: um homem e uma mulher se encontraram e reconheceram um ao outro. O olhar não se deteve nos olhos. Chegou ao coração. Começou aí uma história que chega até nossos dias. Ambos se sentiram chamados a formar uma só carne – não apenas em ordem à procriação –, depois a viverem unidos no amor e, assim, converter-se em sinal do amor com que Deus nos ama.

Mas, na prática, não tem sido sempre assim ao longo da história. A realidade é que o homem tem tratado mal a mulher muitas vezes. Durante séculos o homem não considerou a mulher como sua igual. No máximo uma companheira de cama, mas não alguém com dignidade para que estivesse no seu mesmo nível e com ele pudesse dialogar. O homem se tem sentido como dominador, e considerado a mulher como mais um dos seus pertences, mais um dos objetos à sua disposição. Em nossos dias existem muitos homens, ainda, que tratam as mulheres como objetos de prazer ou como escravas que devem manter a casa limpa e a comida pronta, mas às quais não é permitido decidir sobre nada, nem pensar, nem tomar decisões por si mesmas. Isso acontece em muitos países, mas também no nosso. Os maus-tratos, os abusos, as violações são sinais dessa realidade. Há muito sofrimento, às vezes calado e em silêncio, entre as mulheres de muitas famílias.

Jesus nos convida a voltar à criação. Para que percebamos que no início não foi assim. Deus criou homens e mulheres como iguais, são carne da mesma carne. Por isso, a mulher não pode ser mais uma propriedade do homem, da mesma forma que alguém tem um carro ou uma casa. Na primeira leitura, ouvimos como Deus encarrega o homem de pôr nome nos animais. E o homem o faz, mas se dá conta de que não estão no seu nível. São animais, não pessoas. É ao se encontrar com a mulher, criada a partir dele próprio, que diz: "Esta, sim, é osso dos meus ossos e carne de minha carne!" Na mulher o homem se reconhece e no homem, a mulher se reconhece. Ambos necessitam um do outro para gerar filhos, mas também para ser felizes, para viver na plenitude do amor para a qual Deus nos chamou.

Hoje que há tantos divórcios, que a família parece em crise, Jesus nos convida a voltar ao princípio, a redescobrir a vontade original de Deus e a tentar torná-la realidade em cada uma de nossas famílias. Desta forma cada matrimônio, cada família, se converterá num sinal do amor com que Deus nos ama a todos, núcleo em que a vida se recria diariamente no amor.

Conheço casos de violência familiar próximos de mim? O que tenho feito para ajudar esses casais a se respeitarem mutuamente? Em minha casa, o marido e a esposa se tratam com respeito e carinho? São sinais do amor de Deus para quem os vê?

28º domingo do Tempo Comum
(Sb 7,7-11; Hb 4,12-13; Mc 10,17-30)

O caminho da verdadeira felicidade

Basta ligar a televisão para ouvir que serei mais feliz se eu comprar o determinado carro ou que a solução de todos os meus problemas é oferecida por tal empresa. Se atendêssemos ao que dizem os meios de comunicação, a vida seria feliz e fácil para todos. Mas a realidade é diferente. Para muitas pessoas a vida é difícil, muito difícil. No trabalho e em casa. E, de vez em quando, surgem outros problemas: uma doença, uma morte, um membro da família que deixa o lar... Todos nós gostaríamos de encontrar a resposta mágica que transformasse nossa vida num remanso de paz, sem nada que nos preocupasse, e que nos conservasse distantes dos problemas e de tanto trabalho.

A primeira leitura nos fala de uma pessoa que se dirige a Deus para pedir sabedoria. Em vez de ligar a televisão ou o rádio, permanece em silêncio, coloca seu coração em Deus e suplica que lhe dê sabedoria. Essa pessoa sabe o que está fazendo. Compreende que a sabedoria é mais importante que o poder e a riqueza. Até mesmo mais importante do que a beleza e a saúde. Porque uma pessoa sábia entende como ser feliz e viver em plenitude no meio dos acontecimentos da vida do dia a dia. Aquilo que para outros são graves problemas, para o sábio são apenas ocasiões para amar mais, melhorar seus relacionamentos e se abrir a novas realidades, numa palavra, para viver melhor.

O Evangelho conta uma história que fala também da sabedoria. Um homem se aproxima de Jesus. Está preocupado em alcançar a vida eterna e pergunta a Jesus o que deve fazer. Já cumpre os mandamentos. Todos. Jesus, então, lhe abre novos horizontes. Se quiser ser feliz de verdade, possuir a vida eterna, tem que deixar tudo, ficar sem nada e centrar-se apenas no que vale a pena: seguir Jesus. É um grande desafio. Porque, para alcançar a verdadeira sabedoria, é preciso tornar relativo tudo aquilo que se tem. A vida não está nos objetos que possuímos, nem no cumprimento de todos os mandamentos. A verdadeira sabedoria está em reconhecer que tudo é um dom, um presente que Deus nos faz. E apenas quando nos voltarmos para Ele com as mãos vazias seremos capazes de acolher esse dom enorme que é a felicidade ou a vida eterna.

Para os ricos é difícil seguir por esse caminho. Estão muito preocupados com as coisas que têm. Passam o dia pensando como podem ter mais e como defendê-lo melhor. Sentem-se ameaçados pelos outros. Eles os veem como ladrões que querem roubar o que é seu. Apenas quando forem capazes de se livrarem das coisas que têm descobrirão no rosto do outro um irmão ou irmã e, dessa forma, perceberão que a felicidade está no encontro fraterno com os outros. Todos como irmãos entre nós e como filhos de Deus.

Onde acredito que esteja a verdadeira felicidade? Que caminhos percorri até agora para buscá-la? Quais têm sido os resultados de meus esforços?

Tenho o coração livre para encontrar-me com meus irmãos e irmãs?

29º domingo do Tempo Comum
(Is 53,10-11; Hb 4,14-16; Mc 10,35-45)

Ser cristão é viver a serviço dos outros

Há muitos que apenas se sentem bem quando se sentem poderosos, quando os outros os rodeiam cheios de admiração e inveja. Acreditam estar muito seguros. Têm poder e dinheiro e pensam que nada mais lhes faz falta na vida. Alguns acreditam também que a Igreja deveria ser igualmente poderosa. Assim, acham que ela seria mais respeitada e que muitas outras pessoas passariam a acreditar em Jesus e, dessa forma, resolveriam fazer parte dela.

Mas me atreveria a dizer que se enganam totalmente. É que lendo o evangelho de hoje percebemos que ser cristão não é uma questão de poder. Mais ainda. Jesus renunciou a todo o poder para fazer-se servidor de todos os homens e mulheres. Até dar a sua vida pela nossa salvação. Até esse ponto se fez nosso servo, nosso escravo. Jesus coloca-se como modelo para seus apóstolos: aquele que quiser ser grande, ou ser o primeiro entre eles, deverá servir a todos. Apenas assim os apóstolos se tornariam parecidos com o Filho do Homem, Jesus, que não veio ao mundo para ser servido, mas para servir e dar sua vida em resgate por todos.

A maneira de pensar de Jesus é diferente da forma de pensar no mundo. Entre nós, há pessoas com poder. Nota-se isso em suas roupas, no automóvel e na casa. Olham para os demais *de cima*. Desprezam aqueles que não são como eles. E, muitas vezes, aproveitam-se dos outros. Jesus tinha mais poder do que qualquer outro. Era o Filho de Deus. Teria podido viver como ninguém jamais viveu neste mundo. Mas não o fez. Em troca, nos veio oferecer o amor de Deus. E o fez de uma maneira prática. Não se contentou em dizer belas palavras. Saiu pelos caminhos, entrou nas aldeias, não evitou os doentes, mas deu-lhes palavras de alento e esperança e compartilhou de suas dores. No final de sua vida, lavou os pés de seus discípulos para lhes deixar bem claro que sua vocação era o serviço, passar a vida dedicando-se ao bem-estar dos outros, e não esperando que os outros o fizessem sentir-se bem.

Essa é a diferença entre Jesus e o nosso mundo. Jesus não se aproveitou de ninguém, mas se aproximou dos que sofriam e lhes deu tudo o que possuía. Jesus renunciou ao poder e à autoridade para encontrar-se frente a frente com cada um de nós e falar-nos do amor que Deus nos tem. Por isso, aquele que quiser ser o mais importante no Reino deve começar por se fazer servidor de todos. Não há outro caminho. Deixou-o muito claro para os filhos de Zebedeu.

E hoje nos diz com clareza: se quisermos felicidade, mais vale começamos a nos preocupar com o bem-estar e a alegria daqueles que estão ao nosso redor, porque apenas com eles seremos felizes. Imitando Jesus, encontraremos a verdadeira felicidade.

Acredito que Jesus escolheu o melhor caminho para nos salvar (fazer-se servidor de todos)? Eu me preocupo de verdade em tornar felizes os que me rodeiam – em especial minha família e meus amigos? Acredito que essa seja a melhor maneira de dar testemunho de Jesus?

30º domingo do Tempo Comum
(Jr 31,7-9; Hb 5,1-6; Mc 10,46-52)

Ver para crer

Os que vivem em situação de pobreza, de opressão e injustiça são aqueles que sabem apreciar de fato a libertação. Nisso se parecem com o cego que hoje nos mostra o Evangelho. Não é um cego como os demais. Há uma diferença-chave: é consciente de sua própria cegueira. Por isso é capaz de gritar quando Jesus passa e pedir-lhe que tenha compaixão dele. Talvez pudéssemos conjecturar que este não era cego de nascença, como outro que aparece nos evangelhos. Sabia o que era ver as coisas, o mundo e as pessoas. Quando ficou cego sabia o que estava perdendo. Por isso o seu sofrimento era maior. Ou simplesmente seus familiares lhe teriam falado o que era ver as coisas e os rostos das pessoas, os entardeceres e os amanheceres com todas as suas cores. Por isso grita quando Jesus passa. E quanto mais lhe dizem para se calar, mais grita. Era a sua oportunidade. Com seu grito, chama a atenção para sua limitação e sua pobreza. Mas o grito não é educado. Incomoda. Impede que os discípulos ouçam a voz de Jesus. Por isso, pedem que ele se cale.

Na nossa sociedade, às vezes, também é pouco educado revelar as nossas pobrezas e nossas limitações. Mas os pobres e os oprimidos, aqueles que sofrem a injustiça e a dor, estão sempre aí. Por mais que os retiremos dos nossos bairros, ou olhemos para outro lado quando se aproximam de nós. Penso nesse momento nos jovens delinquentes. Vivem no meio da violência. Fazem barulho e nos tiram o sossego. Tenho a impressão, porém, de que todas essas coisas que tanto nos incomodam – e a violência que elas provocam em nossos bairros – não sejam mais que uma forma de gritar sua miséria e sua necessidade de carinho. No fundo são apenas crianças necessitadas de uma família que as apoie, que as defenda e as faça se sentir seguras.

Jesus devolve a visão ao cego. Mas o milagre físico de lhe devolver a visão nos fala de outro milagre mais profundo. Parece que o cego começa a enxergar não apenas com os olhos, mas também com o coração. Diz o Evangelho que, "no momento em que recuperou a visão, colocou-se a seguir Jesus pelo caminho". Talvez haja poucos cegos, no sentido físico, entre nós. No entanto, é possível que haja muitos cegos de coração que não sabem ver onde está o verdadeiro caminho. Esse é o milagre que hoje temos de pedir a Jesus com todas as nossas forças.

Que nos cure o coração para que possamos acreditar verdadeiramente nele e enxergar o seu caminho, para que os gritos de ajuda dos que estão ao nosso lado não nos incomodem, mas que sejam chamados a viver a fraternidade tal como Jesus desejava. Ele nos dará a força e a graça de que necessitamos.

Quais são os gritos que ouço na sociedade? Como gritam os pobres de nosso tempo? O que eles dizem? Como posso ajudá-los a encontrar o caminho? Jesus pode ser uma ajuda nesse caminho? Como?

31º domingo do Tempo Comum
(Dt 6,2-6; Hb 7,23-28; Mc 12,28b-34)

Uma questão de amor

Todos nós estamos submetidos a normas e leis. Há regras para organizar o trânsito, a vida nas cidades, as relações entre as empresas e muitas outras coisas. Há também muitos mandamentos na Igreja. Acontece assim hoje e já sucedia há muitos anos. Por isso o escriba se aproxima de Jesus. Quer saber qual é o mais importante de todos os mandamentos. A resposta de Jesus é clara: o mais importante é o relacionamento com Deus e com os irmãos. Esse relacionamento é o mesmo nos dois casos. Deve ser uma relação de amor.

Primeira consequência: a Deus não se teme nem se adora. A Deus se ama. Nossa relação com

Deus é uma relação de amor simplesmente porque ele nos amou primeiro. Somos criação sua, obra de suas mãos. Nossa relação com Ele é tão profunda, ou mais, como a que temos com nossos pais. Apenas aqueles que tiveram a experiência da paternidade podem imaginar e, ainda assim, de maneira imperfeita, o amor que Deus tem por nós.

Segunda consequência: não há diferença entre a relação com Deus e com os irmãos. Isto é, amar é a única forma possível de nos relacionarmos com os irmãos. Qualquer outra forma de relacionamento está fora daquilo que Jesus nos mandou fazer. Não falamos de uma norma qualquer, mas da *mais importante*, tal como nos é assegurado pelo Evangelho. Para o cristão, pois, não é permitido sentir ódio, raiva, inimizade e inveja. O outro é sempre um irmão a quem devemos amar. É possível que não tenhamos chegado ainda a viver esse amor universal, mas pelo menos temos claro aonde devemos chegar. O horizonte é amar.

Mas, o que é amar? Alguns pensam imediatamente no sexo? Pobrezinhos! Falta-lhes muito ainda para aprender. Amar é muito mais. Tampouco tem a ver com possuir ou dominar alguém para que faça o que desejamos. Amar é aproximar-se do outro atendendo às suas necessidades, servi-lo. É colocar os interesses do outro na frente dos meus. E fazer isso gratuitamente, sem pedir nada em troca. Porque a felicidade de quem ama está exatamente na felicidade do outro. Na medida em que o outro é feliz, aquele que ama experimenta sua própria felicidade e plenitude.

Hoje, Jesus nos recorda que pode haver muitos mandamentos, mas todos se resumem em uma questão básica: amar. Aqueles que amam talvez não saibam muita teologia, nem tenham muita cultura, mas são os que estão mais próximos do Reino de Deus. Assim falou Jesus ao escriba. Desta forma, a Igreja nos recorda, hoje, o nosso principal mandamento.

Sou capaz de amar gratuitamente ou me deixo levar pelo egoísmo de meus interesses? O que significa, em concreto, para mim, amar minha família e meus amigos? O que posso fazer por eles de maneira concreta e que ainda não faço?

32º domingo do Tempo Comum
(1Rs 17,10-16; Hb 9,24-28; Mc 12,38-44)

Uma questão de generosidade

A primeira leitura nos conta uma antiga história de um profeta e de uma mulher. É tempo de grande seca. E se para todos são tempos difíceis, para os pobres – e uma viúva sempre o é – são tempos piores. O que pode fazer uma viúva pobre com um filho em tempos de seca? Nada mais do que esperar a morte quando acabar o pouco que há da colheita do ano anterior. Era isso que estava para acontecer com a viúva de Sarepta. No entanto, o profeta a convida a compartilhar esse pouco que ela tem. A viúva deverá ter pensado que era indiferente morrer um pouco antes ou depois e, com a generosidade que só os pobres têm às vezes, compartilhou o pouco que tinha com o profeta. A resposta foi o milagre: nem o azeite nem a farinha terminaram.

O evangelho de hoje tem duas partes. A segunda se parece muito com a da história da viúva de Sarepta. Diante dos ricos que doam muito dinheiro para o templo, há uma pobre anciã viúva que deposita apenas duas moedas. Nada mais. Certamente, essa contribuição não era muito importante para o templo. No entanto, Jesus não dá valor ao que a viúva oferece a partir da perspectiva econômica, mas sob outra perspectiva bem diferente. A viúva não ofereceu muito porque tirou daquilo que ela precisava para sobreviver. Sua contribuição em quantidade não é muita, mas em generosidade tem um valor incalculável. Aqui não se produz o milagre da viúva de Sarepta. Não sabemos se, ao chegar à sua casa, a anciã viúva encontrou sua bolsa de novo cheia com o suficiente para viver. Provavelmente, não. Mas o amor de Deus estava posto em seu coração. E isso é mais do que suficiente. Aquele que não acreditar que pergunte aos santos.

A outra parte do Evangelho, a primeira, registra algumas palavras de Jesus sobre aqueles que fazem da vida uma exibição e de si mesmos uma fachada. Não lhes importa viver, nem amar, nem nada fazer, a não ser para serem vistos, ocuparem os lugares de privilégios e de honra, serem aplaudidos e homenageados. Isso que existe no mundo da política ou da empresa existe também, diz Jesus, no âmbito religioso.

Neste mundo, os que agem assim são mais hipócritas, se é possível quantificar a sua relação com Deus como excusa para devorar os bens dos pobres. Dessa forma, Jesus põe em contraposição duas atitudes ante a vida: a dos que só buscam seu bem-estar – e para isso não hesitam em ludibriar e aparentar aquilo que não são e não têm – e a atitude daqueles que compartilhando tudo – sem medida, com absoluta generosidade, como a pobre viúva – têm um tesouro imenso em seu coração. Jesus nos vem dizer que viver em plenitude é uma questão de generosidade, de compartilhar sem medida, de não desejar monopolizar, mas de dar tudo o que se tem.

De que lado eu estou? Com aqueles que se aproveitam dos demais ou com aqueles que compartilham o que têm sem qualquer medida? Pratico a generosidade apenas com os amigos, com aqueles que me poderão devolver o favor? O que posso fazer para que minha generosidade chegue aos mais distantes?

33º domingo do Tempo Comum
(Dn 12,1-3; Hb 10,11-14.18; Mc 13,24-32)

Entre o temor e a esperança

Estamos quase no final do ano litúrgico e o evangelho de hoje nos traz algumas palavras um tanto estranhas de Jesus a seus discípulos. Jesus anuncia, ao que parece, acontecimentos terríveis. Se aquilo que

Jesus nos diz se cumprisse, deveríamos dizer que é o fim deste mundo que conhecemos e em que vivemos. Com o fim do mundo chegaria também o final de nossa vida. Não podemos interpretar de outra maneira a afirmação de que o Sol não oferecerá mais luz e de que as estrelas cairão do céu sobre a terra. Trata-se do anúncio do desastre final. Mais de um filme foi realizado nos últimos anos descrevendo esse final horrível do mundo e da vida que contém.

Mas, não devemos ler apenas o Evangelho. O Evangelho sempre deve ser lido junto a outras leituras que a Igreja nos oferece para nossa reflexão a cada domingo. Assim, na primeira leitura, tomada do livro do profeta Daniel, anunciam-se também *tempos difíceis*. Mas o tópico seguinte nos diz que serão tempos de salvação para o povo. Esse desastre final não será um desastre para todos. Alguns, os inscritos no livro, serão salvos para a vida eterna. Outros, para o castigo eterno. Aqui já nos parece que esse final não é igualmente terrível para todos. É mais, para o povo enquanto tal vai supor a salvação definitiva.

A segunda leitura oferece a chave para interpretar o que lemos. A carta aos Hebreus faz uma comparação entre os sacrifícios sacerdotais de outras religiões e o sacrifício oferecido por Cristo, isto é, a sua própria vida. Diz que os sacerdotes de outras religiões precisam oferecer muitos sacrifícios porque, como não podem alcançar o perdão dos pecados, continuamente se veem obrigados a aplacar a Deus pelas ofensas causadas pelos pecados dos homens. Mas Cristo, o supremo sacerdote da Nova Aliança, ofereceu um único sacrifício, sua vida, por nossa salvação. Com isso nos conseguiu o perdão dos pecados. Termina a leitura afirmando que "onde há perdão não há oferenda pelos pecados". Atenção para essa frase. Ela esclarece que a Nova Aliança, que Jesus selou com seu sangue, nos concedeu o perdão. Voltamos a ser recebidos como filhos de Deus Pai. Aquele Deus vingador e justiceiro de que falava o Antigo Testamento nos mostrou a sua face: a de um pai que perdoa e acolhe.

Este mundo passa. Nossa vida tem um final. Isso é assim e não o mudaremos. O fim do mundo e o fim de minha vida chegarão algum dia. O importante é saber que, acolhidos pelo perdão de Deus que nos é oferecido em Cristo, podemos ter acesso a uma vida nova, estamos salvos. Essa é nossa fé. Não há, pois, razão para temer.

Sinto medo de pensar em minha própria morte? Comporto-me de uma maneira digna de quem foi perdoado, salvo e acolhido por Deus como um filho seu? O que deveria mudar na minha vida diária para viver como filho de Deus? Comunico esperança aos demais com minha vida?

Cristo Rei
(Dn 7,13-14; Ap 1,5-8; Jo 18,33b-37)

Meu Reino não é deste mundo

No último domingo do ano litúrgico, nós católicos celebramos a solenidade de Cristo, Rei do universo. É uma forma de dizer que em Cristo este mundo chega à sua plenitude. Este mundo e nossa vida, certamente. Assim vemos nessas leituras. O filho do homem da primeira leitura, tomada do profeta Daniel, identifica-se com o Jesus ressuscitado, que venceu a morte e a quem se deu autoridade sobre todo o universo. Seu reino não terá fim. A leitura do Apocalipse nos oferece uma mensagem parecida. Jesus Cristo nos libertou de nossos pecados por meio do seu sangue e nos converteu em um reino fazendo de todos nós sacerdotes de Deus, seu Pai. Nós o vemos chegando em glória. É o princípio e o fim, o Todo-Poderoso. Todas essas afirmações fazem parte de nossa fé. Cremos em Jesus, acreditamos que venceu a morte e entrou na vida nova, que lhe ofereceu seu Pai. Com ele também nós vencemos a morte e com ele entraremos na nova vida que o Pai nos oferece. Esse Reino cujo centro é Jesus é o reino de todos, lá onde não haverá mais lágrimas nem pranto, onde nem a morte nem a dor terão nenhuma força.

Mas esse Reino não é deste mundo. Essa é a mensagem que nos comunica o evangelho de João. Encontramos Jesus no momento crucial de sua vida. Não está pregando tranquilamente aos seus discípulos pelos caminhos da Galileia. Tampouco está cercado por uma multidão que o ouve feliz. Jesus está sendo julgado por Pilatos, representante do Império Romano, após ter sido detido. Sabe que seu fim mais provável é ser torturado e condenado. Parte do julgamento é o interrogatório do acusado. Pilatos não está preocupado com os reinos celestiais. Preocupa-se com os que desejam ser reis neste mundo e, dessa forma, representam uma ameaça para a autoridade romana. Por isso, pergunta-lhe se acredita ser o rei dos judeus. Trata-se de apenas mais uma das perguntas do interrogatório. Mas Jesus responde a Pilatos de uma maneira que este não consegue compreender: "Meu reino não é deste mundo".

Jesus afirma que é rei, mas de uma maneira diferente. Seu reino de Jesus não leva à dominação e à opressão dos súditos. O reino de Jesus é o reino da verdade. Lá onde todos nos encontramos com nossa verdade mais íntima: que somos filhos de Deus-Pai que quer nosso bem, que os demais são nossos irmãos e irmãs. Essa verdade será revelada algum dia. O dia em que seremos capazes de reconhecer em nossos corações essa profunda verdade. Nesse dia, nesse momento, faremos parte do Reino de Jesus. E ele, testemunha da verdade, reinará em nossos corações, que é o verdadeiro lugar onde quer reinar. No dia em que todos nós o reconhecermos, cumprir-se-ão, definitivamente, as profecias das duas primeiras leituras.

Como se comportam as autoridades deste mundo em relação aos seus súditos? Como me comporto com as pessoas pelas quais sou responsável? Como Jesus se comportaria? Como deveria me comportar com os outros se acredito que sou filho de Deus e irmão dos outros?

Ano C

TEMPO DO ADVENTO

1º domingo do Advento
(Jr 33,14-16; 1Ts 3,12;4,2; Lc 21,25-28.34-36)

Da espera à esperança

Começa o advento. É tempo de preparar o Natal, quando celebraremos o nascimento de Jesus. Nesse tempo, aflora o coração da criança, às vezes submerso pelas muitas preocupações, problemas e trabalhos. As quatro semanas do Advento, porém, são muito mais do que um tempo de preparação para essa celebração. A espera do aniversário do nascimento de Jesus nos situa na mesma tensão vivida pelo mundo e a criação inteira ante o nascimento do Messias. Dois mil anos atrás um arrepio tenso percorreu o mundo. O Salvador estava prestes a chegar. Agradar-nos-ia que a salvação prometida em Jesus fosse completa desde já. E esta é, exatamente, a tensão em que iremos viver nessas quatro semanas. A espera da celebração do nascimento mistura-se à esperança de que o Senhor Jesus venha definitivamente aos nossos corações e ao nosso mundo.

As leituras que a liturgia nos propõe nestes domingos, sobretudo nos dois primeiros, desejam animar essa esperança. Sabemos que vivemos no *já* da fé, mas no *ainda não* de sua manifestação plena. Porque sabemos que acreditamos, mas que não somos capazes de praticar completamente a fé que temos. Porque cremos que Jesus, ao ressuscitar, libertou-nos da morte, mas ainda temos que passar por esse trago amargo. Há muita dor e sofrimento neste mundo. Por tudo isso, desejamos vivamente que se cumpra a palavra de Jesus: que seu reino chegue a nós. Do nosso coração sai continuamente um "vem, Senhor Jesus!". Isso é viver na esperança.

A primeira leitura deste domingo e o Evangelho nos colocam nessa disposição. Vem o Senhor e com Ele traz a justiça e o direito. A paz será uma realidade para todos (primeira leitura). No Evangelho ressoa, ainda, o eco dos anúncios apocalípticos que ouvimos domingos atrás. Mas há uma mensagem nova que encerra o ciclo e confere sentido a tudo aquilo que foi dito nessas mensagens: "Quando começar a acontecer isso, levantem-se, ergam a cabeça, pois se aproxima a libertação". Desta forma, a esperança supera o temor.

Mas precisamos ir à segunda leitura para encontrar a chave que nos informe como devemos viver este tempo de esperança. Paulo nos pede que transbordemos de amor recíproco. Essa será a forma como, quando Jesus chegar, nos encontrará santos e irrepreensíveis. Uma vez mais é o amor a característica que há de encher a vida do cristão. Sua esperança há de se manifestar em uma especial capacidade de amar aos que vivem perto dele. Porque aquele que espera por um Deus que é amor e reconciliação vive já sob a lei do amor e da reconciliação. Caso não seja assim, é porque sua esperança não é verdadeira.

Sinto as dores e os sofrimentos dos meus irmãos e irmãs como se fossem meus? Como poderia ir me preparando para a celebração do nascimento de Jesus? Que sinais de esperança posso oferecer em minha comunidade ou paróquia?

2º domingo do Advento
(Br 5,1-9; Fl 1,4-6.8-11; Lc 3,1-6)

Aqui e agora, neste momento

A esperança tem um tempo concreto. A esperança não é algo que resida sempre num futuro enevoado e sem formas. A esperança condiciona nossa maneira de viver aqui e agora. A esperança nos faz pensar em algo que dá sentido àquilo que acontece aqui e agora, neste momento, na minha vida e dos meus irmãos, no mundo e no universo. No Advento nossa esperança, a confiança em que este nosso presente tem sentido, encontra suas raízes no relato, repetido a cada ano e nunca completamente assimilado, do nascimento de Jesus. Para essa recordação se orienta todo o Advento.

Falta-nos, porém, percebermos que o relato do nascimento de Jesus não é um mito da antiguidade. Não é uma história inventada para justificar certos comportamentos ou crenças. Trata-se de algo que aconteceu em um determinado momento histórico e em um lugar geográfico concreto. O nascimento de Jesus é a encarnação de Deus. E essa encarnação é real. Não é uma visão. Não é uma novela de ficção. Não é um sonho. Jesus foi um personagem histórico. Relacionou-se com pessoas concretas. O Evangelho de Lucas se esforça por apresentá-lo ligado aos acontecimentos históricos do seu tempo. Se Jesus foi batizado por João, então, Lucas nos diz que João iniciou o seu ministério profético "no ano quinze do reinado do Imperador Tibério". E fornece, ainda, outras informações históricas.

Não é demais recordar que a encarnação situa Deus em nossa história, em um tempo e momento concretos. Isso significa que nossa vida cristã – que se desenvolve e se desdobra a partir da fé e da esperança na salvação que Deus nos oferece em Jesus – atua e se experimenta no concreto de nossa história.

O Advento nos faz descer das alturas, nos faz deixar o silêncio de nossos quartos e capelas, de nossas igrejas e rituais. Convida-nos a ir para a rua e nos misturarmos com o barulho das pessoas, dos carros, dos vendedores, dos pobres que pedem esmolas e das sirenes da polícia. O Advento nos recorda que é aí onde encontramos Deus. O primeiro sacramento, o mais autêntico e real de todos, é a pessoa humana. Qualquer pessoa humana é um sinal da presença de Deus. Quando Deus decidiu aproximar-se de nós, assumiu um rosto real, o rosto de Jesus. Desde então, qualquer rosto – e, talvez, com maior veemência os rostos mais sujos, mais desgarrados e mais sofredores – é sacramento da presença de Deus entre nós. Hoje, aqui e agora, voltamos nosso olhar para os nossos irmãos e irmãs e descobrimos que Jesus, aquele que vem, confere sentido ao nosso compromisso de fazer do mundo um lugar mais justo e mais fraterno.

Estou consciente de que minha vida cristã é feita na relação com os meus irmãos e irmãs? Vejo neles a presença de Deus me chamando para construir seu Reino? Eu me comportaria de outra forma se visse Jesus em seu rosto? Quais seriam as diferenças?

3º domingo do Advento
(Sf 3,14-18a; Fl 4,4-7; Lc 3,10-18)

Uma esperança alegre e comprometida

Se o evangelho de domingo passado situava o nascimento de Jesus e, com ele, o começo da Nova Aliança em um momento histórico concreto, as leituras de hoje nos falam da necessidade de vivermos o Advento real, aqui e agora, de nossas vidas. O Natal já está próximo e preparar nossa comunidade, nossa família e minha própria pessoa, para essa celebração exige certa dedicação e atenção.

As duas primeiras leituras nos falam de uma atitude fundamental para o período do Advento: a alegria. A leitura de Sofonias começa com um convite para que levantemos a cabeça e o coração: "Solta gritos de alegria, filha de Sião! Solta gritos de júbilo, ó Israel". Há uma razão fundamental para que possamos desfrutar dessa alegria. Como disse o mesmo profeta: "O Senhor revogou a sentença pronunciada contra ti... Ele exulta de alegria a teu respeito". E termina com a única conclusão possível: "O Senhor te renova o seu amor". O que se aproxima, o que iremos celebrar dentro de alguns dias, é o começo da história de nossa libertação definitiva de tudo quanto nos oprime, nos aprisiona e não nos permite sermos pessoas. O que nos liberta é precisamente esse amor que Deus tem por nós. A segunda leitura incide na mesma ideia. Paulo pede aos filipenses, e também a nós, que estejamos alegres no Senhor. Podemos confiar totalmente nele – nada há de nos preocupar – e a paz de Deus habitará em nossos corações. A razão continua sendo a mesma: o Senhor está próximo e a nossa libertação vem a caminho. Essa é a verdadeira e mais profunda razão para a alegria e a alegria do cristão.

O Evangelho nos oferece outra perspectiva da mesma realidade. A alegria se expressa no anúncio da Boa-Nova da salvação, realizado por João Batista. Mas a acolhida dessa notícia não pode nos deixar indiferentes, pois há consequências para nossa vida. Assim como os que escutavam João Batista lhe perguntaram o que deviam fazer, hoje também nós podemos fazer a mesma pergunta. A resposta de João não foi igual para todos. João levou em consideração as diversas situações de cada pessoa. A alguns pediu para compartilharem aquilo que tinham, a outros para praticarem a justiça, e a outros para não causarem nenhum mal a quem quer que fosse e não abusarem de seu poder. Agora nos cabe observar com atenção nossa vida e perguntarmos o que temos de fazer. Talvez a resposta não seja a mesma para todos. E caberá a cada um ser honesto e aplicar sua resposta à sua própria vida. Em todo caso, é preciso saber da urgência de fazê-lo porque aquele que nos "batizará no Espírito Santo e no fogo" já está próximo. Nossa alegria não pode acontecer se não houver verdadeiramente uma mudança, uma verdadeira conversão. Se acolhermos a Boa-Nova no coração, ela transformará a vida e nos auxiliará a descobrir a verdadeira satisfação: "Aquele que vem é aquele que nos ama".

Como poderia viver e expressar a alegria nestes últimos dias do Advento e no Natal que se aproxima? Em que situações concretas de minha vida eu deveria modificar-me se desejo acolher verdadeiramente Jesus que vem? Na relação com os outros, com minha família, comigo mesmo?

4º domingo do Advento
(Mq 5,1-4a; Hb 10,5-10; Lc 1,39-45)

Já quase estamos lá

O quarto domingo do Advento já nos permite entrever as portas do Natal. Este tempo de preparação, que começa com a perspectiva da vinda do Reino, termina concentrando-se num ponto concreto da história, de nossa história. Para lá convergem as promessas dos profetas. Lá se juntam agora nossas lembranças. Todos os olhares estão voltados para Belém. A verdade é que Belém é, por enquanto, um cenário vazio. Até mesmo os protagonistas de nossa história, José, Maria e a criança que está em seu ventre, dirigem-se para Belém. Não é mais que uma aldeia. O profeta Miqueias nos diz na primeira leitura que Belém é "pequenina entre os mil povoados de Judá". No entanto, essa é a pequenez que Deus escolheu para se fazer presente entre nós. Ali, em um lugarejo perdido e escondido, o céu se juntará com a terra e o impossível se tornará realidade: Deus se fará carne num menino recém-nascido.

Desde então, nossa relação com Deus mudou para sempre. Naquele momento, descobrimos que adorar a Deus não significa oferecer sacrifícios ou oferendas. Não é preciso oferecer a vida dos animais nem nossa própria. Não estamos aqui para morrer por Deus, mas para viver por Ele. Aqui estamos para "realizar a sua vontade", tal como diz a leitura da carta aos Hebreus. E a vontade de Deus é que vivamos; que sejamos felizes; que cresçamos e amadureçamos no uso de nossa liberdade e que nos respeitemos uns aos outros porque todos somos membros de sua família, a família do *Abá*.

Mas antes que chegue esse momento – tão próximo do Natal – a liturgia nos convida a lançarmos um olhar para a mãe, Maria. Maria está alegre, feliz. Sente que a vida cresce em seu ventre e que essa vida é fruto do Espírito de Deus. Algo novo está crescendo nela e esse algo é para toda a humanidade. Essa alegria é expansiva. É preciso comunicá-la, compartilhá-la. Por isso se dirige às montanhas de Judá para encontrar-se com sua prima, também grávida.

Nesse encontro de família, Isabel, a prima, diz palavras inspiradas pelo Espírito de Deus que hoje chegam até nosso coração: "Bendita és tu entre as mulheres e bendito é o fruto do teu ventre... Bem-aventurada és tu que creste". Dessa forma, Isabel expressa com perfeição o que Maria está vivendo. A fé a faz viver de outra maneira. A fé ajuda a compreender a realidade a partir de uma perspectiva nova e mais profunda. Aquele que vive na fé – como Maria – vive abençoado por Deus. E tudo o que toca e diz se converte em bênção para o crente e para os que estão a seu lado. Porque reconhece, no íntimo de seu coração, que o amor de Deus instalou-se no nosso mundo. Que nossa alegria neste Natal seja fruto da fé cheia de alegria no Deus que se encarna em Jesus.

Que posso fazer nesta última semana para preparar o Natal? Vou vivê-la com a alegria da fé ou com a do consumo de coisas supérfluas? Como posso abençoar aqueles que estão ao meu lado, a minha família, os meus amigos, e a minha comunidade?

Tempo do Natal

25 de dezembro. Natal
(Is 52,7-10; Hb 1,1-16; Jo 1,1-18)

Uma criança nasceu para nós

Para muitas pessoas o Natal é uma festa triste. Pelo menos, é o que dizem. Talvez devido à parafernália que pusemos ao redor dela – a família, os presentes, as luzes nas ruas e, sobretudo, a quase obrigação de ser feliz e carinhoso com todas as pessoas nesses dias. Tudo isso cai sobre nós como uma armadilha. Assim, seria necessário dizer que o que nos deixa tristes não é o Natal, como celebração do nascimento de Jesus, mas tudo aquilo que a nossa sociedade foi colocando ao lado e acima do Natal. E tanto é assim que às vezes o real significado da celebração do Natal permanece oculto. Ficamos na superfície porque o barulho não nos permite chegar ao que é mais profundo e autêntico.

O Natal é a memória prazerosa do nascimento de Jesus. Marca um momento histórico em que o nosso mundo toma, de maneira irremediável, uma nova direção. Como nos diz o profeta Isaías na primeira leitura, "o povo que andava nas trevas viu uma grande luz... um menino nos nasceu" (9,1;5). De repente, o nosso mundo, envolto em trevas, descobre uma luz que brilha por si mesma e que dá calor e vida. Não é, ainda, mais que uma pequena luz no horizonte, mas é uma promessa de um sol que afugentará as trevas e nos dará a luz e o calor necessários para que a nossa vida chegue à sua plenitude.

No Natal celebramos um acontecimento simples e corriqueiro – "um menino nos nasceu". Mas nesse acontecimento a fé nos diz que "surgiu a graça de Deus" no mundo; (cf. segunda leitura). O relato de Lucas, lido na Missa da meia-noite, não pode ser mais simples e direto. Mas há quem consiga ver nessa imagem de abandono e de pobreza – o menino teve de nascer em um estábulo porque os seus pais eram pobres e não foram recebidos na pousada – com os olhos da fé e por isso dá graças a Deus. Assim são os pastores, aos quais é anunciado que nasceu um salvador para o povo, mas o sinal é tão-somente que encontrarão um menino recém-nascido em uma manjedoura. E assim é Maria, a protagonista central da história, a mãe da criatura, que tudo guardava em seu coração.

Hoje fazemos memória daquele pequeno sinal com o qual Deus nos mostrou, mais uma vez, seu amor por nós. Hoje ressoa em nossos ouvidos aquele texto de João: "Deus amou tanto o mundo que lhe entregou seu próprio filho...". Hoje com os olhos da fé, vemos naquele pequeno sinal envolto em panos o início de nossa história com Deus, como seus filhos, como destinatários preferenciais de seu amor. Hoje nos alegramos com a alegria simples dos pastores. Hoje avivamos a esperança em nossos corações e olhamos nossa família e nossa comunidade com a confiança de que Deus atua sobre cada um deles, de que Deus nasceu também neles, de que, ainda que nos custe, nada é igual depois da celebração do nascimento de Jesus.

Sagrada Família
(Eclo 3,3-7.14-17a; Cl 3,12-21; Lc 2,41-52)

Uma família marcada pelo sofrimento

Celebrada imediatamente após o Natal, esta festa nos convida a considerar a família formada por Jesus, Maria e José. Em primeiro lugar, nos recorda uma vez mais que o ato da encarnação teve lugar em nossa história. Não apenas em um lugar e tempo concretos, mas, também, em uma família concreta. Maria e José foram a mulher e o marido da família em que Jesus nasceu, cresceu e amadureceu fisicamente e como pessoa.

Somos tentados a pensar nessa família a partir daquilo que hoje acreditamos que seja o ideal de família. Se para nós parece que x é bom para uma família, então esse valor x esteve presente naquela família de Nazaré. Nós imaginamos a vida daquela família cheia de harmonia, amor e paz. Imaginamos José trabalhando em sua oficina e Maria na cozinha, enquanto que Jesus brinca ou está na escola. Tudo isso não é mais que projeções de nossa realidade numa outra realidade sobre a qual pouco conhecemos e da qual os evangelhos nos falam menos ainda. Na hipótese de que os poucos dados que temos sejam históricos – já se sabe que os evangelhos da infância têm muito mais de composição teológica que de história fiel aos fatos –, a vida daquela família foi realmente cheia de contratempos. José teve de receber Maria quando esta se encontrava grávida sem sua participação. Não deve ter sido fácil esse começo da relação. Em seguida, houve o nascimento em Belém. O texto nos fala da pobreza em que viviam. Ninguém os recebeu! E a extrema pobreza não costuma fazer parte do ideal de uma família. Não apenas isso. A família viu-se obrigada a emigrar para o Egito. Refugiados políticos! Hoje conhecemos como é dura a vida dos imigrantes. Muito mais difícil seria naqueles tempos em que, absolutamente, não havia as organizações e leis que hoje, bem ou mal, destinam-se a acolhê-los e tornar-lhes, em certa medida, a vida mais fácil. Do pai, não se volta a falar nos evangelhos e, por mais que nos empenhemos, verificamos, em alguns dos textos, que houve certa distância entre Jesus e sua família devido à sua missão. O mesmo se pode dizer do evangelho de hoje, talvez uma parábola daquilo que ocorreu quando Jesus chegou à maioridade.

Assim sempre tem sido a família ao longo dos séculos e das culturas. Uma realidade sempre em transformação, sempre submetida a pressões diversas e dificuldades. Nesta festa, talvez o mais importante não seja tratar de impor os nossos ideais, isto é, aquilo que acreditamos ser bom para a família, mas nos comprometermos a auxiliar todas as famílias sofredoras; sermos mais compreensivos com aqueles que não se encaixam em nossa ideia de família e acolher aos que estão sozinhos procurando abrir-lhes as portas de nosso coração, mesmo que não sejam de nossa família. Porque a família dos filhos de Deus é maior que a família de laços de sangue.

Como é o meu relacionamento com minha própria família? Percebo que em Jesus a minha família ampliou-se até abraçar a humanidade inteira? Como pratico o acolhimento e o amor para com eles, meus irmãos e irmãs do mundo inteiro, sobretudo aos que mais sofrem?

1º de janeiro. Maria, Mãe de Deus
(Nm 6,22-27; Gl 4,4-7; Lc 2,16-21)

Bendizer e glorificar

Hoje é o primeiro dia do ano. Temos 365 dias pela frente para vivermos, para sermos felizes unidos aos nossos irmãos e irmãs. Qual é a melhor forma de vivermos esses dias senão glorificando e louvando a Deus e bendizendo os nossos irmãos e irmãs? Essa é a melhor maneira de se viver um ano em paz. Hoje, a Igreja nos propõe Maria como exemplo. Ela acompanhava tudo o que acontecia e o guardava em seu coração. Sabia ver a mão de Deus em tudo e, por isso, as suas palavras eram sempre de bênção e jamais de maldição. Assim nos diz o evangelho de hoje. Relata a adoração dos pastores. O mais importante é que todos os personagens que aparecem no relato *sentem-se maravilhados e glorificam e louvam a Deus*. Parece que são capazes de ver para além das aparências. Pois, de fato, as aparências são realmente pobres. Apenas um menino recém-nascido reclinado em uma manjedoura em um estábulo. É preciso estar demasiadamente marginalizado, ser muito pobre, para que em um momento como esse se deixe uma mulher abandonada daquele jeito. Não há dúvida de que os anjos tinham despertado os pastores de seus sonhos e lhes tinham dito que aquele menino era o Messias. Por isso, louvavam e glorificavam a Deus. Maria guardava tudo isso em seu coração. De um coração tão cheio de Deus não poderiam sair palavras ruins e nem maus pensamentos. Maria é abençoada e, por isso, é capaz de abençoar e de glorificar a Deus. Naquele menino, em seu filho, Maria via o Salvador, aquele que nos ia libertar da escravidão para nos transformar em filhos.

Hoje também temos que saber ver no coração das coisas. Nosso olhar deve ser capaz de ir mais além da superfície (às vezes disforme, feia e dolorosa) dos acontecimentos para ver em seu interior a presença de Deus que nos salva. Ao nos encontrarmos com os outros, quando por vezes vemos alguém que nos ameaça, enxergaremos um irmão ou uma irmã, isto é, um filho de Deus. Veremos com os olhos da fé a obra que Deus está realizando em seu coração e não poderemos mais que *louvar e glorificar a Deus e bendizer (dizer o bem)* dele ou dela.

A primeira leitura nos lembra uma antiga bênção que os cristãos deveriam aprender de cor para repeti-la muitas vezes, os pais aos filhos, os filhos aos pais, os vizinhos aos amigos, e os amigos entre si: "O Senhor te abençoe e te guarde, que o rosto de Deus resplandeça sobre ti e te conceda aquilo que pedes e que te seja dada a paz". Se estas palavras brotassem de nosso coração cada vez que nos encontrássemos com alguém, provavelmente haveria muito menos violência em nosso mundo e a paz reinaria em nós e na sociedade. Porque o outro é um filho de Deus como eu.

6 de janeiro. Epifania do Senhor
(Is 60,1-6; Ef 3,2-3.5-6; Mt 2,1-12)

Entre o triunfo e a traição

Epifania significa manifestação. Refere-se à manifestação de uma glória que estava oculta. Hoje é a festa da Epifania porque é manifestação do Salvador para toda a humanidade. A festa de hoje é o ponto alto do Natal. O menino, nascido em um estábulo e reclinado em uma manjedoura, é reconhecido como o Salvador, o Messias esperado, primeiramente pelos pastores. Foram os primeiros que se aproximaram para adorá-lo. Os pastores representam o povo de Israel. *Glorificaram* e *louvaram a Deus* por terem visto o menino. Hoje são uns magos do Oriente os que se aproximam para visitar o menino. Provêm de terras distantes e fizeram uma longa viagem, guiados por uma estrela. Querem adorar o rei dos judeus que, dizem, acaba de nascer.

A tradição deu nomes a estes magos: Melquior, Gaspar e Baltazar. Além disso, os fez pertencer às três principais raças da terra: branca, amarela e negra. Transformou-os de magos em reis. E, assim, a tradição interpretou de maneira perfeita e floreou a intenção do evangelista. De uma forma tão plástica e tão clara, nos dizia que os magos eram representantes de todos os povos e raças da terra e que chegaram a Belém para adorar não apenas o rei dos judeus, mas aquele que reconheciam como rei e senhor de toda a humanidade. Os presentes que lhe levaram – ouro, incenso e mirra – são uma mostra desse reconhecimento. São presentes próprios de um rei, que em nenhum caso se faziam a outra pessoa.

Mas nessa grande cerimônia de reconhecimento do Salvador por todos os povos da terra há um dado importante que devemos considerar. O Salvador de todos os povos, aquele que é adorado como rei, é apenas uma criança que está num estábulo deitado em uma manjedoura. Não é um rei à maneira dos demais reis. É muito diferente. Precisamos prestar atenção para ver como será o seu reinado quando crescer.

Além disso, há outro dado importante, nesse momento da *Epifania*, de manifestação do Salvador ante todos os povos, já está presente a traição. Herodes teme que o novo rei lhe vá tirar seu poder.

Apesar de ser uma simples criança indefesa. Herodes sente-se ameaçado. Já está aqui presente em germe a traição que conduzirá Jesus até a cruz.

Também nós reconhecemos em Jesus o Salvador de nossas vidas, aquele que nos devolve a esperança. Com os magos nós o adoramos e o confessamos como nosso Salvador.

Hoje é dia de alegria, é dia de celebrar em família nossa fé em Jesus. Seria bom que em algum momento do dia nos reuníssemos em família e fizéssemos uma breve adoração a Jesus recém-nascido. Talvez seja o momento de abrir os presentes?

Batismo do Senhor
(Is 42,1-4.6-7; At 10,34-38; Lc 3,15-16.21-22)

A criança cresceu

O Batismo do Senhor, a festa que hoje celebramos, marca o começo da vida pública de Jesus. Não sabemos, com certeza, quantos anos tinha nesse momento. A tradição nos diz que teria então cerca de trinta anos. Em todo caso, parece que Jesus viveu durante parte de sua vida oculto, sem se manifestar aos que se aproximavam dele, sem se diferenciar em nada de qualquer outro judeu que vivia durante aqueles dias na Galileia.

Mas, de repente, algo acontece que o faz deixar a casa em que vivia e a tranquilidade do lar familiar, do trabalho seguro, da companhia de seus conhecidos e familiares, e se aproximar de João Batista. Possivelmente a fama de João Batista estendia-se por toda Judeia e Galileia. Pregava a proximidade da chegada do Messias e convidava o povo a converter-se de seus maus caminhos para se preparar perante sua vinda iminente.

O que Jesus pensou diante dessa pregação? Não o sabemos, mas é claro que Jesus ante João tomou consciência de quem ele era e de qual era sua missão. Percebeu que havia chegado o tempo de deixar sua casa e ir pelos caminhos para pregar o Reino de Deus. Não foram decisões imaturas, próprias de uma criança. Foi uma decisão séria e radical de uma pessoa adulta que assume as rédeas de sua vida e dirige-se para onde quer. Seu destino final, a morte na cruz, não foi um acidente. Foi fruto desta decisão de Jesus de disponibilizar toda a sua vida a serviço do Reino.

O Batismo de Jesus marca esse momento transcendental, de mudança, que determina seu futuro. Antes de seu Batismo, é certo que Jesus dedicou-se seriamente em refletir sobre sua vida e em sua missão. Quando o viu com clareza, então tomou a decisão. Apresentou-se a João e se fez batizar. E do mesmo céu chegou a confirmação de sua missão: "Tu és meu Filho, o amado". A partir de então, sua vida teve uma reviravolta total.

Nós fomos batizados ainda recém-nascidos. Não foi fruto de nossa decisão, mas de nossos pais. Mas, nunca é tarde para pensarmos se realmente desejamos assumir aquele batismo como nosso. Para dizê-lo de uma maneira bem simples: "Desejamos ser verdadeiramente cristãos? Porque não vale a pena ficarmos na mediocridade. Precisamos tomar a sério nossa vida para não sermos cristãos *de domingo*, mas em todos os dias e a todas as horas.

Quais as recordações que tenho dos batismos que assisti? O que penso a respeito do meu próprio batismo? O que significa, para mim, ser cristão? Basta ir à Missa aos domingos, ou nem mesmo a todos, ou ser cristão significa algo mais?

TEMPO DA QUARESMA

1º domingo da Quaresma
(Dt 26,4-10; Rm 10,8-13; Lc 4,1-13)

Quem somos?

Quando os israelitas chegaram à terra prometida – depois de seu longo peregrinar pelo deserto –, receberam do Senhor a ordem de guardarem memória de seu passado. É o que nos recorda a primeira leitura. Os israelitas jamais deveriam se esquecer de que tinham sido escravos no Egito, de que o Senhor Deus os havia libertado de lá com "mão forte e braço estendido" e os tinha conduzido a uma terra que manava "leite e mel". Guardar essa memória não era um exercício inútil, pois lhes fazia saber quem eles eram. Durante os conflitos e momentos difíceis pelos quais os israelitas deveriam passar, sempre teriam a certeza de que Deus continuaria ao lado deles, como tinha estado quando os havia tirado da escravidão no Egito.

Porque nossa identidade está constantemente ameaçada. Vemos no Evangelho que a identidade de Jesus é ameaçada pelo demônio, pelo tentador. Este deseja comprar Jesus com a promessa de riquezas e de poder. Tudo isso para que Jesus renuncie à sua identidade e à sua missão. O fato de Jesus manter-se firme diante do demônio e de suas tentações tornou possível o cumprimento de sua missão, ou seja, que fosse nosso Salvador e que desse testemunho do amor que Deus Pai tem, sem exceção, por todos os homens.

Nossa identidade é complexa. Somos cristãos, mas também temos uma cultura própria, pertencemos a um povo e temos uma história. Ao irmos assumindo as transformações que são produzidas em nossa própria cultura, corremos o risco de abandonar e desdenhar nosso próprio passado. Essa é a grande tentação de nossa época. Como tentou ao Senhor, o demônio nos tenta com riquezas e poder, com a sedução de outras tradições que podem nos levar ao desprezo da nossa própria. Que grande erro seria nos esquecermos de nossas raízes, de nossa identidade! Sem as raízes as árvores morrem. Sem identidade as pessoas se perdem.

Parte de nossa herança como povo é a fé cristã. Acreditamos que o Deus de Jesus Cristo é nosso Pai, nos ama e procura nosso bem. Ao iniciarmos esta Quaresma, convém reafirmar nossa identidade, reencontrarmos nossa herança para que possamos reforçá-la. Não para nos colocarmos contra alguém, mas para poder compartilhar aquilo que é nosso com todos. Não há culturas inferiores nem superiores. São simplesmente diferentes. E no diálogo todos nos enriquecemos. Mas não há diálogo possível se não valorizamos aquilo que é nosso, se nos envergonhamos de nosso próprio passado.

O demônio tentou roubar a identidade de Jesus. Não o conseguiu. Que seu exemplo nos sirva para que consolidemos ainda mais aquilo que é nosso e, orgulhosos de nossa herança, saibamos compartilhá-la com todos os povos da terra.

Senti-me alguma vez envergonhado do que sou, de meu passado, de minha família, de minha cultura? O que deveria fazer para sentir-me orgulhoso de tudo isso? Vivo a minha fé com alegria e satisfação e como parte fundamental de minha identidade?

2º domingo da Quaresma
(Gn 15,5-12.17-18; Fl 3,17–4,1; Lc 9,28b-36)

Revitalizar a nossa fé

Se no domingo passado recordávamos nossa identidade cristã como parte fundamental de nosso ser, as leituras deste domingo nos convidam a tomar consciência de que não possuímos, ainda, essa identidade. Embora a tenhamos recebido como herança, precisamos torná-la nossa. A fé nos foi dada por termos nascido em uma família cristã; a fé pertence à nossa herança cultural, mas é nossa obrigação transformar essa herança em uma realidade viva. Da mesma forma que nossos antepassados a viveram e por meio deles, de seu testemunho vital, a recebemos, igualmente, apenas seremos capazes de entregá-la à próxima geração na medida em que a fé faça parte de nossa vida cotidiana.

O evangelho de hoje nos conta a história da Transfiguração. O fato de que Jesus tenha se transfigurado diante dos apóstolos deixa claro que eles não possuíam ainda a fé plena. Não eram capazes de vê-lo ainda com os olhos da fé. Eles o viam apenas como um homem. Um grande homem com certeza, mas apenas um homem. Jesus transfigura-se diante deles para que percebam quem ele é. Resta ainda aos apóstolos um longo caminho de amadurecimento na fé, de crescimento ao lado de Jesus e de aprendizado de vida de acordo com o Evangelho. O melhor disso tudo é que Jesus não os deixa sozinhos nesse processo. Está ao lado dos apóstolos, acompanha-os, ajuda-os e os orienta. É paciente com seus erros. Quando caem, levanta-os e os anima para que continuem caminhando com ele. A transfiguração não é mais que uma etapa no seguimento de Jesus. Sobem ao monte e logo descem. Continua o caminho, às vezes difícil, mas os apóstolos sabem agora que têm Jesus com eles. Que não os abandonará.

Estamos em uma situação parecida. Recebemos de nossos pais e nossos antepassados uma herança cristã, uma herança de fé. Foi o melhor tesouro que nos puderam dar. Transmitiram-no com amor. É nossa responsabilidade agora que essa fé permaneça viva e que ser cristão seja algo mais do que um simples nome. Não é sempre fácil viver como cristão. No trabalho, em casa, com os amigos, com os filhos. Às vezes surgem problemas. Há momentos difíceis. Mas, sabemos que Jesus sempre está conosco. Podemos confiar nele porque jamais nos abandona. Neste tempo da Quaresma, a Igreja nos pede que revitalizemos nossa fé. Para que nossa herança cristã não seja como esse tesouro que é enterrado e de nada serve. Para que seja como o campo que, uma vez trabalhado, adubado e regado, dá muitos frutos de vida para nós e para as nossas famílias.

Ser cristão, viver e agir como tal é algo que faço apenas aos domingos pela manhã quando vou à Missa? O que significa, para mim, ser cristão no local de trabalho? E com a minha família, com os meus filhos? O que deveria ser mudado em minha vida para não ser cristão só de nome?

3º domingo da Quaresma
(Ex 3,1-8a.13-15; 1Cor 10,1-6.10-12; Lc 13,1-9)

Um libertador para o povo

A primeira das leituras desse domingo nos traz à memória o grande relato da libertação do Egito. Lá os israelitas viviam na escravidão. Mas chega o momento em que o Senhor vê a opressão do povo, ouve as suas queixas e os liberta dessa situação para levá-los à terra prometida, à terra que mana leite e mel. Quem é esse libertador? Como Moisés deve responder quando seu povo lhe perguntar quem é que o envia? "Eu sou o que sou". Deus é o que é e em seu ser está o fundamento de nosso próprio ser, de nossa liberdade, de nossa vida. Somos suas criaturas. E ele quer a vida para nós, a vida plena, a vida em liberdade. Para o povo oprimido pela escravidão abriu-se um horizonte de esperança. Deus, o Deus de seus pais, o Deus da vida aproximava-se deles. Moisés era o seu profeta. Oferecia-lhes a liberdade e um futuro novo em uma nova terra.

Mas, o que fazemos com essa libertação que Deus nos oferece? O fato de que Deus nos liberte não significa que automaticamente alcancemos a liberdade. Não basta abrir a porta da cela ao preso. Ele precisa se levantar e deixar a prisão por seus próprios pés. Deve assumir sua parte em sua própria libertação. Ou tal como disse Jesus: "Se não se converterem, todos perecerão". Mas precisamos colocar esta palavra em conexão com a parábola final. Nela podemos compreender a imensa misericórdia de Deus que sempre estende a sua mão salvadora, libertadora para nós. O proprietário levava já três anos gastando tempo e dinheiro em uma vinha que não dava fruto. Quer cortá-la, arrancá-la e, assim, ocupar o terreno com outra cultura. Mas o vinhadeiro quer continuar tentando. Acha que ainda pode conseguir que dê fruto. É questão de paciência e trabalho. A mesma paciência que Deus continua tendo conosco. Até que sejamos capazes de viver como homens e mulheres livres e responsáveis.

Quaresma não é tempo para nos sentirmos desesperados ou desanimados. É certo que, ao olhar para as nossas vidas, descobrimos estar desperdiçando a herança valiosa que recebemos de nossos pais, que não vivemos como deveríamos a fé cristã que nos transmitiram. Talvez eu perceba que, em muitos aspectos, minha vida deixa muito a desejar. Mas não é menos certo que temos um Libertador que continua sempre a nos estender a mão para que consigamos deixar nossa prisão. Para que caminhemos em liberdade. Para que vivamos plenamente. As leituras deste domingo são motivo de esperança. Confirmam-nos, mais uma vez, que Deus não abandona seu povo. Mesmo que em muitas ocasiões a vida se torne tão difícil que assim nos pareça.

Pensando na minha vida em família, no trabalho e com os amigos, quais situações ou coisas me fazem sentir escravo? Do que acredito que precisaria libertar-me? Sabendo que tenho o apoio de Jesus, que passos eu devo dar para que a libertação seja alcançada? Não devo fazer mais que um propósito ou dois, mas devo cumpri-los! Devo estabelecer um ou dois propósitos, mas para cumpri-los.

4º domingo da Quaresma
(Js 5,9a 10-12; 2Cor 5,17-21; Lc 15,1-3.11-32)

A festa do perdão

No caminho da Quaresma, a conversão é um dos elementos essenciais. Converter-se é abandonar os caminhos que nos conduzem à perdição e encontrar o caminho correto que nos leve ao Pai, que nos faça encontrar com os demais como irmãos para, dessa forma, nos sentirmos em casa. Converter-se significa voltar à casa do Pai.

A parábola do evangelho de hoje nos fala exatamente da conversão do filho pródigo. Ele tinha ido por outros caminhos. E, sem perceber, tinha-se extraviado, havia dissipado o que possuía de melhor: o amor de sua família, o carinho de seu pai, a segurança que lhe dá sentir-se querido. Acreditou que poderia viver por sua própria conta. Estava certo de que graças às suas próprias forças poderia alcançar tudo a que se propusera. E se encontrou com o fracasso. Só não foi pior porque, quando estava mergulhado em suas dores, percebeu o que deveria fazer: voltar para a casa de seu pai. A volta significava reconhecer o próprio engano.

É necessário notar que, quando o filho pródigo pensou em retornar, cuidou de criar algumas frases. Ele as diria a seu pai para pedir-lhe perdão: "Pai, pequei contra o céu e contra ti; já não mereço ser chamado de teu filho, trata-me como a um dos teus empregados". Pois bem, quando o filho chega à presença do pai, começa a dizer as frases que havia pensado. Mas o pai o interrompe, não permite que termine. E, assim, não é pronunciada a última parte da frase – "trata-me como a um dos teus empregados". Não sabemos se não chegou a dizê-la ou se o pai não a quis ouvir. Porque no encontro entre o pai e o filho o que se destaca é a alegria e satisfação do pai.

A partir desse momento, o protagonista da parábola é o pai. O filho é tratado como se não houvesse levado sua parte da herança, não a tivesse desperdiçado, não houvesse se comportado mal em relação a seu pai e à sua família, com se nada houvesse acontecido. O pai pede que seja celebrada uma grande festa na casa. É a alegria do perdão, do reencontro. Porque, para o pai, o mais importante é ter a família unida.

Para nós, a Quaresma continua sendo uma oportunidade para nos convertermos. Não precisamos preparar muitas frases. Deus ficará muito contente quando voltarmos para casa. Irá preparar uma festa. Por que sentir tanto medo na sua frente? Não há razão alguma. Todos os dias, ele examina os caminhos para ver se nos aproximamos. Não estamos cansados de comer frutos amargos quando poderíamos participar do banquete de amor e de felicidade que Deus nos preparou?

O que significa para mim em concreto, converter-me, mudar de vida? O que preciso fazer para me aproximar do Pai? Sou capaz de perdoar aos que me ofenderam com a mesma generosidade com que Deus me perdoa e recebe?

5º domingo da Quaresma
(Is 43,16-21; Fl 3,8-14; Jo 8,1-11)

Deus faz brotar o perdão em meio ao ódio

A Quaresma é caminho de conversão até a novidade do Reino. Na Quaresma ressoa aquele primeiro grito de Jesus: "Convertam-se porque o Reino de Deus está próximo!". Quando nos convertemos e abrimos os olhos para a novidade do

Reino, descobrimos que verdadeiramente Jesus nos situa em uma nova realidade. Nada a ver com o que antes vivíamos, nem com aquilo que nos haviam ensinado. Jesus nos conduz por caminhos novos de amor e de misericórdia.

Essa novidade está claramente assinalada na primeira leitura do profeta Isaías. Para aqueles judeus que conheciam bem o deserto porque o tinham muito perto de casa, a comparação era facilmente compreensível. No entanto, por outro lado, com toda a certeza poderia haver, entre seus ouvintes, alguém dizendo: "Isso é impossível! Ninguém pode fazer brotar rios em regiões desertas. Ninguém pode fazer o deserto transformar-se em um jardim". Mas isso é exatamente o que diz Isaías. Deus o fará com o único objetivo de aplacar a sede de seu povo. Deus faz com que o impossível seja possível.

No Evangelho nos encontramos com uma história que, infelizmente, repete-se, ainda hoje, em muitas culturas. Apresentam a Jesus uma mulher surpreendida em adultério; sempre a culpa é atribuída à mulher. A Lei ou a tradição dizia que deveria ser apedrejada até a morte. Esse era o castigo por seu pecado. É certo que os escribas e fariseus não chegavam a um acordo sobre a leitura do profeta Isaías, mas Jesus sim: "Não vos lembreis mais dos acontecimentos de outrora, eu vim para fazer algo novo".

Jesus é quem realiza a novidade. Antes de tudo faz com que os acusadores percebam que ninguém está livre de pecados. Suas palavras passaram a fazer parte da sabedoria popular: "Aquele que não tiver um pecado que atire a primeira pedra". É uma pena que a apliquemos tão poucas vezes em nossa vida! Depois, uma vez que os acusadores tinham desaparecido, Jesus pronuncia a palavra de Deus sobre a mulher. Mas não é o que os acusadores esperavam ouvir – aliás, quando estes queriam apedrejá-la, diziam agir em nome de Deus e esperavam escutar de Jesus uma palavra de condenação e não de perdão, acolhimento e carinho.

Oxalá cheguemos à compreensão de que essa é exatamente a novidade que nos trouxe Jesus: Deus não nos condena, mas nos salva, ergue e convida a prosseguirmos caminhando. Ele sabe que o pecado faz mais mal a nós mesmos que aos outros. Por isso, não deseja que pequemos. Confia que seremos capazes de seguir em frente. Não é essa a água da vida que brota em meio ao deserto de nossos corações?

Há pessoas que condeno no meu coração porque não concordo com as coisas que fazem? O que faria Jesus se as encontrasse? O que lhes diria? O que me diria? Qual deveria ser a minha atitude no futuro?

Domingo de Ramos
(Is 50,4-7; Fl 2,6-11; Lc 22,14–23,56)

Deus é constante em seu amor

A celebração de hoje me traz à memória aquele provérbio que diz: "Alegria de pobre dura pouco". Passamos muito rapidamente da celebração da entrada triunfal de Jesus em Jerusalém para a leitura da Paixão. Tudo na mesma celebração. Ouvimos o povo aclamar Jesus à sua entrada em Jerusalém e, pouco depois, o mesmo povo gritar em frente a Pilatos exigindo a sua condenação à crucifixão.

Hoje podemos encontrar-nos representados nesse povo. Já concluímos a Quaresma. Esses quarenta dias nos ajudaram, certamente, a nos conhecermos um pouco melhor. Sabemos das nossas incoerências, de nossas infidelidades e de nossas fraquezas. Ao considerarmos nossa vida, lembramos que houve momentos em que nos deixamos levar pelo entusiasmo. Foram momentos em que nos identificamos com Pedro e, como ele, dissemos a Jesus que o seguiríamos até onde fosse preciso e que estaríamos sempre ao seu lado. Da mesma maneira como o povo de Jerusalém à entrada de Jesus montado no burrico, aclamamo-lo como nosso Senhor e nosso Salvador.

Mas também recordamos os vários momentos em que nos comportamos tal como o povo de Jerusalém diante de Pilatos. Ou como Pedro nos momentos de dificuldade. Negamos e abandonamos os seus caminhos e colocamos o coração, a vida e a esperança em outros senhores que nos conduziram sem que pudéssemos evitar a escravidão e a morte. Da mesma maneira como o povo de Jerusalém no momento da Paixão, gritamos: "Crucifiquem-no". E, como Pedro, preferimos dizer que não o conhecemos, que nós de nada sabemos e que jamais estivemos juntos a este senhor que chamam de Jesus.

Nossa vida se vai tecendo com essas inconstâncias e incoerências. Mas, ante tudo isso, encontramos a constância e a coerência de Jesus, o Filho de Deus, o enviado do Pai, empenhado em nos mostrar seu amor até o final, até oferecer sua vida completamente por nós. Deus é obstinado em seu amor. Não se demove nem um centímetro e, ainda que digamos que não o conheçamos, continua nos admitindo como filhos e irmãos, como membros queridos de sua família. Aí está a chave da celebração da Semana Santa. Recordamos o amor de Deus por nós. Mais forte do que a morte e, com certeza, mais forte que o nosso próprio pecado. O ponto-chave para o entendermos está no olhar que Jesus lança a Pedro quando este o nega pela terceira vez. Foi um olhar cheio de carinho. Conhecia-o bem em sua fraqueza. Mas nem por isso o amava menos. Hoje esse olhar chega a cada um de nós. Conhece-nos bem, por dentro e por fora. Jesus nos olha com carinho e amor pleno.

Hoje, entramos na Semana Santa. Já não é mais tempo de olharmos para nós mesmos e para nossas faltas, mas de contemplar o amor de Deus, manifestado em Jesus. Conviria encontrarmos tempo ao longo desta semana para lermos com tranquilidade a Paixão de Jesus nos quatro evangelhos. E permitirmos que esse relato de amor chegue ao coração.

Tríduo Pascal

Quinta-feira Santa
(Missa da Ceia do Senhor: Ex 12,1-8.11-14; 1Cor 11,23-26; Jo 13,1-15)

A herança de Jesus

Hoje celebramos a festa da instituição da Eucaristia. Diz-se dessa celebração que é o centro da vida da Igreja. E é verdade. É o melhor presente que Jesus nos poderia ter deixado. É um sinal poderoso em meio a nosso mundo. É ao mesmo tempo recordação e profecia. Um gesto revolucionário e o encontro de irmãos que se sentam à mesa do Pai. Um momento privilegiado para escutar a Palavra de Deus e a oportunidade de receber o pão e o vinho, convertidos no corpo e no sangue de Cristo, que nos dão força para prosseguirmos trabalhando pelo Reino. O momento em que Deus nos recebe em sua casa e o Reino se torna realidade. A Eucaristia é tudo isso. E muito mais.

Mas quando Jesus se reuniu com seus discípulos para celebrar a Páscoa, era um momento triste. Todos sabiam que algo muito ruim estava para acontecer. O cerco fechava-se em torno de Jesus. Não era preciso ser profeta para saber disso. Bastava o senso comum. Era a última oportunidade, portanto, para Jesus fugir da morte certa. No entanto, preferiu ficar com seus discípulos e celebrar a ceia, um banquete de despedida.

Houve dois momentos importantes naquela ceia, dois gestos de Jesus que, sem dúvida, chegaram ao coração dos discípulos. E chegaram, igualmente, até nós. Por um lado, a certa altura da ceia, Jesus tomou o pão e o vinho. Pronunciou sobre eles a bênção tradicional da páscoa judaica. No entanto, acrescentou as palavras: "Este é o meu corpo", "Este é o cálice do meu sangue". Relacionou o pão e o vinho a si mesmo e à morte que viria ao seu encontro. Não apenas isso. Acrescentou, ainda, que o seu corpo, seu sangue e sua morte eram o sinal da Nova Aliança entre Deus e a humanidade. Os discípulos devem ter ficado surpresos e assustados ao ouvirem Jesus ligar a sua própria morte, que acreditavam ser o fracasso definitivo, ao triunfo da proclamação do Reino ao qual Jesus havia dedicado a sua vida. Não o compreenderam. Não o puderam compreender até que experimentaram a ressurreição de Jesus, e o Espírito Santo chegou a seus corações. O outro gesto foi quando Jesus se levantou e lavou os pés de seus discípulos. Nivelou-se assim aos servos. Com este gesto, Jesus os fez entender que sua vida tinha sido um serviço e o seria até o fim. Sua entrega era sem medida. "Para que todos tenham vida e a tenham em abundância". Deus não economiza esforços pela nossa salvação.

Hoje celebramos uma vez mais a Eucaristia. Muitas vezes. Sempre é recordação daquela última ceia. Comove-nos pensar que Jesus se entregou por nós. Hoje sabemos que graças a ele e à bondade de seu Pai uma nova esperança se abre diante de nós. A Eucaristia já não é mais uma despedida, mas uma promessa, uma esperança e alegria compartilhada entre os homens. Graças à generosidade da entrega de Jesus. Graças ao amor de Deus.

Hoje é dia de adorar e de dar graças. É tempo de permanecer em silêncio. Não é o momento de fazermos perguntas, de questionarmos, mas de nos maravilharmos e louvarmos a Deus por seu amor.

Sexta-feira Santa
(Is 52,13–53,12; Hb 4,14-16;5,7-9; Jo 18,1–19,42)

A cruz: sinal de morte ou de vida?

Estamos, os católicos, acostumados a entrar na Igreja e a ver a imagem de Jesus crucificado à nossa frente. Muitos levamos uma pequena cruz pendurada em uma corrente ao redor do pescoço. Mas, na realidade, a cruz é um instrumento de tortura e morte. As duas coisas ao mesmo tempo. Os romanos a empregavam frequentemente contra as populações por eles dominadas. Essa era a forma de reprimir as rebeliões e de castigar os que não se comportassem como deviam. Era uma forma terrível de morte. Foi esse tipo de condenação que coube a Jesus.

Hoje recordamos aquele triste dia em que Jesus teve que enfrentar a cruz. A longa leitura do

Evangelho de João nos relata os últimos momentos da vida de Jesus. É longo e cheio de minúcias. João cuida dos detalhes. Descreve o processo perante os judeus e diante de Pilatos, o governador romano, os açoites e as zombarias dos soldados, o abandono por parte do povo que prefere a Barrabás, e a aversão dos sumos sacerdotes até conseguirem finalmente o seu objetivo: a condenação de Jesus à morte por Pilatos. Descreve e nos presenteia com a lembrança de Maria, a mãe de Jesus, junto à cruz.

João nos relata, de maneira definitiva, a morte de Jesus. No entanto, não é uma morte qualquer. Há muitas formas de morrer. O suicídio desesperado de Judas nada tem a ver com a morte de Jesus, que parece estar consciente do que acontece durante todo o processo, no qual, ao final de tudo, se diz que "inclinando sua cabeça, entregou o espírito". Temos a impressão de que é Jesus quem, de fato, conduz todos os movimentos ao longo de todo o processo. Não tomam a vida de Jesus, mas é ele quem a entrega. Sua morte se converte em fonte de vida. A história não termina com a Sexta-feira Santa. Amanhã à noite, já o sabemos, celebraremos a ressurreição. Esse é apenas um momento doloroso de um processo que termina na vida, em uma vida mais plena e para todos.

Por isso a cruz não é sinal de morte para os cristãos. Do tronco seco plantado na terra acabam por nascerem ramos novos. Os braços abertos de Jesus na cruz são o abraço de Deus a todos os homens – abraço de amor que se dá sem limites e sem condições. Para sempre e para todos, como é sempre o amor verdadeiro. Nós, cristãos, não adoramos a morte. A cruz que levamos ao peito ou que temos em nossas casas, em nossas igrejas e capelas, nos recorda a morte de Jesus, com certeza, mas é também sinal do amor de Deus – mais forte que a morte –, que nos envolve, nos salva e nos enche de esperança. Desde então, os crucificados da terra, os que sofrem, olham para a cruz e nela encontram um motivo para continuarem vivendo.

Pegar a Bíblia, ler com tranquilidade e sem pressa o relato da Paixão de Jesus segundo São João. Permitir que me chegue ao coração. O que faço para aliviar a dor dos que sofrem?

Vigília Pascal
(Leituras selecionadas: Rm 6,3-11; Lc 24,1-12)

Algumas mulheres nos alarmaram

Os caminhos de Deus são sempre surpreendentes. Ele é capaz de pôr abaixo tudo aquilo que criamos. O que pensávamos ser importante, para Deus, não vale nada. Sempre imaginamos Deus cheio de poder. Mas se manifestou em uma criança pobre e indefesa que nasceu em Belém. Sempre pensamos que a morte é o fim do caminho. Pois Deus abre para todos nós um futuro novo na ressurreição de Jesus. Sempre os homens tinham tido maior importância que as mulheres. Pois, aqui, são exatamente as mulheres as que anunciam aos apóstolos a ressurreição de Jesus. É certo que alguns deles pensaram que as palavras das mulheres não tinham valor. No mesmo Evangelho de Lucas se pode ler, um pouco mais adiante, como os discípulos de Emaús afirmam que "algumas mulheres nos deixaram alarmados" dizendo que Jesus estava vivo. Noutras palavras, os discípulos de Emaús não acreditaram nelas. É que, às vezes, nossa mente é tão pequena que a grandeza de Deus não cabe nela.

Pois é verdade. Jesus ressuscitou. Este é o motivo de nossa alegria e de nossa esperança. E o primeiro testemunho nos chegou pela palavra de algumas mulheres. Da mesma forma que o *sim* para a encarnação saiu da boca de outra mulher. Aquilo que parecia um labirinto sem saída e que nos condenava todos ao desespero foi convertido por Deus em um caminho aberto, em uma senda em que nos é prometida a vida plena, em fraternidade, na justiça e no amor. Não é esta a maior manifestação da misericórdia de Deus para conosco? Agora podemos entender melhor o que disse Jesus: "Tanto amou Deus ao mundo que enviou o seu filho para que todos tivessem vida".

A liturgia de hoje nos propõe muitas leituras. Fala-nos de como Deus criou o mundo, os homens e as mulheres, a fim de que usufruíssem dele em liberdade e em fraternidade, e de como a humanidade se deixou levar pelo medo e pelo egoísmo e transformou o paraíso em uma selva onde a violência deu lugar à morte. Mas, também, nos falam da promessa de uma Nova Aliança de Deus com a humanidade. Deus é teimoso, cabeça-dura, turrão e incansável no seu amor por nós. Por isso, não descansou até que nos enviasse seu Filho e nos mostrasse que, para além da morte, há outra vida melhor e mais plena. E que o caminho é o amor, a entrega total. Hoje celebramos a esperança. Hoje olhamo-nos uns para os outros e reconhecemos a vida e o amor de Deus nos olhos dos irmãos. Hoje cantamos *aleluia* com mais vontade do que nunca. Porque Jesus ressuscitou e, por mais que os jornais e a televisão não se inteirem disso, não há notícia mais importante que essa. Aleluia! Jesus ressuscitou!

TEMPO DA PÁSCOA

Páscoa da Ressurreição
(At 10,34a37-43; Cl 3,1-4; Jo 20,1-9)

Deus é a esperança de vida

Depois de celebrar a Semana Santa, o domingo de Páscoa chega como um raio de esperança. Vivemos de perto a morte de Jesus. E em sua morte fizemos memória de todas as nossas mortes. As mortes que nós vivemos dia a dia em nós mesmos, em nossas famílias, no trabalho, na sociedade, no mundo. A guerra e a injustiça são morte. Mas também o são as enfermidades e os egoísmos, os rancores e os ódios que nos devoram por dentro e vão minando nossa vitalidade. Tantas são as mortes que nos rodeiam que, às vezes, podemos chegar a pensar que não temos futuro e que não há saída. Parece que o homem se encontra irremediavelmente metido em um labirinto que não tem outra saída que não o desespero ou, o que dá no mesmo, a morte.

Mas muito de manhã algumas mulheres foram ao sepulcro em que Jesus havia sido enterrado e perceberam que a pedra que o fechava fora retirada. Quando viram isso correram para avisar aos apóstolos. Pedro chegou e viu que Jesus não estava mais lá. E o que é mais importante: viram e acreditaram. A fé lhes fez ver muito mais do que viam seus olhos. Onde outros não viam mais que um sepulcro vazio, eles descobriram outra realidade muito mais profunda: Jesus havia ressuscitado, o Pai lhe tinha devolvido a vida. A promessa da ressurreição se fazia realidade em Jesus e esperança para toda a humanidade. Com esse último gesto de sua história, tudo aquilo que os apóstolos haviam vivido e aprendido com Jesus adquiria um significado novo. Agora a libertação esperada era muito mais profunda que a simples libertação política da dominação romana ou a chegada de um reino judaico que igualasse ou superasse o de Salomão. Se Jesus havia ressuscitado, então queria dizer que Deus nos tinha libertado da escravidão mais profunda: a escravidão da morte.

Na Páscoa e diante do sepulcro vazio, nós que acreditamos em Jesus compreendemos que em nossas vidas não há lugar para o desespero. Somos, de agora em diante, homens e mulheres de esperança. Sabemos, a partir da fé, que para Deus não há nenhum caso desesperado. Por mais difíceis e ameaçadores que sejam nossos problemas, mantemos firmes a esperança. E ainda que a morte nos chegue, sabemos que nem mesmo ela é definitiva. Porque Jesus ressuscitou.

A ressurreição de Jesus nos compromete com a esperança. Chama-nos a trabalhar para criar esperança ao nosso redor. A fim de dá-la aos outros como nos é dada a luz do círio pascal que ilumina a nossa celebração. Defendemos a vida para todos porque o Deus de Jesus é o Deus de Vida para todos. E com nosso comportamento, dia a dia, vamos oferecendo vida e esperança para que ninguém, jamais, se sinta desesperado.

Senti-me alguma vez desesperado diante dos problemas que me cercavam? É a ressurreição de Jesus fonte de esperança em minha vida? Como transmito essa esperança de maneira concreta aos demais?

2º domingo da Páscoa
(At 5,12-16; Ap 1,9-11a.12-13.17-19; Jo 20,19-31)

"A paz esteja com vocês!"

A festa da Páscoa da Ressurreição é a mais importante da Igreja. Não são dedicados apenas cinquenta dias para a sua celebração – do Domingo da Ressurreição a Pentecostes. Além disso, os oito primeiros dias são como se fosse o primeiro. É a Oitava da Páscoa, que vai do Domingo da Ressurreição à celebração de hoje. A novidade, a grande notícia, continua sendo a mesma: Jesus ressuscitou.

Se no domingo passado eram as mulheres que recebiam a notícia, agora, são os homens, um grupo de apóstolos e discípulos, os que têm a experiência de se reencontrar com Jesus ressuscitado. Na realidade, todos esses encontros com o Ressuscitado servem, basicamente, para confirmá-los em tudo aquilo que haviam vivido com Jesus ao longo do tempo que o seguiram até sua morte na cruz.

Durante aqueles anos, Jesus lhes havia ensinado muitas coisas. Havia-lhes falado do Reino e de Deus, a quem chamava de *Abá*, seu *Papai*. Diante da imagem de um Deus arrogante e vingativo, justiceiro e castigador, Jesus lhes havia falado de um Deus Pai de misericórdia e amor, que deseja a felicidade e a liberdade na fraternidade de todos os seus filhos e filhas. Haviam visto como se aproximava de todos e com todos falava e tinha um carinho especial com os mais necessitados, os oprimidos, os abandonados. Havia falado da justiça e de compartilhar os bens da terra. Havia comido com eles muitas vezes e lhes havia ensinado que mais vale servir e amar do que dominar, possuir e controlar. Havia-lhes prometido o Reino, mas também lhes havia dito que o Reino estava dentro de cada um deles.

Tudo isso se confirma em suas aparições. Se a ressurreição podia ser vista como um sinal do poder ilimitado de Deus, quando Jesus se apresenta a seus discípulos, seu primeiro gesto é desejar-lhes paz: "A paz esteja com vocês". A presença de Jesus não inquieta, não destrói, não oprime, mas é portadora de paz – paz para os corações e paz para todos. Os que haviam visto como a violência do ódio, da vingança e da morte destruía – e parecia que para sempre – a vida e o sonho de Jesus, veem agora como a força de Deus é capaz de criar Vida e Paz para além da morte que nós criamos.

Não é um sonho, como faz ver a Tomé na segunda aparição. É o mesmo Jesus que ele conheceu e que morreu na cruz. Tampouco era um sonho sua mensagem. Nem era um sonho sua forma de falar de Deus. Diante de nós se abre um futuro de esperança porque, como diz a leitura do Apocalipse, "aquele que vive" está vivo no meio de nós e nos convida a seguir o caminho da vida, da verdadeira vida, da vida plena.

Quando penso em Deus, quando rezo, ou talvez quando me sinto pecador, sinto medo ou temor? Por quê? O que sinto quando ouço no Evangelho Jesus dizer: "A paz esteja com vocês"? Como posso ser portador da paz para aqueles que estão ao meu redor?

3º domingo da Páscoa
(At 5,27b-32.40b-41; Ap 5,11-14; Jo 21,1-19)

"É o Senhor!"

A Páscoa é o grande momento do nascimento da Igreja. A partir da experiência da ressurreição de Jesus ergue-se o edifício da Igreja. Os apóstolos e os discípulos, que em sua maioria haviam fugido assustados na hora da Paixão, sentem-se fortalecidos pela experiência de que Jesus, aquele que morreu na cruz, está vivo. Mas não no sentido de que tenha voltado à *nossa vida*. Está vivo de uma maneira nova e mais plena. A morte já não tem poder sobre ele. Ou melhor, ele venceu a morte. Deus o ressuscitou. É o que se expressa de uma forma gloriosa na leitura do Apocalipse. O céu e a terra cantam seus louvores àquele que venceu a morte: "Digno é o Cordeiro imolado de receber honra e glória".

O encontro com Jesus se deu quando os discípulos, desanimados – tudo parecia haver terminado no momento da morte de Jesus, já não havia lugar para mais sonhos nem ilusões –, voltaram a seus antigos trabalhos. Outra vez as redes e a pesca no lago. Outra vez as noites de trabalho e o retorno à praia com as redes vazias e o corpo cansado. No entanto, acontece o impensável. Uma figura familiar está na praia. Sugere-lhes que lancem a rede do outro lado da barca. Desta vez, a rede fica cheia. Os discípulos sentem medo, mas sabem que a figura familiar é Jesus. Não há dúvida. Quando retornam à margem, Jesus os aguarda com o fogo aceso e a refeição preparada. Bendiz o pão e o reparte. E se encontram novamente comendo com Jesus, como tantas vezes quando percorriam os caminhos da Galileia, como naquela última ceia quando Jesus lhes disse que sua morte era a condição para a Nova Aliança entre Deus e os homens, embora naquela oportunidade não tivessem entendido nada. Agora começam a entender. Seu entendimento se abre. Se Jesus está vivo, quer dizer que todas as suas palavras eram verdadeiras. Outra vez seus corações se abrem para a esperança e os sonhos. Uma vez Jesus lhes diz: "Sigam-me".

Por isso, os discípulos não temem anunciar o Evangelho, a Boa-Nova que Jesus ressuscitou e que seu Reino é uma promessa real. Não é uma fantasia nem uma ficção. Vale a pena arriscar-se por ele. Ainda que os chefes de seu povo lhes proíbam de falar sobre Jesus, não se podem calar. Eles são testemunhas de que Deus "o exaltou fazendo-o Senhor e Salvador".

Continuamos sendo as testemunhas do Ressuscitado em nosso mundo. Quando nos sentimos cansados, celebramos a Eucaristia e Jesus se faz pão abençoado, que nos dá a força para continuarmos acreditando e proclamando o Evangelho, a alegria de nos sabermos salvos, a esperança de um futuro novo em fraternidade. E o compromisso para, aqui e agora, começarmos a viver o amor por nossos irmãos e irmãs.

Alguma vez me senti desanimado e pensei que não valeu a pena ser cristão nem esforçar-se em amar e em perdoar a todos? Foi na Eucaristia ou na Missa o lugar em que encontrei a força para seguir adiante? O que sinto quando comungo?

4º domingo da Páscoa
(At 13,14.43-52; Ap 7,9.14b-17; Jo 10,27-39)

O Pai nos conhece a todos

O principal instrumento para construir a comunidade cristã é a pregação da Palavra. É o que podemos ver na leitura dos Atos dos Apóstolos, no relato sobre a primeira viagem apostólica de Paulo. Quando chegam a uma cidade começam a pregar na sinagoga e, logo, já pregam por toda a parte. O fruto dessa pregação é a criação de uma comunidade. Ainda que, segundo nos diz a leitura, Paulo e Barnabé tenham sido expulsos da cidade, os discípulos ficam cheios de alegria e do Espírito Santo.

Consequência dessa pregação é a grande multidão que compõe a Igreja. A visão do Apocalipse, na segunda leitura, nos leva a contemplar essa reunião maravilhosa de todos os crentes ao longo dos tempos. Estão juntos diante do trono do Cordeiro. São aqueles que passaram pela grande tribulação. Agora, vestidos de branco, louvam a Deus. Já não passam fome nem sede porque estão finalmente na casa do Pai. Como nos diz a leitura usando uma expressão cheia de ternura: "Deus enxugará as lágrimas de seus olhos".

Mas o Evangelho nos fala de uma realidade que é mais importante que a pregação. Ela – a pregação da Palavra – não é mais que o instrumento que nos abre os olhos para uma realidade mais profunda, pois dela nasce a comunidade cristã. A verdade, a mais importante verdade de nossas vidas, é que fazemos parte da família de Deus. Para empregar a comparação oferecida por Jesus, somos ovelhas do rebanho do Pai. Há uma relação especial de conhecimento, de ternura, de amor entre o Pai, Jesus e cada uma das ovelhas. Tanto é assim que, segundo disse Jesus, ninguém pode tomar as ovelhas das mãos do Pai.

Desta forma as leituras de hoje nos situam diante do verdadeiro fundamento da comunidade cristã. O que nos faz cristãos não é a pregação. Não somos cristãos porque ouvimos o *padre tal* e nos agradou a maneira como falava. Somos cristãos porque, ouvindo o *padre tal*, percebemos que há uma relação especial entre Deus Pai e cada um de nós. Que o amor de Deus está conosco. Que formamos parte da família de Deus e que este jamais nos vai soltar de sua mão. A pregação do *padre tal* ou do *catequista qual* é apenas um instrumento do qual Deus se serve para nos mostrar a realidade mais importante de nossas vidas: que Ele nos sustenta em sua mão e cuida de nós com imenso amor. E que ninguém nos poderá tirar desse lugar. Por meio dessa relação pessoal é que tem seu mais autêntico fundamento a comunidade cristã.

Minha participação na comunidade depende da presença de um determinado sacerdote ou de certas pessoas? Sou consciente do amor pessoal com que Deus me ama? Percebo que Deus ama aos demais membros da comunidade com o mesmo amor? Relaciono-me com os outros sabendo que todos, sem exceção, formamos parte da família de Deus?

5º domingo da Páscoa
(At 14,21b-27; Ap 21,1-5a; Jo 13,31-33a.34-35)

Amar como ele nos ama

A comunidade cristã é sinal do novo céu e da nova terra de que fala a segunda leitura. Mas que tipo de sinal? Em que se pode notar que somos a semente da nova criação? A chave nos é dada pelo Evangelho de João. Jesus está prestes a se despedir de seus discípulos e lhes deixa um mandamento novo, que é como seu testamento. Diz-lhes que se amem uns aos outros como ele os amou. Este será o sinal pelo qual conhecerão que somos discípulos de Jesus. Desta forma, o que caracteriza os cristãos não é que nos reunamos aos domingos para celebrarmos a Missa. Tampouco o fato de termos uma hierarquia com um Papa, bispos e sacerdotes. Nem sequer é característica nossa que celebremos sete sacramentos. Jesus não desejava que fôssemos conhecidos por nenhumas dessas coisas. Jesus desejava que os que não pertencessem à nossa comunidade nos conhecessem por outro sinal mais humilde, como se queira, mas importante e muito mais humano: pela maneira como nos tratamos uns aos outros, pelo modo como nos amamos. Jesus queria que nós nos amássemos tal como ele nos tinha amado.

Esse é o sinal que nos fará mostrar aos que não são cristãos que a comunidade cristã é a semente de um novo mundo. Porque apenas Deus é capaz de dar vida a esse amor fraterno que faz que tudo se compartilhe e que todos vivam mais em plenitude. Quando aqueles que não são cristãos perceberem que nos amamos verdadeiramente, necessariamente hão de pensar que Deus está presente em nossa comunidade, porque as pessoas, por nossas próprias forças, não podemos amar dessa forma.

Nós cristãos somos feitos de outra madeira? Somos superiores aos outros? De maneira alguma. Somos iguais. Mas a presença de Deus está conosco. E quando o deixamos agir em nossos corações, experimentamos que um amor, maior que nossas forças, brota de dentro de nós. É o amor de

Deus. É o amor que é sinal da nova terra e do novo céu. É, por exemplo, o amor com que Madre Teresa de Calcutá amou os doentes e moribundos. É o amor com que muitos pais amam seus filhos. Sem medida, sem tempo, sem limite, com absoluta generosidade.

Mas além de não sermos superiores aos outros que não são cristãos, cometemos erros e, às vezes, fazemos mal uns aos outros. Há uma dimensão do amor que a comunidade cristã deve saber viver de um modo especial. É a dimensão do perdão, da reconciliação. Perdoar aos irmãos – e perdoar-me – é uma forma de amar que reconhece a própria limitação e a supera, porque o amor vai mais além dos limites que marcam a nossa fraqueza. Viver o perdão e a reconciliação na comunidade cristã é a melhor forma de dar testemunho do amor que nos une.

Em qual sinal acredito que me distingue como cristão? Que teríamos de fazer em nossa comunidade para dar melhor testemunho? E em nossa família? E no trabalho?

6º domingo da Páscoa
(At 15,1-2.22-29; Ap 21,10-14.22-23; Jo 14,23-29)

Entre a Igreja e o Reino

A Igreja é a comunidade daqueles que creem em Jesus. Por isso, por acreditarmos em Jesus, estamos convencidos de que, no final dos tempos, a humanidade se converterá nesta cidade de que nos fala a segunda leitura. É uma bela visão: a humanidade morando numa cidade cheia de luz, cercada por uma muralha que está aberta a todos os caminhos, a todos os povos. Na cidade não há templo, simplesmente porque não é necessário. Seu templo é o próprio Deus que vive no meio dela. Tampouco é necessária iluminação alguma, nem sol e nem lua, porque a glória do Senhor é a luz que ilumina todos os que vivem na cidade. É um formoso sonho.

No entanto, esse sonho não é ainda realidade. A realidade da nossa comunidade cristã é outra. Não temos toda essa luz. Andamos às tontas. Às vezes há conflitos. Não sabemos exatamente como e nem para onde nos dirigimos. Não temos ideias claras. Surgem discussões. Nascem as divisões. Fazemos mal uns aos outros. Precisamos nos reconciliar. Até necessitamos de templos para sentirmos mais viva a presença de Deus.

Assim sempre foi a história da Igreja. Porque estamos a caminho. Poderíamos dizer que estamos no processo de construção daquela cidade formosíssima da qual nos falava a segunda leitura. Ainda estamos lançando os fundamentos. Desta forma podemos descrever a história da Igreja. Desde o princípio os fiéis se esforçaram para construir, aqui e agora, essa cidade formosíssima, a que seremos, todos, chamados a viver algum dia. Essa construção não é realizada sem conflitos. É normal. O que devemos saber como cristãos é que os conflitos apenas podem ser resolvidos por meio do diálogo, da compreensão, do amor e da reconciliação. A leitura dos Atos dos Apóstolos nos fala de um dos primeiros conflitos que surgiram na Igreja, já em tempos de Pedro e Paulo (para que não pensemos que nossa comunidade seja muito má porque há conflitos e problemas). Mas essa situação nos mostra como, desde o início, a Igreja resolveu esses problemas graças ao diálogo.

No entanto, para dialogar é necessário aprofundar, cada vez mais, nossa fé e nosso amor por Jesus. Mantendo essa relação profunda com Jesus, teremos em nosso coração sua paz. Essa paz nos permitirá passar por todos os conflitos, buscando sempre não nosso interesse egoísta, mas o bem da comunidade, de nossa família ou de nossa sociedade. Essa paz, a paz de Jesus, nos permitirá dialogar com os irmãos e irmãs buscando a verdade. Com fé no amor de Jesus, com a sua paz dentro do coração, construiremos, juntos, a cidade de Deus, onde todos nós nos sentiremos em casa junto ao nosso Pai.

O que faço quando sinto que se produz um conflito em minha família ou em minha comunidade? Faço o possível para que todos os interessados no assunto, sem exceção, possam participar do diálogo, ou preferimos formas impositivas? Dialogamos tendo como ponto de partida a paz de Jesus, ou a partir do nosso egoísmo?

Ascensão do Senhor
(At 1,1-11; Ef 1,17-23; Lc 24,46-53)

O dia da despedida

Entre a Páscoa da Ressurreição e a festa de Pentecostes – a vinda do Espírito Santo – a Igreja situa a solenidade da Ascensão. É mais um momento do processo pelo qual passam os discípulos após a morte de Jesus. Aqueles que saíram correndo cheios de medo quando Jesus foi preso, julgado e crucificado, foram confortados pelo encontro com o Senhor ressuscitado. Agora, por estarem suficientemente firmes na fé, Jesus se despede deles. Deixa-lhes, porém, uma nova promessa: a promessa do Espírito Santo.

A vinda do Espírito Santo dará forças aos discípulos para que deem testemunho de Jesus "em Jerusalém, em toda a Judeia, na Samaria e até os confins do mundo" (primeira leitura). O Espírito será a "força do alto" da qual se revestirão os discípulos (Evangelho). No entanto, para que o Espírito chegue é preciso que Jesus se vá. É necessário que durante algum tempo os discípulos aprendam a viver por si sós.

Poderíamos dizer que esta festa nos fala da pedagogia de Deus com os homens. Jesus chamou alguns pescadores ignorantes. Foi-lhes ensinando ao longo de três anos. Assim nos relatam os evangelhos. Não foi suficiente. Na hora da cruz, todos, exceto João e umas poucas mulheres, saíram correndo. Depois, os discípulos viveram a experiência da ressurreição. Não lhes foi fácil a princípio aceitar que Jesus estava vivo. Precisaram de tempo para isso. Agora, até aquela presença misteriosa desaparece. Jesus promete-lhes o Espírito, mas durante certo tempo têm que aprender a estar sós. A ter a responsabilidade de sua fé em suas mãos. Até que chegue o Espírito que lhes dará força para que deem testemunho do Reino.

A festa de hoje deveria nos fazer pensar no modo como vivemos nossa fé. Deveríamos aprender a ter, com nós mesmos e com nossos irmãos, a mesma paciência que Deus teve com os discípulos e que tem conosco. Como os bons livros precisam ser lidos várias vezes para que possamos apreciar todo o seu valor, de igual maneira, a fé necessita de tempo, estudo e oração para que se faça vida em nós. Nossa comunidade cristã crescerá à medida que todos cresçamos também na escuta do Senhor. Da mesma forma que os discípulos, haverá dias em que sentiremos a proximidade da presença de Deus e, em outros, nos sentiremos sozinhos. Tudo é parte do processo que nos conduzirá a viver plenamente a nossa fé e a ser testemunhas do Reino em nosso mundo. A festa de hoje deve nos ajudar a colocar nossa confiança em Jesus. Ainda que pareça estarmos sozinhos, Jesus nos prometeu seu Espírito. E Jesus jamais falha.

Sinto que Deus, às vezes, está ausente de nossas vidas? O que tenho feito nesses momentos? Confiamos em Deus e acreditamos que Ele nos enviará seu Espírito? Como damos testemunho de nossa fé em Jesus, em nossa comunidade e em nossa família?

Pentecostes
(At 2,1-11; Rm 8,8-17; Jo 14,15-16.23b-26)

Uma história animada pelo Espírito

No final da Páscoa chega a festa do Pentecostes, a grande Páscoa do Espírito, a celebração de uma história em que o Espírito de Deus é o guia e inspirador. Hoje, não devemos olhar apenas para o momento inicial, relatado nos Atos dos Apóstolos, quando os discípulos experimentaram, com uma força inusitada, a presença do Espírito de Deus os animando a deixarem o quarto fechado em que se haviam metido – por temerem os judeus – e a pregarem a Boa-Nova a toda humanidade, em todas as línguas e culturas. E isso tudo porque o amor e a salvação de Deus são para todos.

Hoje deveríamos saber contemplar a ação do Espírito ao longo da história da Igreja. Quando olhamos para esses vinte séculos, temos a tentação de fazer a história das ideias ou dos concílios ou dos documentos ou dos Papas. Mas a história da Igreja é muito mais que isso: é a história de homens e mulheres – importantes ou não, com cargo ou sem ele – que aceitaram ser conduzidos pela força do Espírito e anunciaram a Boa-Nova com sua vida, suas palavras e sua forma de amar todos os que se encontraram pelo caminho.

Hoje é importante repassar os nomes que conhecemos: os dos santos, aqueles em quem o povo de Deus reconheceu a presença do Espírito e a fidelidade humana. Graças a eles, os santos, continuamos reconhecendo a presença do Espírito na Igreja. Desde aqueles que escreveram os evangelhos e os que deram testemunho na primeira hora, como o foram Pedro e Paulo, até os santos dos últimos séculos. Tampouco podemos esquecer o atual momento da Igreja. Não podemos deixar de olhar para os que estão sentados ao nosso lado durante a Missa e para os membros da comunidade cristã. Neles – em mim também – está presente o Espírito animando-os – animando-me – a serem melhores, a amarem mais, a serem mais generosos.

As línguas de fogo e o vento impetuoso de que se fala na primeira leitura não são mais que um símbolo para expressar a força do Espírito de Deus que chega até o coração da pessoa e é capaz de transformá-la. Quando as portas do coração são abertas para o Espírito, já nada mais é igual. Tudo é visto a partir dessa nova perspectiva, a do amor e da misericórdia de Deus. Nossa história pessoal se transforma no fogo do Espírito.

Hoje é dia para darmos graças a Deus pelo dom do seu Espírito. Este nos fez participar da história dos homens e mulheres santos e nos chama, igualmente, à santidade. Abramos o coração ao Espírito de Jesus e ele nos ensinará, como diz o Evangelho, a viver em *cristianismo*, nos fará lembrar de Jesus a todo o momento e nos ajudará a guardar o mandamento do amor.

Senti algumas vezes o convite a ser mais generoso, a perdoar a quem me ofendeu, a ajudar ao necessitado? Este é o chamado do Espírito. Senti sua inspiração ou o rejeitei? O que significou isso para a minha vida?

TEMPO COMUM

Santíssima Trindade
(Pr 8,22-31; Rm 5,1-5; Jo 16,12-15)

Deus é um mistério de amor

Passamos já pelas celebrações mais importantes do ano litúrgico. O Advento nos levou pela mão até o Natal, a celebração do nascimento de Jesus, a primeira Páscoa. Um pouco depois, a Quaresma nos convidou a acompanhar Jesus até Jerusalém. Ali recordamos sua morte e ressurreição, a segunda Páscoa. Ao concluirmos a celebração da Páscoa, poucos dias atrás, celebramos a vinda do Espírito Santo, o começo da história da Igreja, isto é, a aventura de levar a todos os homens e mulheres a Boa-Nova da salvação, do amor e da misericórdia de Deus. No final, à maneira de conclusão e coroamento, celebramos a solenidade da Trindade.

Não é fácil falar de Deus. Não é fácil falar de algo que está tão distante e é tão misterioso. "Ninguém jamais viu a Deus" (1Jo 4, 12). Pertence a outra ordem de ser. No entanto, ao mesmo tempo, encontra-se profundamente envolvido na criação, e porque é a sua criação e porque somos suas criaturas. Não encontramos Deus como quem encontra o vizinho da casa ao lado quando sai para o trabalho a cada manhã. Mas, há muitas maneiras de conhecê-lo.

Quando olhamos para a criação, quando olhamos para nós mesmos e para a maravilha que é, por exemplo, nosso próprio corpo, experimentamos a Deus como criador, aquele que nos tirou do nada e nos ofereceu a vida (de fato, a única que nós temos). Dizemos, então, que é Pai exatamente porque o vemos como gerador da vida, da nossa vida. Também fizemos memória de Jesus, aquele que nasceu em Belém, e que passou a vida fazendo o bem, curando os enfermos e anunciando o Reino de Deus; ele que falava de Deus como seu *Papai – Abá* – e que logo morreu na cruz em uma tarde escura de sexta-feira. Lembramos de sua vida e de sua ressurreição. É o Filho porque havia algo especial naquele homem que não nos atrevemos a definir. Sua humanidade era tão grande que nele vemos a presença de Deus. Recordamos também o tempo posterior a Jesus. Os apóstolos e os discípulos sentiram a presença do Espírito de Deus. Esse Espírito trouxe-lhes inspiração e os animou a anunciar a Boa-Nova do Reino. Hoje continua inspirando e animando muitos a prosseguir o anúncio de salvação para todos.

Deus Pai, Filho e Espírito Santo. Três formas de ver a realidade? Não. Há algo mais. Algo nos diz que esse mistério que é Deus é o mistério de amor e de relação. E que, quando experimentamos a presença de Deus, nos sentimos chamados a participar desse amor e a compartilhá-lo com os que estão ao nosso redor. Viver como Deus – essa é nossa vocação – é viver amando.

Sinto Deus como um Pai que cuida de mim e me ama? Vejo Jesus como o irmão mais velho que me guia e me leva a descobrir a fraternidade do Reino e a comprometer-me com ela? Experimento a presença do Espírito que me anima a viver fazendo-me irmão ou irmã daqueles que estão ao meu redor?

Corpo e Sangue de Cristo
(Gn 14,18-20; 1Cor 11,23-26; Lc 9,11b-17)

A Eucaristia, compartilhar o pão com Jesus

Hoje ainda há fome no mundo. E não estou pensando apenas na fome espiritual de que tanto se fala na Igreja. Certamente há muitas pessoas desorientadas, perdidas no desamor, na violência, fechadas em si mesmas, esgotadas por dificuldades. Mas é que, além de tudo isso, em nosso mundo há, ainda, uma fome real, estômagos vazios que não sabem o que é tê-los cheios. Muitas de nossas paróquias continuam repartindo comida com as pessoas que não têm recursos para comprá-la. Isso não acontece apenas na África ou na Ásia. Isso acontece em países industrializados e ricos. Nisso que chamamos pomposamente de democracias avançadas.

Por isso, o pão, alimento básico em muitas culturas, é um autêntico sacramento da vida. O pão e o vinho das culturas mediterrâneas, o pão e os peixes do Evangelho. Para aqueles que têm fome o alimento urge de maneira absoluta. Tudo mais pode esperar. Mas a fome e a sede é preciso satisfazê-las logo. Em muitos países se proclamam leis para atender muitas outras necessidades: desde o respeito aos animais até o direito ao casamento dos homossexuais. Está certo. Tudo isso está bem. Mas, não podemos nos esquecer dessas urgências fundamentais que continuam batendo à nossa porta. A fome e o pão como elemento básico que a sacia, ou seja, sinal-sacramento da vida. Sem o pão não há acesso à vida. Sem ele não há esperança.

A Eucaristia é o sacramento do pão, o sacramento da vida compartilhada. A Eucaristia é um sacramento cheio de força que nos recorda nossa elementar dependência do alimento. Sem alimento não há vida. Sem alimento a morte chega. Ao redor do alimento a família humana cresce, a relação é estabelecida. Compartilhar o pão significou sempre compartilhar a vida, a amizade, o carinho. Convidar alguém para a nossa casa significa convidá-lo para beber algo e dar-lhe de comer.

Hoje e a cada dia é Jesus quem nos convida a comer com ele e com os irmãos. Não podemos esquecer nenhum aspecto, ou seja, somos convidados a comer com Jesus e com os irmãos, pois uma coisa não existe sem a outra. Ao comermos com Jesus, reconhecemos a nossa necessidade básica de pão. Ao comermos com Jesus, fazemos parte de sua família e a nossa fraternidade é reafirmada. Ao comermos com Jesus, a sua palavra nos chega, junto com o pão, no fundo de nosso coração. Ao comermos com ele, podemos sonhar que o nosso mundo dividido e machucado reconcilia-se, e que a humanidade é uma única família. Ao comer com ele, o nosso sonho torna-se um pouco mais real. Ao comermos com ele, ganhamos força para continuar comprometidos a servir ao Evangelho, para continuar amando, curando, ajudando e compartilhando. E, sobretudo, dando de comer aos famintos.

O que significa para mim participar da Eucaristia, ouvir a Palavra e comungar? Sinto a presença de Jesus em mim e nos meus irmãos? Comungar o corpo de Cristo compromete-me de que forma?

19 de março. São José
(2Sm 7,4-5a.12-14 a.16; Rm 4,13.16-18.22; Mt 1,16.18-21.24a)

Ser pai, tarefa apaixonante

José foi o pai de Jesus. O fato de não ter sido seu pai biológico não significa que não assumisse todas e cada uma das responsabilidades e satisfações da paternidade. Ele e Maria foram a família de Jesus. Com eles Jesus foi crescendo. No encontro diário junto à mesa, no trabalho, na oração e no descanso, Jesus foi aprendendo as primeiras palavras. No amor entre José e Maria, viu o primeiro reflexo do amor de Deus. E no amor que recebeu deles teve sua primeira experiência do que era ser pai e ser filho. Se, mais tarde, Jesus foi capaz de falar de Deus como *Abá* (papai), foi porque essa havia sido sua experiência primeira. José foi o seu primeiro *abá*. Certamente com ele, de seus lábios, aprendeu a chamar a Deus de *Abá* e a tratá-lo como tal.

Em nossos dias, a figura do pai está em crise. É uma figura ameaçada. O mau comportamento de alguns (aqueles que estão ausentes do lar, os que abusam de suas mulheres, os que se entregam ao álcool...) e a falta de preparo para uma tarefa difícil e exigente fazem que muitos prefiram deixar a responsabilidade de cuidar dos filhos para suas esposas. Eles – pensam – já cumprem outras funções e as crianças não podem ser mais uma delas.

Celebrar hoje a festa de São José é um convite a todos os pais de família a assumirem a responsabilidade de suas tarefas de *pais*. E, também, a aproveitarem a alegria da paternidade. Ser pai é acompanhar de muito perto o filho e a filha a descobrir a vida, a compreender e a conhecer o que é a liberdade, o amor, a amizade e o trabalho. Ser pai é uma aventura apaixonante que sabemos como começa, mas não como termina. Desde o nascimento do bebê até o final de seus dias, cria-se uma relação que é muito mais que obrigação do dever, da lei, porque se encontra apoiada em um carinho e amor que vão além do que podemos imaginar.

Para os pais cristãos, José é o melhor dos modelos. Foi um homem calado. Ao menos não se conserva dele nem uma só palavra. Mas o fato de Jesus tratar Deus de *Abá* nos diz, e muito, como deveria ser José como pai. Não resta dúvida que José ficou feliz vendo Jesus crescer e tomar, de forma madura e responsável, suas próprias decisões. Ser pai não significa controlar nem dominar, mas cuidar da vida daquele que nasceu, alentá-lo e acompanhá-lo em seu processo de amadurecimento. Trata-se de toda uma aventura que deixará a melhor das experiências para aqueles que a assumem com amor e respeito.

Como trato meu pai? Apesar de seus defeitos e falhas, não acredito que ele mereça muito carinho? Como trato meus filhos? Como exerço a paternidade? Faço que os meus filhos se sintam realmente queridos e amados? Acompanho-os nos momentos de dificuldade? Como trato a Deus? Sinto verdadeiramente que é o meu *Papai*?

25 de março. Anunciação a Maria
(Is 7,10-14;8.10; Hb 10,4-10; Lc 1,26-38)

E o verbo se fez carne

A Anunciação é celebrada exatamente nove meses antes do Natal. Celebramos, assim, o começo de nossa história. Apenas a concepção de Jesus no ventre de Maria? Não. Muito mais que isso. Mais que a concepção biológica de Jesus, celebramos a acolhida do Espírito de Deus pela humilde donzela de Nazaré. Podem-se levantar questões históricas sobre a Anunciação, mas, o mais importante é o *sim* de Maria. Com este *sim*, Maria abriu a porta para a execução do plano de Deus. É surpreendente o fato de Deus ter absoluto respeito por nossa liberdade, pela liberdade da humanidade, pois, para levar adiante o seu plano de salvação não se impõe poderoso, mas, pelo contrário, bate com humildade – e vemos aí que Deus é, também, respeitoso e humilde – na porta de nosso coração. O mesmo foi com Maria e, de igual forma, com cada um de nós. Deus não invade nossa intimidade, não nos salva à força, prefere pedir nossa permissão antes. Deus nos dá de presente a vida e a esperança, mas contando conosco.

Este acontecimento tão inusitado que nos coloca frente a frente com Deus, nosso Criador, foi recolhido pela tradição cristã em uma oração simples, mas muito rica pelo seu conteúdo: o *Angelus* (o Anjo do Senhor). Combinando textos básicos do atual Evangelho e do prólogo de João com algumas ave-marias lembramos o fundamental do início de nossa salvação.

"O Anjo do Senhor anunciou a Maria e ela concebeu do Espírito Santo" nos recorda daquele momento acontecido na intimidade do coração de Maria. O momento em que Maria acolhe a palavra de Deus que a chama para ser a mãe de Jesus. Como todas as vocações, como todos os chamados de Deus, o chamado de Maria se iria desenrolando ao longo de sua vida. Maria recebeu o chamado de Deus, foi mãe de Jesus e sua vida transformou-se completamente. Conservou a palavra em seu coração e a transformou em vida para nós.

"Eis aqui a serva do Senhor. Faça-se em mim segundo a tua palavra" nos lembra o acolhimento irrestrito de Maria à incrível oferta de Deus. A promessa de salvação torna-se realidade. Para ela e para toda a humanidade. E ela, ainda que naquele momento não tivesse consciência de todas as suas consequências, acolhe-a sem duvidar. Diz de si mesma que é a escrava do Senhor. Porque nessa escravidão é onde podemos encontrar a verdadeira liberdade para a qual fomos criados.

"E o Verbo se fez carne e habitou entre nós" é a consequência desse ato de acolhimento. Uma nova etapa da história em que Deus se faz um de nós, compartilha de nossos gozos e alegrias, nossas penas e dores. Tudo isso para que possamos ver o enorme amor de Deus que "de tal modo amou o mundo, que lhe deu seu Filho único" para a nossa salvação.

Acolho, como Maria, a palavra de Deus em meu coração? Senti alguma vez o chamado de Deus para agir de uma determinada maneira? Como respondi? Sou consciente de que somente ouvindo a Deus chegaremos a ser verdadeiramente livres?

Sagrado Coração de Jesus
(Ez 34,11-16; Rm 5,5b-11; Lc 15,3-7)

Do Dia dos Namorados ao Coração de Jesus

Poderíamos pensar que a festa do Coração de Jesus é uma versão religiosa do Dia dos Namorados. Este dia é inundado por corações vermelhos, e os namorados e casais são convidados a demonstrar o seu amor. E, curiosamente, parece que a única maneira de fazê-lo é comprando alguma coisa. O Dia dos Namorados é a festa do amor, mas no final tudo acaba em simples consumismo. Já o Coração de Jesus é outra coisa.

É preciso ler com atenção a segunda leitura, da carta aos Romanos, para percebermos que nesta festa, uma vez mais, celebramos o amor de Deus por nós. O mais importante é que esse amor é anterior ao nosso. Não estamos falando de uma relação mútua, entre Deus e cada um de nós, situada em um mesmo nível. Deus nos ama desde sempre. Antes até de o conhecermos e talvez o repudiarmos. Deus, quando éramos pecadores, já nos amava. E planejava fazer todo o possível para nos tirar desse labirinto sem saída em que nos metemos costumeiramente: o labirinto do pecado e da morte, do egoísmo e da avareza, da violência e do desamor.

A prova de que Deus nos ama verdadeiramente – para além das palavras bonitas e dos gestos fáceis do romantismo vazio – é que "Cristo morreu por nós quando ainda éramos pecadores". O amor de Deus está comprometido com o nosso bem. Até dar a vida por nós. Com tudo o que suporta da dor, do sofrimento e de *dar a vida*. Seu amor não é aquele que se retira à primeira dificuldade, mas o que permanece constante até o final. Se é que há final onde há amor.

O amor de Deus para conosco é um amor que engendra a vida, um amor que nos reconcilia, que nos cura e que nos salva. Basta de pensarmos que Deus está ofendido pelos nossos pecados. Melhor dizer que Deus chora por nossos pecados porque com eles prejudicamos a nós mesmos. A reconciliação desejada por Deus não é entre Ele e nós, mas dentro de nós mesmos. Deus, por intermédio de seu amor, é capaz de nos reconstruir por dentro, de nos refazer, de nos recriar e, assim, de nos recuperar a capacidade de recomeçar. Esse é o fruto do amor de Deus.

E tudo isso gratuitamente. Sem pedir nada em troca. Com a alegria daquele que ama sem medida e sente que o seu bem não é outro senão o bem da pessoa amada. Essa é a alegria que há no céu quando se encontra a ovelha perdida e esta retorna para junto do rebanho no redil. É dessa forma que Deus nos ama. E, de passagem, nos diz que no amor nós encontraremos a vida, o gozo e a esperança.

Deixo-me tocar pelo amor de Deus que está ao meu redor e me quer plenificar por dentro? O que posso fazer para agradecer-lhe esse amor? Como posso viver esse amor em meu relacionamento com a minha família, com os meus conhecidos?

29 de junho. Pedro e Paulo
(At 12,1-11; 2Tm 4,6-8.17-18; Mt 16,13-19)

As colunas da Igreja

Nos retábulos de muitas igrejas antigas aparecem em ambos os lados dois apóstolos que hoje celebramos: Pedro e Paulo. O primeiro tem umas chaves na mão, símbolo do poder que lhe foi conferido, segundo a tradição, pelo próprio Jesus ao dizer que era o primeiro entre os apóstolos. O segundo carrega uma espada em uma das mãos e um livro na outra, representando a Palavra de Deus que tanto pregou e que é como a espada de dois fios. Eles são as colunas da Igreja – concretamente falando – em que vivemos.

Foram duas pessoas comuns. Com suas muitas qualidades e também com os seus defeitos. A propósito de Pedro podemos encontrar várias passagens nos diversos evangelhos nas quais ele não se sai muito bem. Paulo, convertido, devia ser um homem de caráter duro e firme, às vezes em demasia. Celebrar hoje Pedro e Paulo nos faz pensar na Igreja. Ao longo de sua história, tem sido a garantia de que o Evangelho fosse transmitido em sua integridade. Em meio a uma história cheia de muitas infidelidades e algumas barbaridades, os bispos, presididos pelo Papa, têm sido os guardiões da fé. Estudando a história de nossa Igreja, podemos nos convencer, com relativa facilidade, de que o Espírito Santo a protegeu e inspirou com o seu poder. Não apenas isso. Muitas vezes também se serviu das próprias fraquezas dos eleitos para os cargos de responsabilidade na Igreja, com o objetivo de que o Evangelho continuasse sendo fonte de inspiração, vida e esperança nos corações dos homens e mulheres de todos os séculos.

Hoje, na festa de Pedro e Paulo, olhamos mais uma vez para a Igreja. Sentimos com dor todas as suas divisões, todo o seu pecado, mas também nos maravilhamos pelos muitos que com sua vida dão testemunho do Evangelho. Experimentamos que no conflito e no diálogo, muitas vezes difícil dentro da comunidade cristã, é como paulatinamente se vai fazendo presente o Espírito – e o Evangelho segue triunfando. Depois de Pedro vieram muitos Papas. Alguns ocuparam mais páginas nos livros de história que outros. Alguns foram melhores pessoas que outros. Alguns foram um verdadeiro desastre. Outros, verdadeiros santos que abriram novos caminhos para o Evangelho no coração de homens e mulheres. No entanto, o Espírito contou com todos eles para dar continuidade ao plano de Deus: que a todos chegue a Boa-Nova do amor que Ele nos tem.

É hora de olharmos com esperança para a nossa Igreja, de sentir nela a presença do Espírito que, às vezes, luta contra a escuridão, mas que no final sempre se sai bem. Que o Senhor Jesus me ensine a ser paciente com a Igreja, com a minha comunidade, comigo mesmo e me presenteie com óculos que me permitam ver como o seu Espírito torna presente o Reino em meu mundo.

Amo a Igreja? Amo a minha comunidade? Trabalho para melhorá-la e para torná-la mais fiel ao Espírito?

15 de agosto. Assunção da Virgem
(Ap 11,19a;12,1-6a.10ab; 1Cor 15,20-27; Lc 1,39-56)

Uma festa diferente

Hoje poderíamos dizer que nós, os cristãos, estamos em uma grande festa. Estamos em festa com Maria, a nossa Mãe. Já é razão mais do que suficiente. Porque Maria não é uma mãe comum. As mães, em geral, cuidam de seus filhos, desejam para eles o que há de melhor, esforçam-se para que tenham uma boa educação, e fazem todo o possível para que eles sejam felizes. Maria fez tudo isso – não duvidamos. Mas, além disso, Maria sonha com um mundo diferente para os seus filhos. Ou seja, para nós.

Encontramos o sonho de Maria refletido nesse cântico precioso que lemos no evangelho de hoje. Com o *Magnificat* (Minha alma engrandece o Senhor) milhões de cristãos ao longo da história sonharam que é possível criar um mundo diferente. Sonharam que Deus realiza proezas com o seu braço em favor dos que nele creem e que lhes oferece a sua misericórdia. Além disso, promove uma reviravolta naquilo que é comum no mundo: dispersa os soberbos, derruba os poderosos, enaltece os humildes e cumula de bens os famintos e os necessitados. É um sonho que tem muito de revolucionário. Não é à toa que certos países sul-americanos, durante os anos 60, proibiram isso por ser *subversivo*.

Hoje continuamos recitando o cântico de Maria. Poderiam nos dizer que é um sonho, que não passa dos desejos de uma mãe para com os seus filhos. Mas, não é verdade. Há algo mais. Algo muito importante. Esse sonho transforma-se em realidade entre nós pouco a pouco. Por quê? Pela simples razão de que sua realização não depende de nossos esforços, mas do braço poderoso de Deus. Isso é o mais importante. É Deus quem está agindo entre nós e fazendo que esse sonho se transforme em realidade. Maria não teve um simples sonho. Maria experimentou a presença de Deus em sua vida. Estava grávida e sabia que levava em seu ventre o Salvador prometido por Deus desde há muito. Por isso seu cântico está repleto da força de quem acredita porque viveu e experimentou.

Se abrirmos bem os olhos, também seremos capazes de ver a presença de Deus entre nós. Presença que vai transformando os corações das pessoas e vai enchendo de misericórdia este mundo. É que não nos damos conta da grande quantidade de pessoas boas, próximas e distantes, trabalhando para ajudar os mais necessitados, para que os mais pobres e mais marginalizados sejam saciados pelos bens do Senhor. Essas pessoas hoje são os braços poderosos de Deus em nosso mundo. Eles são o motivo de hoje celebrarmos esta festa com toda a alegria do mundo. Porque com Maria acreditamos e sabemos que Deus age no meio de nós. E aquilo que era apenas um sonho se vai tornando realidade.

Não me parece uma boa ideia copiar o cântico de Maria em um papel para que possa recitá-lo todos os dias (talvez seja a melhor das orações)? Que pessoas eu vejo ao meu redor acreditando que são, hoje, os *braços poderosos* de Deus em nosso mundo?

1º de novembro. Todos os Santos
(Ap 7,2-4.9-14; 1Jo 3,1-3; Mt 5,1-12a)

O melhor é sempre para os filhos

Há algum pai que não se esforce o máximo possível para dar o melhor a seus filhos? Quase se pode dizer que não. Outra coisa bem diferente é crer que acertam sempre, ou que aquilo que acreditam ser o melhor para o filho revele-se, ao longo do tempo, não o ser. Mas há sempre boa vontade. Por uma simples razão: porque os pais sentem os filhos como se fossem parte de si mesmos.

A mensagem das leituras de hoje é simples: somos filhos de Deus. Como diz João na segunda leitura, não sabemos o que seremos no futuro, mas já sabemos o que somos hoje: filhos de Deus. Alguém conhece algo maior? Temos o direito de nos sentar à mesa com Deus e que nos seja servida a refeição dos filhos, não a dos servos. Porque somos seus filhos. Sobre esse ponto não há o que discutir.

Como todos os pais, Deus deseja o melhor para nós e esforça-se o mais que pode para que o tenhamos. Acontece que, algumas vezes, pensamos que o melhor não é exatamente aquilo que Deus deseja para nós. Acostumamo-nos a pensar que o melhor é ter muito dinheiro (assim, podemos comprar todas as coisas que nos agradam); sermos admirados por todos (assim, nos sentiríamos queridos e amados por todos), ou que os demais preocupem-se com o que acontece conosco e cuidem de nós (porque acreditamos que as nossas dores e penas são as maiores do mundo). Deus, no entanto, sabe que tudo isso é inútil. Essas coisas não são o melhor. Lembro-me que, certa vez, perguntaram a um cantor argentino porque ele não tinha tanto sucesso quanto Julio Iglesias, visto que cantava tão bem ou até melhor. A resposta foi admirável: "Porque, talvez, Deus saiba que Julio precisa de todo esse sucesso e dinheiro para ser feliz. Para mim, basta o carinho de meus amigos". Este homem sabia o que era ser feliz, sabia o que Deus lhe oferecia em cada uma das pessoas com quem se encontrava (um possível amigo e, portanto, um possível tesouro).

A partir desta perspectiva, deveríamos ler as Bem-aventuranças. Descobriremos o que Deus pensa que é verdadeiramente bom para nós, e não podemos pensar que esteja enganado. Ele, que nos quer tanto, acredita que o melhor é vivermos em ótimo relacionamento de amor e amizade com os demais filhos de Deus (a todos os homens e mulheres da terra), cultivando a justiça, a misericórdia, a simplicidade do coração e compartilhando as dores e as alegrias dos outros como se fossem nossas (porque verdadeiramente o são. Não são nossos irmãos?).

Onde deposito neste instante a minha felicidade? O que acredito que seja bom para mim e para a minha família? O que significa ser "filho de Deus"? Há algo que Deus me ofereça, agora, e que, talvez, eu esteja repudiando?

8 de dezembro. Imaculada Conceição
(Gn 3,9-15.20; Ef 1,3-6.11-12; Lc 1,26-38)

De Eva a Maria

A primeira leitura e o evangelho desta festa põem Maria em relação com Adão e Eva, nossos primeiros pais, o símbolo primeiro da humanidade. Neles vemos como somos capazes de iludir nossas responsabilidades. Desejamos ser livres, mas não queremos prestar contas do que fazemos. É como se preferíssemos viver a vida toda como crianças ou adolescentes imaturos. Quando, no relato do Gênesis, Deus pergunta a Adão e Eva o que havia acontecido, a resposta de ambos é muito parecida. Os dois lançam a culpa um no outro. "Não sabiam o que faziam", "foi a mulher que me deste por companheira" (e, assim, muito finamente, Adão culpa Deus pelo ocorrido), "foi a serpente". Trata-se aqui de libertar-se da culpa. E com a culpa, se vai a responsabilidade também. E, com ela, a liberdade. Porque a liberdade não existe sem a responsabilidade.

A atitude de Maria no evangelho de Lucas é muito diferente. Diante da saudação do Anjo, Maria sente-se perturbada. Mas isso não a leva a dizer que o Anjo buscava por outra pessoa e que ela não era a escolhida. Maria ouve, assume o desafio que a presença do Anjo apresenta e responde (responder tem muito a ver com *responsabilidade* e, portanto, com *liberdade*) afirmativamente à sua proposta. No momento do *sim*, não está plenamente consciente das consequências que sua resposta acarretará no futuro; no entanto, a continuação do evangelho nos mostrará uma mulher que sabe estar presente nos momentos fundamentais da vida de seu filho; que sabe ouvir a sua palavra e a guarda em seu coração, que o acompanha até o momento da crucifixão e que, mais tarde, aparece, apenas como uma a mais, em meio à comunidade cristã. Todo um exemplo de maturidade, responsabilidade e, portanto, de liberdade.

Ao responder afirmativamente ao anúncio do anjo, Maria rompe uma tendência que ainda estava presente no coração de muitos: a de lançar a culpa no outro, a de não querer assumir a responsabilidade que é inseparável do dom da liberdade. Ao renunciar a responsabilidade, renunciamos, também, à liberdade. Ficamos, assim, reduzidos a eternas crianças.

Maria representa a nova humanidade, feita de homens e mulheres livres e responsáveis, conscientes de que Deus colocou este mundo em nossas mãos e devemos cuidar dele, melhorá-lo e compartilhá-lo com nossos irmãos e irmãs. Maria é, desta forma, fonte de esperança. É possível uma nova humanidade, é possível um mundo diferente, se acolhermos, tal como Maria fez, o anúncio do Reino em nossos corações, e se assumirmos nossa liberdade com responsabilidade e maturidade.

Como vivo a minha liberdade? Isso significa que posso fazer o que bem entender sem me importar com as consequências? Assumo de maneira responsável as consequências de minhas decisões?

2º domingo do Tempo Comum
(Is 62,1-5; 1Cor 12,4-11; Jo 2,1-11)

A alegria da família de Deus

A celebração de um casamento é um dos momentos de maior satisfação na vida de uma família, visto que é o começo de uma nova etapa. Um rapaz e uma moça deixam suas famílias para formarem uma nova. Não é motivo para ficarmos tristes, mas ao contrário. A família cresce e, o mais importante, abre-se para a vida. O casamento de um dos filhos ou filhas significa que chegarão novos membros para enriquecer a vida da família. Quando um dos membros se casa, a família inteira celebra que a vida não termina, mas se abre para o futuro com esperança. O nome da família continuará vivo.

Um matrimônio também supõe uma promessa de amor entre aqueles que se casam. É um amor para sempre e para tudo. Não há limites. Feito de total generosidade e entrega mútua. Gratuito e sem pedir nada em troca. É um amor capaz de criar a vida. Os demais membros da família que porventura tenham vivido mais, têm mais experiência, sabem que esse amor, às vezes, perde força, comete erros e nem sempre é fiel ao primeiro impulso. No entanto, a promessa dos esposos é um sinal de que vale a pena continuar procurando por esse ideal tão difícil de ser alcançado. Por isso, para todos aqueles que participam de um casamento, essa é sempre uma celebração da vida e do amor.

Não é casualidade que Jesus inicie sua vida pública participando de um casamento e ampliando de maneira ilimitada a alegria dos participantes. Não pode significar outra coisa a quantidade enorme de água que Jesus transforma em vinho. Além disso, segundo a opinião do responsável é o melhor vinho. A presença de Jesus confere ao casamento – a festa humana por excelência, a festa da vida – a presença do vinho melhor. É a melhor bênção para a vida e o amor que celebravam aquelas famílias. O vinho melhor é o sinal de que a vida que Jesus nos traz vence a morte. O casamento, a alegria e o melhor vinho são sinais que nos falam que o encontro entre Deus e a humanidade em Jesus é o encontro da verdadeira Vida, com a qual não se termina; é o encontro que dará lugar à família definitiva, na qual todos nos reconheceremos como irmãos e irmãs reunidos na mesa do Pai de todos, Deus, lá onde não haverá mais morte nem tristeza. Como nos casamentos, essa celebração não é mais que o começo de uma nova família. Não é todavia mais que uma promessa, mas uma promessa de vida em plenitude. Viver como *cristão* é viver na esperança e na alegria.

Vou à Missa a cada domingo com a alegria de me encontrar com meus irmãos e irmãs para celebrar a vida que Deus nos dá? Ser cristão é um motivo de satisfação para mim? Em que se nota isso? Em que se nota em minha família?

3º domingo do Tempo Comum
(Ne 8,2-4a.5-6.8-10; 1Cor 12,12-30; Lc 1,1-4;4,14-21)

Da lei antiga à lei nova

Há uma distância enorme entre a primeira leitura e o evangelho deste domingo. A primeira leitura relata um momento da história de Israel em que, depois do retorno do exílio, o povo ouve a proclamação da lei. É a lei de Deus. São as normas que Deus deu aos seus pais, no passado, e que devem ser obedecidas a todo instante. Em troca, o povo terá a vida. Se o povo foi vencido por seus inimigos e consequentemente desterrado, foi devido ao fato de não ter obedecido a essas normas como deveria.

No Evangelho encontramos uma situação bem diferente. Jesus voltou para a sua cidade natal após longo período de ausência. Já havia iniciado sua vida pública e sua fama havia chegado a seus conterrâneos. Sente-se enviado por Deus para pregar o seu Reino. Estamos ante uma nova proclamação da lei? Jesus irá dar normas novas que sejam contrárias às que, desde a antiguidade, o povo havia recebido? Possivelmente seus conterrâneos se faziam também estas perguntas. Por isso, quando entra na sinagoga, é convidado para fazer uma leitura dos profetas e a que lhes fale.

Jesus, de maneira surpreende, escolhe um texto que não fala de normas nem de leis. Fala muito mais dele mesmo e de sua missão. Jesus se serve de um texto do profeta Isaías para explicar a seus conterrâneos, e também para nós, qual é o conteúdo de sua missão, porque está pregando pelas aldeias e caminhos da Galileia. Jesus acredita-se dominado, possuído pelo Espírito de Deus. Esse Espírito não faz dele alguém superior aos demais. Não o torna um rei que, como os demais reis da terra, faz valer sua autoridade para dominar, oprimir e escravizar. Ele foi enviado para anunciar a Boa-Nova aos pobres, libertar os cativos e devolver a visão aos cegos. Eis sua missão. Não se trata, portanto, de que Deus por meio dele nos vá dar normas novas, talvez mais fáceis, ou, quem sabe, mais difíceis, a que deveremos obedecer. De maneira alguma. Jesus nos fala de um Deus que nos traz a salvação, quer que sejamos livres, que deixemos de sofrer, que sejamos felizes. Essa é a missão de Jesus. Nós que hoje formamos sua comunidade somos os encarregados de levar essa Boa-Nova aos que sofrem, aos oprimidos, aos cativos e aos pobres. Para que todos conheçam o Deus que nos ama e nos salva.

Há perto de mim pessoas que precisam ser libertadas de alguma opressão? Eu mesmo, talvez? Como Jesus me liberta? Como Jesus liberta minha família? Desejo ser libertado?

4º domingo do Tempo Comum
(Jr 1,4-5.17-19; 1Cor 12,31–13,13; Lc 4,21-30)

Um profeta positivo

De entrada parece que todos os profetas preveem desgraças. Anunciam-nos um futuro incerto e, entre as sombras que vislumbram, falam-nos de ameaças, cataclismos, guerras, epidemias e não sei de quantas outras coisas. Todas más. Todas negativas. Suas palavras convertem-se em ameaças que chegam bem dentro de nós e desfazem a pouca harmonia e paz que talvez tenhamos conseguido estabelecer em nossa vida.

Jesus, está claro, é um profeta. Mas não é desses a que estamos acostumados. É muito diferente. Não faz barulho. Não entra em nossa vida com grandes gritos e ostentações. Apenas algumas palavras simples. No Evangelho, continuação do que ouvimos no domingo passado, pronuncia uma das homilias mais breves da história. Jesus não faz mais do que recorrer ao que havia lido num texto do profeta Isaías e dizer que tudo isso já se havia cumprido. Era um texto que falava da libertação para os oprimidos, de consolação para os aflitos, de saúde para os enfermos, da liberdade para todos. Era o anúncio da Boa-Nova de Deus para todos.

Na segunda leitura, Paulo explica também o núcleo da mensagem de Jesus. É um texto já conhecido, mas que vale a pena ler e reler muitas vezes e levá-lo, mesmo, na carteira. Na mente e no coração. Diz que a melhor forma de *ser cristão* é amar. Esse é o melhor carisma. Explica o que é amar. É um amar igual ao de Jesus, que dá vida por todos, sem medida, sem condições. É o próprio amor de Deus. Porque o cristão é chamado a viver o amor de Deus. Paulo explica o que é e o que não é o amor. Recorda-nos que sem esse amor nada tem sentido. Podemos trabalhar muito, dar dinheiro aos pobres, rezar horas e horas, ajudar na paróquia e muitas outras coisas mais. Se tudo isso for feito sem amor, não vale nada. É simples perda de tempo.

Este é o centro da mensagem do profeta Jesus. Como vemos, não contém ameaças, mas um convite para se viver no amor. Não fala de um futuro tenebroso, mas de um presente cheio de luz e de sentido. No amor descobrimos a presença de Deus junto a nós. No amor torna-se transparente que os que estão ao nosso redor são nossos irmãos e irmãs, ainda que, às vezes, nos pareça que agem como se não o fossem. No amor, a vida torna-se mais valiosa e somos mais felizes. O curioso é que a reação ante a mensagem de Jesus tenha sido de completa oposição. Se os tivesse ameaçado com o dilúvio final, provavelmente o teriam escutado mais. Mas a mensagem de Jesus desacomodava seus ouvintes, pois os convidava demasiadamente a mudar de vida. Nós somos, hoje, os ouvintes da mensagem de Jesus e porta-vozes para o mundo. Com nossa vida demonstraremos que viver o amor abre um futuro melhor para a humanidade e para o mundo.

Como cristão sou profeta em nossa sociedade? Qual é o conteúdo de minha profecia? Que mensagem ofereço com minha vida? E com minhas palavras? Qual é o mais valioso?

5º domingo do Tempo Comum
(Is 6,1-2a.3-8; 1Cor 15,1-11; Lc 5,1-11)

Deus nos salva e nos faz colaboradores seus

Certamente já visitamos alguma dessas igrejas antigas nas quais se vê na abside, pintada ou em mosaico, acima do altar, a figura enorme de um Cristo. Não aparece crucificado, mas sentado em um trono. Tem nas mãos os sinais da realeza. Rodeiam-no os apóstolos, anjos e santos. Trata-se de uma representação da corte celestial. Cristo em todo o seu poder. O nome dessa representação é *Pantocrator*. Deseja comunicar aos que a vejam a solenidade, majestade e eternidade de Deus. Diante dessa imagem, a resposta do homem é a de Isaías na primeira leitura: "Ai de mim, estou perdido!". A majestade e o poder de Deus são tão grandes que nos sentimos completamente anulados em sua presença.

Mas, o Evangelho nos conta outra história. Narra-nos uma história real. Algo que aconteceu em nosso mundo. Aquele Deus que estava representado em todo o seu poder e majestade desceu do seu trono e aproximou-se de nós, tornou-se um de nós. Caminhou pelas nossas ruas e falou a nossa língua. Sentiu frio e calor. Chorou e riu como nós. Em Jesus, Deus se faz carne, encarna-se. Esta é a história, a grande história que nos conta o Evangelho.

O evangelho de hoje nos aproxima de um momento da vida de Jesus. Próximo a um lago, Jesus fala ao povo sobre Deus. A multidão é grande e Jesus solicita a Pedro que o deixe subir na embarcação para que possa daí falar ao povo. Quando termina, Jesus convida Pedro para remar mar adentro e lançar as redes. Aí acontece a confusão. Já haviam trabalhado a noite toda e nada pescado. Mas, em nome de Jesus, voltam a lançar as redes. Acontece um milagre. E, curiosamente, a reação de Pedro é semelhante à do profeta Isaías na primeira leitura: "Afaste-se de mim, Senhor, eu sou um pescador". Pedro percebe que Jesus é mais que um simples pregador ou profeta. Jesus é o próprio Deus. Não é o Deus no poder da primeira leitura, mas é Deus. É um Deus próximo, feito homem, amável, cheio de compaixão e de misericórdia.

Curiosamente também Deus age da mesma maneira tanto na primeira leitura como no Evangelho: salva, purifica, perdoa e envia. O profeta se sentia perdido e impuro. Pedro se sentia pecador. Ambos são acolhidos por Deus que os levanta e os transforma em colaboradores de seu plano de salvação. "Não temas, a partir de agora serás pescador de homens". Para Isaías e para Pedro, e também para nós que ouvimos hoje estas leituras, abre-se um novo futuro para além de nossas limitações e de nossos pecados. Deus nos chama para colaborar com Ele, para sermos mensageiros e testemunhas de seu amor e de sua misericórdia para todos os homens e mulheres. E tudo isso por pura graça e amor de Deus (segunda leitura).

Quando entro na igreja e me ponho na presença de Deus, sinto-me perdido como Isaías ou pecador como Pedro? Ou experimento que Deus me perdoa, me levanta e me faz seu colaborador? O que significa verdadeiramente em minha vida ser mensageiro do amor e da misericórdia de Deus?

6º domingo do Tempo Comum
(Jr 17,5-8; 1Cor 15,12.16-20; Lc 6,17.20-26)

Benditos e malditos!

Às vezes convém exagerar para que se entenda bem o que se quer dizer. Assim é a primeira leitura. Apresenta duas formas de vida opostas. São tão opostas que, de fato, não ocorrem na realidade. É difícil acreditar que haja quem confie apenas e exclusivamente em si mesmo. E, também, é difícil acreditar que somos os que confiamos apenas e exclusivamente em Deus. A oposição, porém, nos serve para compreender por onde deveríamos orientar nossa vida. Porque com cada um dos extremos se relacionam na leitura algumas ideias. Aqueles que *confiam no homem* assemelham-se a um *deserto* que é o lugar da morte, estéril e vazio de Deus. Aqueles que *confiam no Senhor* são como árvores plantadas na água e sempre dão frutos. É como se vivessem em um oásis, lugar de vida em meio à morte que é o deserto.

Algo parecido nos manifesta Jesus no evangelho de Lucas. Nesta versão das bem-aventuranças, diferente da de Mateus, as bênçãos são apresentadas paralelamente às maldições. As maldições incorporam praticamente as mesmas ideias que comentamos na primeira leitura. Aqueles que confiam em si mesmos, no homem, não têm muito futuro. Parece que estão condenados ao sofrimento e à morte. Confiam em si mesmos porque são ricos, porque comem fartamente, porque "aproveitam a vida" e porque todos falam bem deles. No lado oposto estão os que são declarados *bem-aventurados* ou *felizes* por Jesus.

Mas há um fato importante a ressaltar neste lado da oposição. Se na primeira leitura se declarava *bem-aventurado* a quem confiava no Senhor, no Evangelho se declara *bem-aventurado* não ao que confia no Senhor, mas simplesmente àqueles a quem neste mundo coube a pior parte. Jesus não diz "ditosos os pobres que confiam em Deus". Diz simplesmente "ditosos os pobres" e "os que têm fome" e "os que choram". Sem mais. Não é necessário nenhum título a mais para merecerem ser declarados *bem-aventurados* por Jesus e receber a promessa do Reino. Unicamente a última das bem-aventuranças se refere aos discípulos de Jesus, aos que serão perseguidos por causa de seu nome. Esses também são *bem-aventurados*.

O amor e a misericórdia de Deus são para todos os homens e mulheres. Por isso, exatamente, manifesta-se, em primeiro lugar, àqueles que não têm nada, e a quem coube a pior parte desse mundo. Dirige-se a estes preferencialmente o amor de Deus. A estes, nós, cristãos, devemos amar preferencialmente porque são os *bem-aventurados* de Deus. Porque são nossos irmãos pobres e abandonados. Nós confiamos que no Reino nos encontraremos todos, eles e nós, compartilhando a mesa da *bem-aventurança*.

Quem são, próximo a mim, os pobres, os que passam fome e os que choram? O que faço em minha comunidade para que se sintam os amados e preferidos de Deus? Ou prefiro cuidar apenas do meu bem e confiar em mim mesmo? O que poderia fazer?

7º domingo do Tempo Comum
(1Sm 26,2.7-9.12-13.22-23; 1Cor 15,45-49; Lc 6,27-38)

Amor sem medida e incondicional

Em um dia como este precisamos prestar atenção no Evangelho. Nele Jesus nos fala do amor. Em nossa sociedade também se fala muito de amor. No entanto, o amor parece ser quase um instrumento que usamos para nos sentir melhor. Tanto nos acostumamos a viver em uma sociedade de consumo, ou seja, onde tudo se compra para nos sentirmos melhor, para tornarmos nossa vida mais cômoda e confortável, que o amor e os relacionamentos humanos são considerados a partir da mesma perspectiva consumista.

A pessoa e seu bem-estar colocaram-se de tal maneira no centro da existência que tudo mais, incluídas as outras pessoas, giram a seu redor. Tudo é considerado a partir de uma perspectiva egoísta.

A pessoa olha o tempo todo para os seus direitos. E os dos demais são colocados a serviço de suas necessidades e desejos. Quanto mais prazer, comodidade e bem-estar alcançar, mais valiosa será sua vida. À medida que não consigo um bom carro, uma boa casa, um bom salário e/ou uma pessoa que me ame, minha vida perde valor. Essa é a cultura atual.

Jesus apresenta um padrão cultural tão diferente que não se pode dizer sequer que seja o oposto. É simplesmente outra coisa. Entendê-lo significa adentrar outra sabedoria. Vivê-lo é ter a possibilidade de alcançar a felicidade da maneira mais profunda. Jesus, de entrada, nos convida a amar os inimigos e a fazer o bem àqueles que nos odeiam. Aí é onde os esquemas são rompidos. Não entendemos e nem desejamos entender. Como posso fazer o bem a alguém que me prejudicou? Vou dar um presente a um terrorista que lançou uma bomba contra mim? Perdoo a vida do delinquente que me ameaçou com sua arma? Essas ideias soam como impossíveis.

Depois, Jesus fala sobre o merecimento. Jesus nos diz que, se desejarmos ter algum merecimento, teremos que fazer exatamente isso, porque amar a quem nos ama é muito fácil. No fundo, rimos de quem leva a vida fazendo coisas para conseguir outras. Estes igualmente não se inteiraram de nada.

Jesus faz uma proposta clara: amem e façam isso sem esperar nada em troca. Sem esperar sequer que Deus os ame e os recompense por isso. Aqui está o grande mistério do amor. Apenas assim, então, será dada a recompensa da vida e a felicidade. Quando a pessoa se entrega sem limites ao amor, quando se consome nesse amor. Sem medida. Sem condições. Então, e tão somente, experimenta o amor de Deus que a envolve e a preenche. A isso é que Jesus convida a todos os cristãos.

Justifiquei alguma vez o ódio e a vingança? Tais atitudes ajudam a construir um mundo melhor? Seria possível viver o amor incondicional que Jesus me propõe? Que consequências terá para a minha vida?

8º domingo do Tempo Comum
(Eclo 27,4-7; 1Cor 15,54-58; Lc 6,39-45)

A boca fala do que o coração está cheio

Antigamente e também, ainda hoje, nos pequenos povoados era preciso ter muito cuidado com aquilo que se fazia e com as aparências. Era importante que todos te vissem tendo um comportamento adequado. Caso contrário, as fofocas e os comentários começavam a circular com facilidade. Todo mundo se acreditava com autoridade suficiente para entender o caso, destruir os argumentos da defesa e ditar a sentença, em geral, condenatória. Definitivamente, todo mundo se sentia com capacidade de ser juiz. E isso, às vezes, a partir de dados mínimos, de fatos acidentais que, na realidade, nada tinham a ver com o que a pessoa era ou vivia.

Atualmente fazemos o mesmo com os conhecidos, os amigos, os políticos, as estrelas de cinema ou, em geral, com qualquer personagem público. Muitos falam e parecem saber perfeitamente o que Carlos ou Antônio deveriam fazer ou deixar de fazer. Muitos se atrevem a dar conselhos com uma clarividência tão absoluta que não entendemos como não alcançaram triunfos maiores em suas próprias vidas. Acontece tal como diz o provérbio: "Conselhos eu vendo, porque para mim não tenho". Os provérbios refletem a sabedoria popular. No fundo, a primeira leitura deste domingo é apenas uma composição feita de provérbios e ditos populares. "Quando a gente sacode a peneira, ficam nela só os resíduos" é o começo do texto de hoje. Logo, aprendemos que as palavras mostram o coração do homem. Isto é, todas essas críticas e comentários tratados anteriormente dizem mais sobre a própria pessoa que realiza o comentário do que sobre a pessoa sobre a qual ele é feito.

Jesus insiste nas ideias assemelhadas. Emprega muito o senso comum. Isso não era estranho, pois essa sabedoria popular tem muito da profunda experiência humana. E essa profundidade não pode estar ancorada senão em Deus, que é o nosso criador. Nela Jesus encontra as raízes da sabedoria e da relação do homem com Deus.

A pessoa que assinala e denuncia com tanta clareza o cisco no olho alheio e a sua disposição (hipócrita talvez?) para ajudar a eliminá-lo, nada mais faz que pôr a descoberto a pobreza de seu próprio coração. O dele, como diz Jesus, não é um cisco, mas uma viga. Deveríamos aprender a ser mais prudentes na hora de denunciar ou de condenar as ações de nossos irmãos. Temos telhado de vidro! Além disso, deveríamos ter coragem de olhar para dentro de nosso coração, e, sem medo, tratar de remover, com sinceridade, a viga que certamente temos. Assim, estaremos mais leves para seguir a Jesus e para amar os nossos irmãos e irmãs.

Tenho desperdiçado meu tempo com críticas e fofocas contra outras pessoas? Alcancei algum bem com isso? Não seria melhor falar de seus valores e qualidades? Tenho coragem de olhar para a viga que tenho em meu olho?

9º domingo do Tempo Comum
(1Rs 8,41-43; Gl 1,1-2.6-10; Lc 7,1-10)

Nós e os outros, todos juntos no Reino

O povo judeu sentia-se muito orgulhoso do seu passado. Em suas Escrituras Sagradas encontrava o testemunho dos antigos profetas e das leis que havia recebido das mãos de Moisés. Eles eram o povo escolhido por Deus. Fora do povo judeu não era possível encontrar a salvação. Os demais, aqueles que não eram judeus, eram pagãos, ignorantes. E, se algum destes desejasse integrar-se ao povo eleito, deveria passar por um longo processo. E, no final, sempre seria um judeu de segunda classe. Assim era nos tempos de Jesus.

Por isso, a afirmação de Jesus na parte final do Evangelho surpreendeu os judeus que o ouviam. As palavras de Jesus ultrapassaram o limite do que poderiam admitir. Era inconcebível que um rabi, um mestre da lei, assegurasse que "nem mesmo em Israel tinha encontrado tanta fé como neste homem". Como Jesus podia dizer que alguém – ainda que fosse muito amigo do povo judeu – pudesse ter mais fé do que os próprios judeus? É preciso repetir: isso era impensável e ia além daquilo que poderia ser admitido.

Também na Igreja colocamos, muitas vezes, barreiras entre nós que estamos dentro e os que estão fora. Entre os batizados e os não batizados. Entre os que vão à Missa e aqueles que não. Entre os que cumprem e aqueles que não o fazem. No passado chegamos a afirmar que "fora da Igreja não há salvação", e, assim, condenávamos implicitamente milhões de homens e mulheres que jamais tiveram nem sequer a possibilidade material de conhecer Jesus e a Igreja.

A realidade é muito diferente. A mensagem de Jesus é universal. Não conhece fronteiras de nenhum tipo. Nem de nações nem de culturas. Nem de sexo nem de raça. Nem mesmo a recepção da mensagem exige que a pessoa tenha um histórico limpo de pó e palha. A palavra de Jesus é dirigida a todos e nos convida à conversão e ao acolhimento do Reino de Deus, o Reino de seu Pai. Somos convocados a fazer parte de sua família, a compartilhar da mesa dos filhos e filhas. Sem distinções. Sem classes. Sem privilégios.

Aqueles que recebem tal mensagem, venham de onde vierem, são parte do Reino. Aqueles que trabalham com sinceridade pela justiça e pela igualdade são filhos e filhas de Deus. Ainda que não tenham sido batizados, ainda que não sejam *oficialmente* dos nossos. O Reino encontra-se além de nossas leis, tradições e costumes. O Reino cresce dentro das pessoas de uma maneira misteriosa. Às vezes o vemos, noutras não. Mas quando vemos as obras (a fé, o compromisso pela paz e a justiça, o amor por todos...), então, sabemos que esses e essas são filhos de Deus, cidadãos do Reino, nossos irmãos e irmãs. Ainda que não vão à Missa.

O que é mais importante para a minha vida de cristão: trabalhar pela justiça e amar a todos ou ir à Missa e receber os sacramentos? Ambos, cada um ao seu tempo? Sou capaz de admirar a bondade das pessoas que não pensam como eu? Por quais coisas as valorizo?

10º domingo do Tempo Comum
(1Rs 17,17-24; Gl 1,11-19; Lc 7,11-17)

O poder de Deus levanta e ressuscita

Impérios, reinos e nações, ao longo da história mais distante e também recente, têm querido impor-se sobre os demais impérios, reinos ou nações pelo poder da força. Por isso, as fábricas de armas continuam sendo um ótimo negócio.

Em certas ocasiões o poder humano reveste-se de uma aparente bondade, de pele de cordeiro, mas conserva seu caráter de lobo com sua capacidade e desejo de dominar e oprimir. Há guerras que são feitas em nome da liberdade dos povos, mas muitas vezes escondem secretas intenções que se orientam quase que exclusivamente em benefício daqueles mesmos que fazem a guerra. O que se diz dos povos se pode dizer das pessoas e das famílias. Aí, também, há verdadeiras guerras em que uns desejam dominar os outros. Onde ninguém ouve, mas somente trata de se impor aos outros.

Diante dessa realidade do poder humano, que cai quase sempre – até mesmo quando não são empregadas armas, mas apenas a confrontação dialética – na tentação de abusar de sua própria força em benefício próprio, o evangelho de hoje nos propõe outra forma de poder quase totalmente oposta. Se o poder humano (militar, político, econômico, religioso...) costuma cair na tentação de oprimir, afundar, humilhar ou abusar, Jesus emprega seu poder precisamente para o contrário: dá vida, ressuscita, levanta, eleva. É um poder, o de Deus, que se abaixa a si mesmo até o homem e que se coloca a serviço da pessoa humana.

Tudo isso se vê nessa história tão simples da viúva de Naim. É uma viúva. Em uma sociedade patriarcal, uma mulher que não tem marido, que está sozinha, é já um zero à esquerda, não tem presença social nem direitos. O filho era sua esperança. Era o homem da casa, a possibilidade de ser amparada, protegida, cuidada e defendida. Mas esse filho tinha morrido. Um cadáver, uma pessoa morta, é, também, sinal de impotência. Não se pode levantar por si mesmo, é vulnerável a tudo. Por isso as lágrimas da mulher. Se sua situação já era arriscada, a morte de seu filho a deixou completamente indefesa diante da sociedade. Então surge Jesus, que sente compaixão dela. Jesus não pode modificar as convenções sociais, mas dá a vida ao filho. Com seu poder levanta-o dentre os mortos. Materialmente lhe ordena que se levante e que se reintegre na sociedade. Assim, também a mulher se poderia levantar da prostração. É o poder que se coloca a serviço da vida.

Hoje, muitos conhecem a experiência de ser oprimidos pelo poder político, militar ou econômico. Há famílias nas quais uns dominam os outros. Jesus nos convida a nos relacionarmos de outra maneira, isto é, reconhecendo os demais em toda a sua dignidade, erguendo os oprimidos e criando a fraternidade onde todos estejam no mesmo nível, como filhos e filhas de Deus.

Senti-me alguma vez oprimido em minha família, em minha cidade, em meu trabalho, em meu país? Por quê? É possível que, em algum momento, em outra situação, tenha sido eu quem abusou de meu poder e tenha oprimido a outros? O que consegui agindo assim? O que deveria mudar em minha vida se eu agisse como Jesus?

11º domingo do Tempo Comum
(2 Sm 12,7-10.13; Gl 2,16.19-21; Lc 7,36–8,3)

Homens e mulheres, a comunidade de Jesus

Neste domingo as mulheres são as protagonistas. Mas são protagonistas passivas. Não dizem uma única palavra, mas sofrem o abuso (primeira leitura) e os preconceitos sociais (Evangelho). Na primeira leitura nos é oferecido um exemplo claro de abuso de poder. Com certeza, Davi desejou aquela mulher. Até aí, seria um pecado contra o sexto mandamento. Mas Davi se aproveitou de seu poder como rei para fazer que morresse seu marido. O que não era mais que um desejo descontrolado acabou virando assassinato de um homem e transformação da mulher em um objeto de satisfação dos instintos de Davi. Deus denuncia o pecado de Davi pela boca do profeta Natã. Também lhe oferece o perdão, mas lhe avisa que tinha sido ele quem tinha começado a usar a violência para satisfazer seus desejos e que essa espiral não é fácil de parar: "Jamais se afastará a espada de tua casa".

No Evangelho fala-se de uma mulher de má vida. Subentende-se que é uma prostituta. Mas curiosamente lança-se toda a culpa nas costas da mulher. Parece que ninguém quer pensar em por que ela chegou àquela situação. Os fariseus têm claras as ideias. É uma pecadora e deve ser colocada à margem. A atitude de Jesus é muito diferente. Não se fixa no passado, não remexe nele para buscar culpas. Simplesmente observa o grande amor que leva consigo aquela mulher, que é expresso no gesto de lavar os pés de Jesus com suas lágrimas, enxugá-los com seus cabelos e ungi-los com perfume. Jesus diz que aqueles gestos eram o sinal de que a mulher "tinha amado muito". Jesus não apenas perdoa os pecados da mulher; para surpresa dos fariseus, a declara salva: "Tua fé te salvou, vai em paz".

Hoje, a mulher continua carregando em muitíssimas ocasiões a pior parte. Muitos homens, maridos também, são uma ameaça para as mulheres, para suas mulheres. A violência está muito instalada dentro do lar e destrói o respeito que deve ser o fundamento do amor. Na comunidade de Jesus havia homens e mulheres em igualdade de condições. Delas, diz-se no Evangelho que haviam sido libertas de demônios e enfermidades. Dos apóstolos nada se diz neste texto, mas em outros se diz o suficiente para percebermos que todos os que acompanhavam Jesus, homens e mulheres, haviam experimentado com ele a libertação de suas enfermidades e opressões. Formavam uma comunidade de iguais, discípulos e discípulas, ouvindo o mestre e seguindo-o pelos caminhos da Galileia.

Há muito que fazer, na Igreja e fora dela, para chegar à igualdade entre os homens e mulheres, para nos respeitarmos uns aos outros como seres humanos e não vermos o outro – geralmente, a outra – como um simples objeto de desejo, mas como alguém com quem trabalhar por uma Igreja mais fiel ao Evangelho e um mundo mais justo e mais igualitário.

Eu, mulher, sou consciente de minha dignidade e minha responsabilidade? Faço-me respeitar? Eu, homem, respeito a minha mulher e as mulheres? Sou capaz de compartilhar com elas de igual para igual? Ou acredito que ser homem significa abusar e dominar?

12º domingo do Tempo Comum
(Zc 12,10-11;13,1; Gl 3,26-29; Lc 9,18-24)

Da confissão ao seguimento

Uma coisa é uma coisa e outra coisa é outra coisa. É isso que acontece no evangelho de hoje. Jesus pergunta aos discípulos o que pensam sobre ele. E eles o dizem sem problema. Primeiro o informam do que diz o povo. Uns dizem que é João Batista, outros que é Elias, e, outros, não sabem. Em seguida é Pedro quem diz o que pensa. Jesus é o *Messias de Deus*. A frase ficou bonita. Teria sido bom se naquele momento Jesus lhes perguntasse o que queria dizer com isso de que ele era o *Messias*. Provavelmente aí começariam os problemas. E Pedro teria perdido o prumo e a segurança com a qual havia dado sua resposta à pergunta de Jesus.

Jesus não toma esse caminho. Em vez de trazer à tona a ignorância de Pedro e seu falar por falar e sem saber, decide seguir adiante com seu anúncio.

Ele é certamente o *Messias de Deus*. Não o nega, mas procura deixar claro que o que ele – Jesus – entende por *Messias* não é o mesmo que Pedro. Este provavelmente estava pensando em uma entrada gloriosa de Jesus em Jerusalém, aclamado pelo povo, e uma tomada rápida do poder que libertasse o povo da opressão romana. Jesus não o via assim. O caminho do Messias passa pelo sofrimento e pela dor. E até a morte. Sem essa caminhada-páscoa não há Messias que valha. Jesus esperava, provavelmente, que com essas palavras a Pedro as ideias lhe ficassem claras e soubesse, de uma vez por todas, o que significa dizer que ele era o Messias de Deus.

Mas a relação com Jesus não é apenas de confissão. A fé em Deus não nos deixa nunca onde estávamos. Acreditar em Deus não é apenas concordar com verdades intelectuais sobre as quais nos informamos através de um texto ou de algumas aulas. Dizer que *Jesus é o Messias de Deus* me faz descobrir o verdadeiro sentido da vida. E isso necessariamente muda a minha vida. A confissão de fé, na medida em que é autêntica, leva ao seguimento. Seguir Jesus supõe uma mudança de vida, uma atitude nova, um compromisso de viver de outra forma minha relação comigo mesmo, com os outros, com a criação e com Deus.

Aquele que se compromete a seguir Deus ouve em seu coração e coloca em prática as palavras de Jesus no final do Evangelho. Seguir Jesus significa pôr-se a caminho, com tudo aquilo que cada um é. Precisamente ao contrário de se tornar o centro do mundo. Seguir a Jesus é cumprir com o programa apresentado na segunda leitura: viver a fraternidade onde já não há diferença entre uma pessoa e outra porque todos somos um em Cristo. O *Messias* nos leva à fraternidade do Reino. Mas para chegarmos a isso é preciso, necessariamente, passarmos pela páscoa – morte ao nosso egoísmo – e ressurreição – vivos para a fraternidade. Nesse dia conheceremos a vida plena.

Acredito que Jesus é o Messias que me conduz à vida? Estou disposto a segui-lo, deixando tudo o que é necessário para alcançar a vida? Sou consciente de que essa vida passa pela fraternidade dos filhos de Deus? O que posso fazer de concreto para viver essa fraternidade?

13º domingo do Tempo Comum
(1 Rs 19,16b.19-21; Gl 5,1.13-18; Lc 9,51-62)

Seguir Jesus na liberdade e no amor

A ideia de seguir Jesus nos leva a pensar na vocação. Todos nós somos chamados por Jesus para segui-lo. Por outro lado, é certo que apenas uns poucos indivíduos são convidados a mudar a sua forma de vida e a assumir uma nova vida na Igreja.

O que significa seguir Jesus para os cristãos, em geral? No evangelho de hoje nos parece que Jesus torna as coisas difíceis para aqueles que desejam segui-lo. Para um, promete que vai viver na mais extrema pobreza – "as raposas têm sua toca, mas o Filho do homem não tem onde deitar a sua cabeça" –; a outro pede que abandone a sua família sem sequer enterrar o seu pai – para os judeus, enterrar os mortos era um dos mais sagrados deveres, ainda mais quando este era o próprio pai –; a outro, ainda, impede de se despedir de sua família. O chamamento de Jesus é radical e desloca as pessoas de suas vidas para colocá-las a serviço do Reino.

Então, quem pode seguir Jesus? A resposta está na segunda leitura, da carta aos Gálatas. Aí está a chave para compreendermos o serviço do Reino ao qual Jesus nos chama. Até mesmo poderíamos alterar a ordem das leituras e ler a segunda logo após o Evangelho. Paulo começa proclamando que Jesus nos salvou para que sejamos livres. O Reino é absolutamente o contrário da escravidão. O Reino de Deus é o reino da liberdade. Viver a serviço do Reino significa assumir de maneira radical a liberdade que Deus nos concedeu em Cristo. Assumi-la com seus riscos e responsavelmente. Entrar no Reino é amadurecer como pessoas. Os filhos de Deus não têm mais vocação que a liberdade. E aí não é possível fazer concessões. Não se deve voltar a olhar para o tempo em que fomos escravos, nem se preocupar sequer em enterrar o que abandonamos. Nossa vocação nos chama a crescer na liberdade. Não é fácil viver em liberdade e assumi-la de maneira responsável. É um caminho árduo – como o de Jesus na subida para Jerusalém. Supõe renunciar a muitas seguranças. Mas é justamente aí que Deus nos quer.

Claro que é uma liberdade temperada na relação por amor. Somos livres para amar com todo o coração. Somos livres a partir da verdade mais legítima de nossas vidas: todos somos irmãos e irmãs em Jesus. Somos livres para tomar as decisões que nos levem a amar e respeitar a própria vida e a dos demais em sua integridade. Somos livres para defender a vida ante todas as ameaças. Somos livres para viver de maneira solidária com toda a criação. Seguir Jesus, para o cristão, significa amadurecer a liberdade, deixar de ser escravo das normas e passar a ser um agente ativo na construção de um mundo mais justo, mais irmão e mais livre.

Quais são minhas escravidões? Tentarei dar-lhes nome ("o que vão dizer", o álcool, a preguiça...). Como procuro me libertar delas? O que significa, para mim, viver em liberdade? Em que medida estou trabalhando para fazer que este mundo seja mais humano, mais livre e fraterno?

14º domingo do Tempo Comum
(Is 66,10-14c; Gl 6,14-18; Lc 10,1-12.17-20)

A alegria da Boa-Nova

Às vezes nosso mundo está tingido com certa melancolia. Hoje, mais do que nunca, é verdade quando se diz que "o tempo passado foi melhor". Aguarda-nos um futuro com mais contaminações, mais problemático e conflituoso. A mudança climática, o esgotamento dos recursos naturais, a super população, as guerras e os choques entre as diferentes culturas são problemas que prendem a nossa atenção e nos obrigam, de alguma forma, a sermos pessimistas. Como é possível alegrar-se num mundo como este? E, já não bastasse tudo isso há, ainda, os problemas pessoais. Quem está livre de algum tipo de conflito em sua família? Quem não sente o perigo da enfermidade e da morte como uma espada de Dâmocles oscilando de maneira ameaçadora sobre a sua cabeça?

Contrastando com a realidade, que muitas vezes pode ser asfixiante, as leituras de hoje nos falam da alegria de sermos portadores e receptores da Boa-Nova da salvação. Não podemos pensar que o mundo se encontrava muito melhor nos tempos de Jesus. Talvez a contaminação fosse menor, mas havia outros problemas que, hoje, encontram-se relativamente resolvidos, e que naqueles dias eram muito mais graves e urgentes. A miséria, por exemplo, era crescente entre a maior parte da população. Naquela circunstância, Jesus enviou os setenta e dois discípulos, dois a dois, para que pregassem a Boa-Nova, desejassem a todos a paz, ficassem próximos aos doentes e necessitados e anunciassem que o Reino de Deus estava próximo.

Era uma mensagem simples para os simples. Uma mensagem que era um motivo de alegria para aqueles que a transmitiam e para os que a recebiam. Como vemos na primeira leitura, quando o profeta Isaías exorta aos que o escutam a ficarem alegres porque o consolo, a paz e a vida de Deus estão com eles.

Hoje somos nós, em primeiro lugar, os receptores dessa mensagem. Para além dos desastres que tenhamos podido causar neste mundo, Deus continua nos oferecendo a vida e a paz. "O Reino de Deus está próximo" e a sua palavra continua nos desejando paz. Tal como lemos no Evangelho, nós temos a opção de acolher essa paz, que nos vem de Deus, ou de rejeitá-la. Mas, até mesmo no caso de a rechaçarmos, precisamos saber que de qualquer modo o Reino de Deus está chegando.

Mas também somos os transmissores da mensagem. É o tesouro que Deus colocou em nossas mãos. Por isso, nos glorificamos em Jesus e fazemos dele o centro de nossa vida. E, com a nossa própria vida, anunciamos a paz e a confiança na qual Deus é capaz de recriar a vida lá onde nós só criamos a morte.

Contribuí, alguma vez, com as minhas palavras ou ações para criar a morte ao meu redor? Não seria melhor ser o portador da paz? Como deveria agir para sê-lo? Em que deveria mudar para, com minha vida, anunciar a todos a Boa-Nova do Reino?

15º domingo do Tempo Comum
(Dt 30,10-14; Cl 1,15-20; Lc 10,25-37)

O bom samaritano

Incorporou-se já à nossa língua. Não sabemos sequer se houve o *samaritano* da parábola. Mas, hoje, chamamos de *bom samaritano* qualquer pessoa de bom coração que ajude aos seus irmãos sem nada pedir em troca. Não há melhor coisa que se encontrar um bom samaritano quando alguém anda perdido pelos caminhos da vida, sem rumo e, talvez, ferido e surrado. Até é possível que nos surpreenda sua generosidade ilimitada, o carinho gratuito que recebemos, tão acostumados que estamos a pagar por tudo que recebemos.

Mas a parábola de Jesus vai mais além. Porque o samaritano não é apenas alguém que parou para atender aquele homem abandonado e ferido à beira do caminho. Na sua parábola, Jesus coloca o samaritano em relação com outros personagens bem conhecidos do povo judeu: um sacerdote e um levita. Os dois são representantes da religião oficial judaica. Os dois oficiam no templo e são mediadores entre Deus e os homens. Supunha-se que sacerdotes e levitas tivessem um acesso a Deus do qual eram privados os demais crentes – o mesmo que, hoje, muitos cristãos pensam ainda de sacerdotes e religiosos. O samaritano, segundo a perspectiva judaica, pertencia praticamente ao extremo oposto da escala religiosa. Era um povo que havia misturado a religião judaica com outras crenças estranhas. Era um traidor da fé verdadeira, um povo impuro. Os judeus procuravam evitar todo o contato com os samaritanos. O contato com um samaritano tornava o judeu impuro.

Por isso, ganha muito mais importância o fato de que Jesus contraponha na parábola os representantes oficiais da religião – um sacerdote e um levita – a um samaritano, pecador e impuro. E, o mais grave, que seja precisamente o samaritano quem se saia melhor, que se comporta como Deus quer: aproxima-se do próximo desamparado e abandonado. Dito de outra maneira, aquele que se faz *próximo* de seu irmão necessitado, seja ele quem for.

Na realidade Jesus está reconstruindo nossa relação com Deus. Muito mais importante que o culto oficial e litúrgico do templo é a aproximação ao irmão necessitado. Muito mais valioso que oferecer sacrifícios e orações é adorar a Deus no irmão ou irmã que sofre, seja qual for o motivo. Jesus não era um dos sacerdotes dos judeus, mas profeta. Afasta-se do templo e nos convida a viver nossa relação com Deus no encontro diário, habitual, *na rua*, com nossos irmãos e irmãs. É lá onde se estabelece nossa relação com Deus. Somente se formos capazes de amar assim poderemos dizer que amamos a Deus. Porque, como escreve João, o que diz que ama a Deus e não ama a seu irmão é um mentiroso. Sem tirar nem pôr!

O mandamento de Deus está tão ao meu alcance como o estão meus irmãos e irmãs. Aproximo-me deles e me interesso de verdade por eles? Acompanho-os em suas necessidades? Sou capaz de escutá-los? Sou um *bom samaritano?*

16º domingo do Tempo Comum
(Gn 18,1-10a; Cl 1,24-28; Lc 10,38-42)

Da desconfiança à hospitalidade

Nossa cultura é cada vez mais desconfiada. Todo estranho é considerado uma ameaça. Em alguns bairros das grandes cidades já existem letreiros nas casas onde se avisa que será chamada a polícia caso se vejam estranhos caminhando pela rua(!). Cada vez mais nossas casas se fecham. Não só elas, mas também nossos bairros, cidades e nações. A chegada de imigrantes em busca de trabalho gera desconfiança e insegurança entre os que já vivem no país. De modo geral, todo aquele que seja diferente, que se desvie do que é rotineiro, deixa-nos inseguros e ameaçados. Por isso, e não por outra razão, é que aumenta a violência. Responde-se à violência com mais violência – embora em algum caso seja em legítima defesa – e assim vai crescendo a espiral da desconfiança e da violência.

A proposta das leituras de hoje é bem diferente. Na linha da mensagem evangélica do Reino de Deus, fala-nos da hospitalidade. A primeira leitura, do livro do Gênesis, nos mostra Abraão, o patriarca, que não só acolhe os que lhe pedem hospitalidade, mas roga àqueles homens que fiquem em sua casa e participem de sua mesa. A hospitalidade, para aqueles povos, era um dever sagrado. O visitante deveria ser cercado de todo o respeito do mundo. Era como se fosse o próprio Deus quem os estivesse visitando. Ao texto do Evangelho se têm dado muitas explicações, mas geralmente nos esquecemos do mais simples: Marta e Maria receberam o Senhor em sua casa. Esse é o ponto de partida sem o qual aquela pequena discussão entre Marta e Maria nunca teria acontecido.

Hoje deveríamos recuperar a virtude da hospitalidade. Seja dos vizinhos do andar ou do apartamento em frente. Mas, também, dos vizinhos de outros países que batem às nossas portas pedindo um trabalho que lhes garanta o pão e o futuro a eles e a suas famílias. Também, ante os que não acreditam em nossa religião, os que não pertencem à nossa raça e os que não falam nossa língua. Todos somos irmãos e irmãs. Todos nós pertencemos à família de Deus. A encarnação de Jesus converteu cada homem – e cada mulher – no melhor e mais pleno sacramento da presença de Deus entre nós. Recebê-lo, compartilhar com ele ou com ela aquilo que temos significa receber ao próprio Deus que nos vem visitar, tornar realidade o Reino em nosso mundo, dar cumprimento à vontade de Deus que quer que todos nos sentemos à mesma mesa para compartilhar a vida com a qual ele nos presenteou. Apenas a hospitalidade – a acolhida sincera e aberta, a mão estendida – conseguirá unir o mundo dilacerado e dividido que parece ser capaz apenas de gerar desconfiança e violência.

Como vejo e valorizo os que não pertencem à minha família, à minha pátria ou à minha raça? Aceito como certo que são piores do que os meus? Que valores positivos encontro neles? Que poderia fazer para estabelecer uma relação ou amizade com alguns deles? Acredito que poderia romper com a desconfiança e vencer os preconceitos?

17º domingo do Tempo Comum
(Gn 18,20-32; Cl 2,12-14; Lc 11,1-13)

Defensores de nossos irmãos

O evangelho deste domingo guarda para nós que cremos uma importância especial. Relata o momento em que Jesus ensina aos discípulos a oração que hoje em dia continuamos rezando e que nos identifica como discípulos de Jesus: o Pai-Nosso. É importante destacar o contexto em que o Evangelho situa a oração. É acompanhada de uma catequese em que Jesus ilumina os discípulos sobre a perseverança da oração. Por isso Jesus apresenta a parábola ou a narrativa do senhor que pede pão a seu amigo porque está com uma visita. Ensina-nos também a confiança com a qual devemos rogar a Deus. Por isso, a parábola compara a bondade de um pai dentre os nossos e a do Pai celestial.

Além disso, a Igreja em sua liturgia faz com que este evangelho seja precedido pela leitura do Gênesis na qual Abraão intercede diante de Deus pelos habitantes de Sodoma e Gomorra, a quem Deus quer castigar por suas iniquidades. Aí diria que está a chave em que nos podemos fixar neste domingo. A oração apresentada por Jesus não é a de quem pede de forma egoísta por seu próprio bem, mas a de quem intercede por seus irmãos. Abraão participa dessa espécie de leilão às avessas com Deus para buscar uma razão para salvar seus irmãos, os habitantes de Sodoma e Gomorra, do castigo e da morte que se avizinha deles. No início, Abraão nada tem a ver com isso. Em Sodoma vive um sobrinho seu, mas este será salvo por Deus. Com os demais habitantes das duas cidades Abraão não tem mais nenhum laço, a não ser pertencerem à humanidade. Os habitantes são maus, por isso serão castigados, e Abraão foi escolhido por Deus para ser pai de um povo que será o fiel depositário da promessa. Abraão poderia ter ido embora e não ver o que estava para acontecer. Ou poderia ter comentado com Deus como era necessário, embora fosse triste, tomar decisões radicais para extirpar o mal da sociedade humana. Mas faz exatamente o contrário. Tenta desesperadamente salvar os que se haviam condenado por suas próprias ações. E Deus cede a Abraão. A cifra necessária de justos para salvar a cidade cai de 50 para 10 ante a insistência de Abraão. Algo parecido se pode dizer do Evangelho, quando aquele que vai pedir os pães não faz para si, mas para dar de comer a um amigo que acabara de chegar à casa.

Poderíamos dizer que a chave da oração está no pedido de intercessão. Pedir a Deus por nossos irmãos e irmãs. Isso requer uma grande solidariedade. É que, realmente, somos irmãos e irmãs. Sua morte ou seu fracasso é nossa morte e o nosso fracasso. Oremos intercedendo por eles e elas porque se nós que somos maus oferecemos coisas boas a nossos filhos, quanto mais o Espírito de Vida do Pai do céu que tanto nos ama!

Oro alguma vez? Faço-o com as palavras do Pai-Nosso? Levo em consideração as necessidades de meus irmãos e irmãs? Sinto que são verdadeiramente minhas suas necessidades? Ou, por acaso, só olho para as minhas necessidades?

18º domingo do Tempo Comum
(Ecl 1,2;2,21-23; Cl 3,1-5.9-11; Lc 12,13-21)

Ser ricos diante de Deus

Há quem pense que "buscar as coisas do alto", como diz Paulo na segunda leitura, signifique passar o dia inteiro na igreja, acendendo velas para todos os santos, rezando novenas e rosários, ajoelhados diante do Santíssimo. Tudo isso é bom, mas não passa de um treino. Da mesma maneira como os esportistas treinam para ganhar uma corrida, nós temos que treinar, também, para vencer. Mas, qual é a corrida? É a vida diária, a vida em família e a vida no trabalho. Aí é onde precisamos *buscar as coisas do alto*.

Essas coisas do alto são muito importantes. São as únicas que levaremos quando formos embora deste mundo. Tudo mais é inútil. O Evangelho no-lo deixa muito claro. Podemos acumular todas as riquezas que possamos imaginar. Tudo será inútil porque a única coisa que vale a pena é ser rico diante de Deus. Tudo o mais é "vaidade das vaidades", como diz a primeira leitura. Ou seja, é necessário *buscar as coisas do alto e ser rico diante de Deus* – tudo o mais não interessa. Aí temos um bom objetivo para a nossa vida. Há pessoas preocupadas em ser famosas, em ter uma boa carreira ou em acumular muito dinheiro. Mas nós, cristãos, temos outro objetivo: *buscar as coisas do alto e ser ricos diante de Deus*.

Mas em que consiste esse *buscar as coisas do alto* e *ser ricos diante de Deus*? Logo de início, temos uma resposta negativa. Não consiste em nos entregarmos a todas as imoralidades de que fala a segunda leitura. Melhor nos esquecermos de fornicação, impureza, paixão, cobiça e avareza. Tudo isso não tem nada a ver com *buscar as coisas do alto* O Evangelho sublinha a ideia de que a cobiça, ou seja, viver para acumular dinheiro, não significa nada. Já sabemos, então, o que precisamos fazer. Mas, o que devemos fazer para *sermos ricos diante de Deus*? Uma vez mais a resposta nos chega da segunda leitura e do Evangelho. De acordo com Paulo, precisamos nos revestir da nova condição do cristão. Aí não há diferenças entre as pessoas: todos somos irmãos e irmãs. Agora sabemos que *buscar as coisas do alto* é procurar a fraternidade e vivê-la no dia a dia. Somos irmãos e irmãs e Cristo é o nosso irmão mais velho que nos chama para viver em família. Por isso dizia no começo que aquilo que realizamos na igreja é apenas um treinamento. O amor fraterno deve ser vivido na família, na rua e no trabalho. Aí é onde deve ser feita a fraternidade, onde conseguimos as coisas do alto e nos fazemos *ricos diante de Deus*.

Quais são os objetivos de minha vida? Procuro não agir contra *buscar as coisas do alto*? De que maneira eu procuro viver o amor fraterno com minha família, com meus amigos e no trabalho? Quando vou à Igreja, peço a Deus que me ajude a ser mais irmão ou irmã dos meus irmãos?

19º domingo do Tempo Comum
(Sb 18, 6-9; Hb 11, 1-2.8-19; Lc 12, 32-48)

Viver atentos

Pode parecer uma tolice, mas a única coisa que temos é o tempo. Ou, melhor, o presente. É o único de que dispomos: este momento atual que estamos vivendo. Isto é, a vida é nosso maior tesouro. Por isso precisamos aproveitá-la. Para desfrutá-la, saboreá-la a fim de que nada nos escape – o que nela nos aconteça e o que nós fazemos acontecer.

É exatamente o que nos diz Jesus no Evangelho. Não podemos levar a vida estando adormecidos e distraídos. É preciso estarmos atentos porque a qualquer momento chegará o Senhor e assim nos pode escapar a melhor oportunidade de nossa vida. Jesus dá o exemplo dos criados que aguardam a chegada de seu senhor. Nós poderíamos dar o exemplo do jovem que precisa estar atento porque a qualquer instante o amor de sua vida pode passar ao seu lado e ele não poderá perdê-lo.

O que não podemos e não deveríamos perder de forma alguma? A que se refere Jesus quando nos pede que fiquemos atentos? A resposta encontra-se na fraternidade. Contaram-me que um jovem –

filho de uma família rica – morava em um país pobre. Durante anos não teve a mínima consciência da pobreza em que viviam muitas pessoas ao seu redor. Frequentava sempre ambientes luxuosos e, quando saía de casa, sempre usava o carro de seu pai ou dos pais de seus amigos, e todos tinham os vidros escurecidos. Diziam que era para que o sol não entrasse, mas o vidro escurecido tornava mais difícil ver o que estava do lado de fora do veículo. Os seus irmãos que sofriam convertiam-se em simples sombras sem muita consistência. Até que, um dia, o jovem desceu do carro e viu a realidade. Percebeu que as sombras eram pessoas como ele. Então, a sua vida tranquila viu-se envolta por uma tormenta. Já não pôde mais continuar vivendo da mesma forma. A isso Jesus quer que estejamos atentos: aos irmãos e irmãs.

O tipo de atenção que Jesus nos pede não é a que tem o homem de negócios para ganhar dinheiro. Ele deseja que estejamos atentos aos irmãos e irmãs. Viver de uma forma que valha a pena tem apenas um significado para Jesus: construir a família de Deus. Só assim encontraremos a verdadeira felicidade. Essa é a fé sobre a qual nos fala a segunda leitura. Acreditar em Jesus significa acreditar que ele está no meio de nós construindo seu Reino. Conforme formos capazes de ver um irmão no rosto daqueles que nos rodeiam, nosso coração será capaz de amar. E amar é viver. Esse é o tipo de vida que Jesus quer para nós. Esse é o tipo de vida para a qual vale a pena estar atento. O resto, todo o restante, é perda de tempo e perder a vida.

O que faço com meu tempo? Como o aproveito? Esforço-me por viver com fé todos os momentos de minha vida? Sou capaz de ver com olhos de fé aqueles que vivem comigo, os que encontro nas ruas, no trabalho e na escola? Aqueles que vejo são irmãos ou inimigos que me ameaçam, dos quais tenho de me defender?

20º domingo do Tempo Comum
(Jr 38,4-6.8-10; Hb 12,1-4; Lc 12,49-53)

Ser cristão não é fácil

Parece que nós, todas as pessoas, temos uma tendência irreprimível à comodidade, a buscar o fácil. E, muitas vezes, é assim que nos deparamos com o Evangelho. Da mesma forma que vamos a um supermercado e lá escolhemos o que mais nos agrada, também acudimos à Igreja com o mesmo espírito: tratamos de escolher e consumir o que mais nos agrada. Por isso, muitas vezes buscamos uma igreja em que a celebração da Eucaristia dominical seja bonita porque há um bom coral, porque ela está bem enfeitada ou porque o sacerdote prega bem. Melhor ainda se, além de tudo isso, nos presenteia continuamente os ouvidos com palavras que falam de um Deus misericordioso – Pai bom que tudo perdoa e para quem, quase poderíamos dizer, tanto faz se praticarmos o bem ou o mal porque nos ama de todas as formas e nos premiará de qualquer jeito. Acabamos por ter uma religião à *la carte*, igual ao que encontramos em alguns bons restaurantes em que o garçom nos oferece a carta de pratos e escolhemos o que mais nos agrada.

Mas o Evangelho não é assim. Nele nos encontramos com Jesus que nos fala com clareza. Se desejarmos nos salvar e quisermos alcançar a verdadeira felicidade, convida-nos a segui-lo e a vivermos de uma determinada maneira. Não nos promete que sempre vá ser fácil estar com ele. Se o mestre foi crucificado, não podemos imaginar que seus seguidores terão melhor tratamento. É o que nos diz Jesus no evangelho de hoje: "Vim lançar fogo à terra". Jesus não disse que veio colocar panos quentes para que nos sintamos bem. Não, Jesus deseja transformar este mundo, revolucioná-lo, colocá-lo de pernas para o ar. Isso não é fácil. Às vezes provoca dores e divisões. A paz chegará mais tarde. O Reino é algo que chega, mas é necessário primeiro saber conquistá-lo, esforçar-se. Para alcançar a justiça é preciso lutar contra a injustiça.

Por isso, o mais importante da vida do cristão não é participar na Missa de domingo. Esse é o lugar de encontro com a comunidade. A pessoa mostra que de fato é cristã em sua vida diária, no seu relacionamento com a família, com seus companheiros de trabalho e nas suas amizades. Aí é o lugar em que devemos viver como *cristãos*. Ainda que isso signifique ir contra a opinião dos outros ou mesmo perder sua amizade. Porque ser cristão não é responder sempre com um sorriso a tudo que nos dizem, mas saber mostrar com carinho, e também com energia, a verdade do Evangelho. Mas não nos assustemos. Recordemos de muitos que deram e dão seu sangue em defesa da fé. Seu testemunho nos deve animar a viver de maneira mais radical nossa fé cristã.

Tenho feito da minha fé cristã uma religião à *la carte*? Que coisas eu tenho deixado de lado, que não me agradam porque são exigentes demais? Calo-me diante de nossos amigos ou familiares em assuntos da Igreja que sabemos que deveria defender?

21º domingo do Tempo Comum
(Is 66,18-21; Hb 12,5-7.11-13; Lc 13,22-30)

A fraternidade, condição de salvação

Aquele homem que se encontrou com Jesus estava preocupado com o número dos que seriam salvos. Pois, se o espaço daqueles que vão entrar no céu fosse limitado, era de se supor que os exames de acesso seriam bem difíceis. Para entrar no céu, deveríamos passar por uma prova como a que se faz para entrar nas universidades. Apenas os melhores o conseguiriam.

Mas a resposta de Jesus não indica isso. Não fala que será necessário um grau de santidade especial para entrar no céu. Pela resposta de Jesus, diríamos que o que perguntava não indagava pelo número, mas sobre quais seriam esses poucos. De alguma forma dava por certo que aqueles que se salvariam seriam os membros do povo eleito, o judeu. Entendendo assim a pergunta, compreende-se perfeitamente a resposta de Jesus. Ninguém pode dar por certo que será salvo por pertencer a um determinado grupo. É preciso se esforçar pela salvação. Como nos é dito na parábola do tesouro escondido no campo, é preciso vender tudo o que se tem para alcançar a salvação. Segundo Jesus, a porta da salvação é estreita e chegarão muitos, do Oriente e do Ocidente, do Norte e do Sul. Muitos, que talvez não acreditem ter direito, entrarão primeiro. E muitos dos que se acreditam com direito, ficarão do lado de fora.

O que significa isso para nós? Em princípio, não pertencemos ao povo eleito. Somos dos que vêm do "Oriente e Ocidente, do Norte e do Sul". Mas, também, é verdade que somos cristãos já de muitas gerações. Podemos pensar que temos direitos à salvação pela simples razão de que nossos avós e bisavós eram cristãos, iam à Missa todos os domingos e cumpriam os mandamentos. Jesus nos diz hoje que a salvação, a nossa salvação, depende, igualmente, de nosso esforço pessoal, e que não podemos dormir sobre os louros. Mas, sobretudo, nos diz que não podemos excluir ninguém da salvação. Isso é muito importante. Entramos na salvação à medida que nos fazemos irmãos de todos. Se a mensagem fundamental de Jesus é nos dizer que todos somos filhos de Deus, como podemos pretender excluir alguém dessa fraternidade? Conforme excluímos alguém, excluímo-nos a nós mesmos. Não é Deus quem fecha a porta do céu, mas nós mesmos.

A porta do céu é estreita. Passa por uma condição obrigatória: a fraternidade vivida no dia a dia de nossa vida. É o que fazemos na Eucaristia quando nos reunimos e compartilhamos o pão como irmãos. É o que deveríamos fazer todos os dias: viver como irmãos.

Estou preocupado com minha salvação ou me sinto muito bem como estou e não preciso da salvação de Deus? O que significa viver a fraternidade em nossa vida diária? Que detalhe de fraternidade poderia praticar nessa semana junto à minha família e aos amigos?

22º domingo do Tempo Comum
(Eclo 3,19-21.30-31; Hb 12,18-19.22-24a; Lc 14,1.7-14)

Humildes para servir a todos

A Igreja Católica é uma grande instituição. Está presente em praticamente todos os países do mundo. Além disso, o fato de o Vaticano ser reconhecido como um pequeno Estado faz com que tenha representantes diplomáticos junto a diversas nações. Por outro lado, por meio de dioceses e institutos religiosos a Igreja Católica coordena um extenso conjunto de escolas, colégios, universidades e hospitais. Possivelmente o maior do mundo. As viagens do Papa motivaram massivas concentrações de fiéis. Tudo isso pode nos dar a ideia de que pertencemos a uma instituição poderosa. E de que nos deveríamos servir mais desse poder para fazer valer nossos direitos diante da sociedade civil.

Mas o caminho do Evangelho é outro. Jesus nos propõe viver não na grandiosidade, nem nos apoiando no poder, mas na humildade. Jesus jamais defendeu seus direitos. Viveu uma vida simples, ensinando a seus discípulos e aos que o queriam ouvir. Jesus ficou próximo dos pobres e dos simples. Não desprezou ninguém. E falou sempre do amor de um Deus que se fazia pequeno para se colocar no nosso nível, para ouvir as nossas dores e compartilhar das nossas alegrias. Como diz a segunda leitura, a comunidade cristã não se apoia no poder nem na força. Somos parte da cidade de Deus vivo, da família de Deus, de um Deus que acolhe a todos sem distinção. E, por isso, também, nós devemos acolher a todos.

No Evangelho Jesus se dirige aos fariseus. Eles se achavam religiosamente bons, socialmente importantes e mais perfeitos que o resto do povo. Convida-os a serem mais humildes. Conta-lhes uma história muito simples. Fala-lhes dos convidados a um banquete. Entre estes alguns buscam os primeiros lugares. É o que acontece a um que se tinha sentado no melhor lugar e a quem terminam rebaixando ao último porque chega outro convidado que é mais amigo do senhor da casa. Depois lhes recomenda que, quando organizarem um banquete, não convidem os poderosos, mas os pobres e os que nada têm. Assim é Deus, que prefere os últimos e os humildes.

Não somos chamados, como cristãos, a ocupar os primeiros postos no banquete, mas a servir e preparar o grande banquete da família de Deus e convidar a todos, abrir as portas de par em par para que ninguém se sinta excluído. Nós, os fiéis, somos os criados desse banquete, ajudamos a Deus para que todos se sintam acolhidos. O nosso papel não é ocupar um lugar de destaque, mas servir à mesa. A fé em Jesus nos leva a viver em atitude de serviço e acolhida, de carinho a todos os que necessitam experimentar o amor de Deus. O nosso papel não é impor, mas curar, trazer saúde, perdoar e compartilhar.

O exemplo de Deus me leva a servir àqueles que estão ao meu redor? Apoio minha comunidade quando trata de servir aos necessitados? Como vivo em minha vida diária essa atitude de serviço aos irmãos e irmãs?

23º domingo do Tempo Comum
(Sb 9,13-19; Fm 9b-10.12-17; Lc 14,25-33)

Jesus nos chama a viver em liberdade

Ensinaram-nos, desde pequenos, o que era bom ou mau, o que se podia ou não fazer. Alguns de nós paramos aí, isto é, sempre esperamos que alguém nos diga o que temos de fazer. Mas a verdade é que ser cristão não torna a nossa vida mais fácil como pessoas. Ser cristão não é uma espécie de almofada ou colchão que nos proteja de todos os perigos do mundo. Ser cristão não é ter encontrado um refúgio, às vezes fisicamente, na Igreja, onde nos afastamos das dores e dos problemas que encontramos na nossa vida familiar ou em nosso trabalho. Ser cristão não é um chamado para sermos crianças, isto é, pessoas que perguntam sempre ao pai (no nosso caso, ao sacerdote) para que lhes diga o que devem fazer.

Ser cristão é, ao contrário, um chamado para que cresçamos como pessoas, para que amadureçamos, sejamos responsáveis, vivamos em liberdade, assumamos as nossas próprias decisões e nos arrisquemos. Não porque assim ganharemos o prêmio da vida, mas porque essa forma de viver é a Vida em si mesma. O "desígnio de Deus", segundo nos diz a primeira leitura, é que vivamos em liberdade.

Jesus no Evangelho nos convida a segui-lo. Mas não nos diz o que temos de fazer a cada instante. Diz-nos que segui-lo é a condição para chegar à vida e que temos de estar dispostos a deixar tudo, absolutamente tudo, para acompanhá-lo.

Jesus nos convida desta forma a vivermos o dom da liberdade, a nos livrarmos de todas as ataduras que nos escravizam. A família é, às vezes, um convite para nos mantermos sempre crianças, a sermos um a mais do rebanho, a fazermos não aquilo que devemos fazer, mas o que outros esperam que façamos. Seguir a Jesus é deixar a casa em que vivemos. Não propriamente no sentido físico ou geográfico, mas no sentido afetivo. Deixar esse lugar mental em que nos sentimos seguros e temos respostas para tudo. Seguir a Jesus é sair para o mau tempo e deixar-nos afetar pelo que pensam, sentem e sofrem nossos irmãos, os homens e as mulheres deste mundo.

Carregar nossa cruz significa aceitar nossas feridas e limitações, nossos erros do passado. Não negá-los, mas assumir que são parte de nossa história, de nosso ser. E caminhar com os olhos erguidos, confiando que Deus irá curar todas essas feridas, confiando que o dom da liberdade, do encontro alegre com o irmão e com Deus compensará amplamente tudo aquilo que tenhamos deixado para trás.

Ser cristão e seguir a Jesus têm muito a ver com aprender a ser livre e, em liberdade, descobrir que somos filhos de Deus e irmãos de todos. Jesus nos mostra o caminho e nos ensina que somente deixando tudo poderemos encontrar a vida e a felicidade.

Quando tomei decisões importantes na minha vida, deixei-me levar pelas opiniões dos outros? Perguntei-me o que teria feito Jesus numa situação semelhante? Creio que, se tivesse agido como Jesus, teria sido mais feliz?

24º domingo do Tempo Comum
(Ex 32,7-11.13-14; 1Tm 1,12-17; Lc 15,1-32)

A misericórdia triunfa sobre o julgamento

Sempre houve pessoas que se sentem tão puras e tão boas que não se dignam misturar-se com os que são socialmente maus ou impuros. Além disso, do alto de sua justiça e perfeição, julgam sem medo e com severidade a todos os demais. Estabelecem as barreiras que dividem a sociedade entre bons e maus e se colocam à porta para determinar quem são os que podem passar numa direção ou noutra.

No tempo de Jesus ainda havia pessoas assim. E Jesus, com certeza, chamou logo a atenção delas. Jesus comia com os pecadores! Agindo assim, ele próprio ficava impuro. Eles, os bons, já não podiam mais se aproximar de Jesus. Muito menos podiam aceitar suas palavras como vindas de Deus. De longe o criticavam e murmuravam contra ele. Aquele Jesus não podia ser bom.

Jesus, no entanto, não ficava incomodado com as críticas. Sabia ser Filho do Deus da misericórdia. Suas ações não faziam mais que reproduzir o que Deus Pai realizaria se estivesse entre nós. Em suas palavras e em suas ações, Jesus nos revela o modo de ser de Deus. Por isso, Jesus não se enfada com os fariseus e os escribas (a eles se dirige também a misericórdia de Deus!). Apenas lhes conta algumas histórias. Mas são histórias com ensinamento moral. Faz-lhes ver o ridículo de sua atitude. Porque eles mesmos buscam com paixão a ovelha perdida ou a moeda que tenham deixado cair. Se fariseus e publicanos fazem isso, como Deus poderá deixar de lado os pecadores, que não são outra coisa que filhos seus que se perderam?

A parábola do filho pródigo não faz mais que retratar a atitude de qualquer pai de família para com seu filho. Mas, além das palavras, pais e mães sentem um amor infinito por seus filhos. E, ainda mais, por aqueles que estão perdidos longe de casa. Às vezes, como na história, surge ciúme entre os filhos. Por isso, o pai precisa dizer – e Jesus o dizia aos fariseus e escribas: "Filho, deverias ficar alegre porque este teu irmão estava morto e ressuscitou".

Hoje Deus nos entregou o ministério da misericórdia. Da mesma maneira que agiu em relação a Paulo, que foi perseguidor dos cristãos, blasfemo e violento, como ele mesmo diz, na segunda leitura. Mas Deus o chamou – ovelha perdida –, tornou-o capaz, acreditou nele e lhe confiou o ministério de pregar o mistério da misericórdia divina, que chega a todos os homens e mulheres, mas, sobretudo, aos que estão perdidos e aos que mais sofrem. Deus nos olha sempre com misericórdia, ainda que sejamos um povo que tenha a cabeça dura (primeira leitura). Assim devemos olhar sempre para nossos irmãos e, como Jesus, recebê-los sempre em nossa companhia. Desta forma, seremos no mundo testemunhas da misericórdia de Deus.

Deixo-me levar pelo julgamento severo na hora de valorizar as ações de meus irmãos e irmãs? Por que não imagino como Deus agiria com eles?

25º domingo do Tempo Comum
(Am 8,4-7; 1Tm 2,1-8; Lc 16,1-13)

Para que queremos o dinheiro?

Certa vez alguém disse que "é impossível amassar uma fortuna sem antes fazer farinha dos demais". Possivelmente é um exagero, mas, como todos os exageros, tem algo de verdade. A realidade é que a prosperidade experimentada atualmente nos países desenvolvidos se deve muito ao trabalho e à habilidade de seus cidadãos, mas, também, sejamos realistas, a tudo aquilo que no passado e, ainda hoje, se tirou dos países mais pobres. Não é caso de discutirmos aqui questões econômicas. Mas, sem irmos tão longe, não é difícil compreender que o sistema econômico em que vivemos não é propriamente evangélico.

No evangelho de hoje Jesus nos conta a história do administrador injusto. Sabe que será despedido e procura empregar todos os recursos à sua disposição para fazer amigos que garantam o seu futuro. É como se diz: *hoje faço por ti, amanhã farás por mim*. Jesus não desejava falar de economia. Simplesmente apresentava o caso de um homem que estava em situação crítica e era capaz de fazer conjecturas eficazes para tirar proveito dela a fim de garantir o seu futuro. Mas o que nos vale é a comparação, e não é difícil aplicá-la ao mundo da economia, tão importante em nossa sociedade.

Em primeiro lugar, quem não está a ponto de ser despedido? Certamente hoje se vive uma situação em que falta trabalho. Mas é que, além disso, nossa permanência neste mundo é limitada, nossa vida tem uma data de validade, ainda que não esteja escrita em uma etiqueta tal como nos produtos do supermercado. Não sabemos de quanto tempo dispomos. Em segundo lugar, não é injusto o dinheiro que temos? Podemos dizer que é *nosso*? Os recursos desse mundo são para todos e na fraternidade tudo se compartilha. Dessa maneira, o melhor que podemos fazer é compartilhar aquilo de que nos apropriamos. E, em terceiro lugar, que é melhor compartilhá-lo fazendo amigos, criando fraternidade e estabelecendo laços de solidariedade. Desta forma, aquilo que em nossa sociedade nos separa – o meu e o teu, meu dinheiro, minha casa –, converte-se em instrumento de fraternidade. E consequentemente nos encontramos com a chave que abre a porta para uma vida melhor, para uma vida plena na qual aqui mesmo podemos saborear a vida do Reino: a fraternidade dos filhos de Deus.

No final, aqueles que se dedicam de maneira exclusiva a cuidar daquilo que é *seu* convertem o dinheiro, o que possuem, em um ídolo, em outro deus ao qual servem de forma apaixonada e devotada. Enganam-se, porém, porque Deus só há um. Os bens desse mundo não são mais que instrumentos a serviço do Reino.

Emprego bem os recursos de que disponho ou os esbanjo em gastos inúteis que não trazem benefício algum para mim nem para a minha família? Como os deveria usar? Como contribuo para criar fraternidade com os meus bens?

26º domingo do Tempo Comum
(Am 6,1a.4-7; 1Tm 6,11-16; Lc 16,19-31)

O que faremos com Lázaro?

A parábola do evangelho de hoje é uma das mais conhecidas. Tanto que faz parte da cultura popular a lembrança daquele personagem andrajoso que solicitava esmola às portas da casa de um homem rico. Hoje, ainda há muitos *Lázaros* que pedem esmola nas portas de nossas casas luxuosas, ricas e bem guardadas. São os imigrantes que chegam de países pobres em busca de um salário que lhes permita viver dignamente. São aqueles que pedem pelas ruas ou nas portas de nossas igrejas. São as muitas pessoas que procuram pelos serviços sociais do Estado, do município ou da própria Igreja em busca de ajuda para pagar a conta de luz ou para comprar os alimentos necessários.

Também – como não! – ainda há muitos ricos que se banqueteiam sem pensar no que acontece para lá das portas de seus palácios, de suas casas. E mais, a maioria contratou um bom serviço de segurança que impede que os indesejáveis – entre os quais, naturalmente, estão incluídos os pobres – ultrapassem os limites de suas formosas mansões. Há pessoas que dispõem de recursos que são inimagináveis para a maioria.

Provavelmente a maioria de nós não pertence a nenhum desses dois grupos. Não estamos entre os *Lázaros* deste mundo. Dispomos do mínimo e um pouco mais, às vezes, até muito mais. Mas também não nos parecemos com o rico de que trata a parábola e nem com os de nosso mundo, que frequentam lugares em que seríamos vistos como andrajosos *Lázaros*. A partir daí podemos pensar que a parábola nada tem para nos dizer. Simplesmente não se dirige a nós. Em todo caso, nos sentimos mais próximos a Lázaro. Trabalhamos muito e recebemos pouco. Esperamos que no outro lado nos toque uma boa vida. Pensamos que melhor nos tocará estar com Lázaro no seio de Abraão.

Mas as parábolas sempre exageram um pouco a realidade. E o fazem para que possamos entendê-la melhor. Na oposição entre o rico e Lázaro compreendemos melhor que não podemos viver uma vida em que nos ocupamos apenas de *nossos* próprios interesses e preocupações. Lázaro são os pobres andrajosos que vemos às vezes pelas ruas. Mas ele é, igualmente, qualquer pessoa próxima de nós que precise de carinho e atenção. Em muitas ocasiões, não é caso de dar dinheiro, mas de oferecer o nosso tempo, nossa companhia, uma palavra de ânimo e de compreensão. Viver como *cristão* significa abrir os olhos para que possamos ver além dos nossos interesses e desejos, do que me agrada. Viver como *cristão* é interessar-me pelo irmão até o ponto de dar a vida por ele. Exatamente como Jesus fez.

Procuro me informar do que acontece aos meus irmãos e irmãs, tanto próximos como distantes? Como me solidarizo com eles? O que faço para ajudá-los?

27º domingo do Tempo Comum
(Hab 1,2-3;2,2-4; 2Tm 1,6-8.13-14; Lc 17,5-10)

Senhor, aumenta-nos a fé

Quando eu era pequeno, disseram-me que fé é *acreditar naquilo que não se vê*. Então, como os apóstolos poderiam falar sobre fé? Como poderiam pedir a Jesus para que *lhes aumentasse a fé*? Eles já o viam e o tinham à sua frente. Não precisavam da fé para acreditar que Jesus fosse ele mesmo. Além disso, viam-no realizar milagres e ouviam suas palavras. Será que precisariam da fé?

A realidade é muito diferente. A fé é exatamente *acreditar naquilo que não se vê*. E os apóstolos não conseguiam enxergar além do homem que realizava coisas extraordinárias, algumas das quais não eram capazes de entender. A fé os convidava a ir mais além, a experimentar a presença de Deus naquele homem. O mesmo acontece nos relacionamentos humanos. Podemos demonstrar que dois e dois são quatro, mas como demonstrar a amizade e o amor entre duas pessoas? Nesse caso só nos poderemos servir de indícios, de pistas – a maneira como se tratam, a forma como agem, a persistência no tempo da relação, a superação das dificuldades... Dito com um exemplo: quando dois namorados se olham nos olhos e dizem que se querem, cada um deles *acredita* no outro, porque na verdade não têm uma prova cabal de que aquelas palavras sejam algo mais do que isso. Infelizmente não seria a primeira vez que uma pessoa engana a outra. Por isso, de entrada, todo relacionamento humano é sempre uma relação de fé e de confiança. Confiamos que o outro não nos enganará. Acreditamos nele.

O mesmo podemos dizer sobre a fé em Deus. Não é o caso de aceitarmos algumas verdades impossíveis de compreender e dizer "eu as aceito". Não é o caso de comungar mecanicamente um pedaço de pão. Trata-se de experimentar a presença de Deus, de o sentir presente em minha vida, na vida dos irmãos e irmãs, na vida da Igreja, no mundo, na criação, e confiar que essa presença é bondosa, feita de amor e misericórdia, que deseja nossa liberdade, nosso bem e nossa felicidade.

Mas, às vezes, a nossa fé decai. A relação de confiança conhece momentos de fraqueza, de receio e de suspeita. Então, nos sentimos desanimados e sem forças. O amor de Deus que sentíamos, e que preenchia o nosso coração de força e entusiasmo, esmorece. O compromisso de sermos melhores, de ajudarmos os necessitados, de amarmos os que vivem conosco, de perdoarmos sem medida tal como Deus nos perdoa, fraqueja. Experimentamos, todos, alguma vez, esses sentimentos de dúvida, de perda da confiança.

Daí vem o pedido dos apóstolos: "Senhor, aumenta-nos a fé", e o texto de Paulo que nos diz: "Eu te exorto a reavivar a chama do dom de Deus que recebeste... Pois Deus não nos deu um espírito de timidez, mas de fortaleza, de amor e de sabedoria".

Senti-me alguma vez desanimado em minha vida cristã? Orei nesse momento pedindo a Deus que me *aumente a fé*? Confio realmente em Deus, em que ele me oferece seu perdão e seu amor para mim e para meus irmãos?

28º domingo do Tempo Comum
(2Rs 5,14-17; 2Tm 2,8-13; Lc 17,11-19)

A chave é o agradecimento

A chave das leituras de hoje é o agradecimento: o leproso no Evangelho e o de Naamã na primeira leitura. A ação de graças é também a chave da vida cristã, de nossa relação com Deus, com Jesus e com os irmãos. Da fé nasce o agradecimento. E aí, precisamente aí, como diz o Evangelho, está a salvação, a vida nova. Ou, dito de outra maneira, o assumir um outro estilo de vida, mais pleno, mais humano e, por isso, mais divino.

Em nossa cultura agradecemos quando nos fazem um favor ou nos dão algo de presente. Quanto mais inesperado ou mais gratuito, mais sentidos são os agradecimentos. Sempre é um reconhecimento de que recebemos algo de graça. O que se recebe assim adquire um valor tal para a pessoa, que estabelece um relacionamento com o doador do presente que vai mais além de qualquer consideração interesseira ou egoísta. O favor não se devolve. Simplesmente fica estabelecida uma relação de gratuidade, de carinho entre as pessoas. Não há cálculo de custos. Há relação pessoal, um laço que é difícil de ser rompido.

Há pessoas que, esquecendo-se da gratuidade, procuram mudar essa relação em uma relação comercial. O favor é devolvido calculando-se os custos do benefício recebido. Mas, nesse caso, a relação perde seu caráter de gratuidade e os agradecimentos perdem a sua natureza. Não há agradecimento, mas pagamento. Nesse caso se perde a relação. Devolvido o favor, "se te vi, não me lembro" como diz o provérbio.

Nossa relação com Deus é uma relação de agradecimento. Dele recebemos tudo em total gratuidade. A vida, a liberdade, o amor, a criação... Não há forma de se medir aquilo que recebemos. Aqueles que pretendem fazer de seu relacionamento com Deus uma espécie de contabilidade, de toma lá, da cá, de "vou à Missa para que me salve", ou "para que seja perdoado", perdem-se em um labirinto sem saída. Como Eliseu, Deus não aceita nada, pois nada lhe faz falta. Em certo sentido, nada do que façamos lhe pode interessar. Ele nos deu a vida de presente, e em seu amor total por nós nada mais quer que a desfrutemos, que a gozemos, que vivamos a fundo nossa responsabilidade, que tornemos realidade a fraternidade entre nós e com toda a criação. Mais do que a devolução do favor – algo impossível de se realizar em relação a Deus – nasce o agradecimento, a ação de graças. Aí nos encontramos com a salvação. Aquele que vive em *ação de graças permanente* vive a salvação. Jesus cura dez leprosos. Mas apenas ao que retorna diz que *sua fé o salvou*. Os outros ficaram perdidos em seus labirintos. Menos mal por Deus os amar do mesmo jeito.

Custa-me agradecer quando me fazem um favor? Calculo como irei devolver ou me deixo levar pelo simples agradecimento? Vivo minha relação com Deus como uma ação de graças contínua? Por que se diz que a Eucaristia é uma ação de graças?

29º domingo do Tempo Comum
(Ex 17,8-13; 2Tm 3,14–4,2; Lc 18,1-8)

É preciso orar sempre

As pessoas simples, os cristãos *a pé*, têm na oração de petição uma de suas principais armas na hora de seu relacionamento com Deus. Onde quer que estejamos encontraremos pessoas simples, pobres, sem muito estudo, talvez, que se ajoelham diante do sacrário ou diante de uma imagem na igreja e levantam os olhos ao alto enquanto que com seus lábios sussurram uma oração mil vezes repetida. Muitas vezes acompanham esse gesto acendendo uma vela e oferecendo uma esmola. Dão do pouco que têm. A vela prolonga a presença da oração quando a pessoa tiver que ir tratar dos seus afazeres. Pedem a Deus ou à Virgem com alguma das muitas invocações que há em nossas aldeias: que acolha favoravelmente este ou o outro; que escute sua oração; que as conforte em suas dores e ajude o filho ou a filha; que lhes conceda saúde e que lhes proteja a família. São muitas as orações que se elevam cada dia a Deus. Algumas dessas pessoas nem mesmo vão muito à Missa nem participam dos sacramentos. Mas sabem para onde correr quando se veem com um problema cuja solução está acima de suas possibilidades.

Alguns desprezam essa oração simples de tantos homens e mulheres. Imenso erro! Essa oração denota uma confiança enorme em Deus, naquele que tudo pode. Essas pessoas costumam ser constantes em sua oração, independentemente de alcançarem ou não aquilo que pedem. Deus é o seu ponto de referência permanente e não deixa de sê-lo. Talvez seja porque essas pessoas compreenderam perfeitamente o que hoje diz Jesus no Evangelho a seus discípulos. É preciso orar incessantemente, é preciso orar sem jamais desanimar. A comparação entre o juiz da parábola e Deus é muito clara. Nós homens conhecemos a corrupção. O juiz faz justiça apenas para evitar ser importunado. Mas Deus não é como aquele juiz. Deus é Pai. Deus nos criou e nos escolheu para a vida. Não fará Deus justiça aos seus escolhidos? Será que o seu amor por eles não é real? Por isso, é preciso confiar Nele. A confiança é parte essencial da fé. Apenas aquele que confia de maneira verdadeira acredita de fato. No silêncio de Deus que às vezes nos envolve é que se deve manter a fé e a confiança.

Faz anos conheci uma mulher que estava gravemente doente. Levava assim praticamente toda a vida. De médico em médico, de hospital em hospital e de operação em operação. Seu corpo estava bastante deteriorado e sofria por isso dores agudas e desconfortos. Era impressionante ouvi-la dizer que "estava convencida de que Deus a amava muitíssimo, ainda que fosse desta maneira pouco comum". E aquilo que ela dizia, ela vivia. Isto é, viver a fé e jamais desanimar.

Como é minha oração? Com que frequência me ponho na presença de Deus, abro meu coração e lhe peço por minhas necessidades, as de minha família e amigos, as do mundo? Acredito verdadeiramente que essa oração é ouvida? Sou perseverante na oração?

30º domingo do Tempo Comum
(Eclo 35,15b-17.20-22a; 2Tm 4,6-8.16-18; Lc 18,9-14)

Nunca desprezes teu irmão

Quem pode se vangloriar diante de Deus de que é justo? Pois o fariseu da parábola o faz sem nenhum escrúpulo. Não tem vergonha de dar graças a Deus porque não é igual aos outros. Sente-se diferente por pertencer a uma classe melhor e mais alta. Sente-se justificado porque jejua duas vezes por semana e paga o dízimo de tudo o que tem. Dito em palavras do nosso tempo, porque vai pontualmente à Missa todos os domingos e contribui generosamente com a sua igreja (é claro que colocando seu nome no donativo para que todos saibam quem o deu). Ou porque cumpre com todas as normas da Igreja. Não importa que seja um *cumprimento*, ou seja, um *cumprir e mentir*. Não importa o coração. O que lhe importa é que externamente cumpre com as leis. É *oficialmente* um bom fiel.

O publicano se situa no lado oposto. Oficialmente é um pecador e todo mundo sabe disso. Nada tem para apresentar a Deus. Basta lembrar como as pessoas o veem para imaginar como Deus também o vê. Mas vai ao templo. Isso me faz lembrar que, em algumas de nossas igrejas, prostitutas, embora não vão à Missa, se aproximam quando não há quase ninguém no templo para acender uma vela e fazer uma prece para algum santo. O publicano sabe que é um pecador e a única coisa que faz é pedir a Deus que tenha compaixão dele.

Mas, como diz a primeira leitura, a oração dos pobres, dos oprimidos, dos órfãos e das viúvas, daqueles que nada têm, é igual a um grito que sobe até o céu atravessando as nuvens, chegando a Deus. Aqueles que não têm nada não podem fazer outra coisa que confiar na justiça de Deus. Porque a justiça dos homens os abandonou.

É que nosso Deus – um pouco contrariamente ao que diz a primeira leitura – é um Deus parcial. Está do lado dos pobres e daqueles que sofrem. Diante dos juízes deste mundo – e, juízes, todos somos quando opinamos e julgamos nossos irmãos e irmãs – que estão acostumados a ouvir com maior facilidade aqueles que falam mais alto, que têm mais dinheiro ou mais poder e desprezam – desprezamos – aqueles que nada têm. Deus, o Deus de Jesus, se coloca ao lado dos pobres, compreende sua situação, sofre com eles e zela por seu bem.

Na comunidade de Jesus todos somos irmãos. Estamos, todos, protegidos pelo imenso amor de Deus. Não há razão para desprezar ninguém. Se alguém deve ter um lugar privilegiado, este é o pobre, o marginalizado, aquele a quem coube a pior parte nesta vida. Quem somos nós para julgar alguém, para entrar em seu coração e dizer que é mau?

Olho para meus irmãos ou familiares com desprezo? Por quê? Não tenho nada de que me envergonhar? Como deveria comportar-me com eles se agisse da mesma forma que Jesus?

31º domingo do Tempo Comum
(Sb 11,22–12,2; 2Ts 1,11–2,2; Lc 19,1-10)

Viver das aparências ou viver na verdade

Uma vez eu conheci uma pessoa cuja maior preocupação era manter a própria imagem. Durante o tempo em que vivemos próximos, percebi que era um trabalho exaustivo. Tinha que estar todo dia em guarda, dizer a mentira oportuna à pessoa certa no momento justo, fingir o tempo todo. Aquele sujeito não se podia permitir expressar nunca o que sentia de verdade. Estava sempre coberto por uma couraça que, acredito, lhe devia pesar muitíssimo e ser bastante incômoda. Daquela maneira conseguia o aplauso das pessoas. Mas, certamente, pagava um preço muito alto. Demasiadamente alto.

A história de Zaqueu é parecida, e segundo nos diz o Evangelho era um homem rico. Logo de início, nos fala de uma pessoa que tem uma boa imagem. A imagem social é construída a partir de uma boa casa e um bom carro, morar em um bom bairro e dispor de dinheiro no banco. Essas pessoas são tratadas pelos empregados do banco de maneira respeitosa. Zaqueu era um homem rico. Ele havia conseguido o respeito daqueles com quem vivia. Mas sabia que esse respeito era mais por temor que por amor. Tinham-lhe respeito, mas não carinho. Porque sua riqueza havia sido amassada "fazendo farinha" dos demais. Zaqueu era um publicano, alguém que se dedicava a arrecadar impostos para os opressores romanos em troca de reter uma porcentagem para ele. Havia feito sua riqueza oprimindo seus vizinhos. Ele sabia que sua imagem era apenas aparente, que cediam passagem quando o encontravam na rua não porque o amassem. De forma alguma. Pelo contrário, era odiado. Zaqueu esforçou-se muito para triunfar, mas a verdade era que não havia conseguido. Para nada.

De repente, Jesus passa por sua vida. Porque Jesus é o enviado de Deus, e Deus, como nos diz a primeira leitura, ama tudo aquilo que é seu. E Zaqueu é seu. Zaqueu é filho de Deus. Deus lhe quer mostrar o bom caminho, o que deve fazer para triunfar verdadeiramente na vida. Hoje, Deus passará por sua casa. Jesus lhe diz claramente: "Zaqueu, desce depressa, porque é preciso que eu fique hoje em tua casa". Jesus irá fazer-se de espelho. Olhando para Jesus, Zaqueu percebe que perdeu tempo e que o seu aparente êxito na vida é antes um enorme fracasso. Mas Jesus é sua oportunidade. Deus o visita e lhe oferece um novo começo. Ainda bem que Zaqueu não foi tolo. Abriu o seu coração à salvação lhe foi oferecida. Aceitou a realidade de seu fracasso e reorientou a sua vida.

Começou a construir mais uma vez o seu futuro, mas, agora, apoiado na realidade: não no cuidado da imagem e das aparências, mas no amor e na confiança de Deus.

Preocupo-me com as aparências e com o que os outros dirão como para me esquecer da realidade de minha vida? Hoje, Jesus está olhando para mim e me diz que deseja ficar em minha casa: o que vou lhe responder? Jesus não está me dando a chance de mudar algumas coisas? Quais?

32º domingo do Tempo Comum
(2Mc 7,1-2.9-14; 2Ts 2,16–3,5; Lc 20,27-38)

O que é ressurreição?

Termina o ano litúrgico, e, antes de começar o Advento que nos leva diretamente ao encontro do mistério do Natal, a Igreja nos propõe que reflitamos sobre as verdades eternas. Quais são? Às vezes não gostamos de pensar, mas essas são algumas das poucas coisas que sabemos com certeza sobre nossa vida. A primeira é que todos nós vamos morrer e, a segunda, é que iremos ressuscitar. Certamente, dentro de nós já surgiram algumas dúvidas. A ressurreição não é fácil de ser entendida. Pois é claro que não. Ninguém disse que o é. Tampouco é fácil entender o amor de uma mãe pelo seu filho deficiente mental e, no entanto, aí está. Tampouco é fácil entender que duas pessoas se comprometam a viver juntas e, o que é mais importante e difícil, a se amarem e a se entregarem inteiramente um ao outro até que a morte os separe.

A ressurreição é algo muito parecido a esse amor eterno prometido no casamento. Acontece que esse amor prometido não é verdadeiramente eterno. Este amor termina, acaba. Nem sempre as pessoas são capazes de manter suas promessas. Não é caso de pensar quem é culpado. A verdade é que somos muito limitados e, às vezes, não podemos dar mais de nós. A ressurreição, em troca, é a promessa de Deus, e Ele sim é que pode fazer promessas, mantê-las e cumpri-las. Deus prometeu a nós, seus filhos, a vida eterna. Disse-nos que viveremos para sempre. Porque não nos criou para a morte, mas para que vivamos e tenhamos vida em abundância.

Em que consistirá a ressurreição? Não sabemos com certeza. Estamos certos, porém, de que podemos confiar em Deus, nosso Pai, porque tudo aquilo que vier dele será bom para nós. E dele não pode vir mais do que a vida. Isso é o que Jesus diz aos saduceus que lhe perguntam sobre essa complicada passagem do Evangelho. Por que temos que supor que a vida eterna será com esta, tão limitada, tão pobre? Não é Deus um Deus dos vivos? Aquele que criou este mundo não será capaz de criar mil mundos distintos em que a vida se possa desenvolver plenamente; em uma plenitude que nós, com a nossa mente limitada pelas fronteiras deste universo, não podemos sequer imaginar? Uma confiança desse tipo é a manifestada pela família de que nos fala a primeira leitura. Não sabem como, nem quando, nem onde, mas estão certos de que Deus os ressuscitará e os levantará dentre os mortos. E que todas as suas promessas serão comprovadas. Também nós acreditamos Nele e estamos convencidos de que Deus tornará eterna a nossa vida e eterno o nosso amor.

A fé nos convida a acreditar em algo mais além daquilo que vemos. Acreditamos verdadeiramente na promessa de que Deus ressuscitar-nos-á? Permitimos que a ideia da morte nos deixe angustiados, ou pensamos que isso é apenas uma etapa necessária para nos encontrarmos com Deus Pai, que tanto nos quer?

33º domingo do Tempo Comum
(Ml 3,19-20a; 2Ts 3,7-12; Lc 21,5-19)

Aproxima-se o fim?

Os meios de comunicação atuais nos oferecem imagens de todas as partes do mundo em tempo real. Em um noticiário televisivo podemos ver as imagens de enormes inundações na China, os incêndios em alguma região do nosso país e os confrontos brutais dos manifestantes com a polícia em algum lugar da Europa, passando pela maré negra em alguns dos mares, a última crise entre israelenses e palestinos, a marginalidade a que estão submetidas as mulheres em algum país ou a fome quase crônica e terrível em algum lugar da África. E muitas outras notícias que enchem a tela de nosso televisor com desastres naturais e humanos que não sabemos bem como seremos capazes de enfrentar. Aproxima-se o final? O nosso mundo será capaz de ser mais justo e de promover os direitos de todos os homens e mulheres, sem exceção?

Precisamos reconhecer que, às vezes, ficamos em dúvida. Temos a sensação de que o final está próximo e isso nos dá medo. Mas afinal, todas essas coisas acontecem aos outros e se passam em outros lugares. Temos um pequeno rincão de paz. E temos medo de o perder. Sentimos que tudo isso ameaça nossa tranquilidade.

Pois aí chega Jesus e nos diz que não devemos nos preocupar. Jesus disse que, com certeza, acontecerão muitas coisas, e coisas ruins: guerras, rebeliões, terremotos, fomes e pragas. Até mesmo sinais extraordinários no céu. Apesar de tudo isso, precisamos continuar tranquilos. Pois há mais: nós crentes seremos entregues às autoridades. Seremos tratados como criminosos. Mas, tudo isso não será mais que uma oportunidade para dar testemunho de nossa fé. Porque, diz Jesus, nem um só fio de cabelo de nossa cabeça será destruído.

Portanto, a mensagem de hoje é clara: tranquilidade e confiança. Como nos diz Paulo na segunda leitura, é tempo de trabalhar com normalidade para levarmos uma vida decente cuidando de nossos próprios assuntos e sem nos inquietarmos a nós mesmos nem aos outros. É tempo de darmos testemunho de nossa fé cristã que sabe construir a comunidade, a família de todos os filhos de Deus em meio a tudo o que acontece em nosso mundo. Não vá acontecer que nos ponhamos nervosos pensando em acontecimentos futuros, e nos esqueçamos de viver o presente – nosso presente como cristãos, dia a dia, minuto a minuto.

O que penso quando vejo os noticiários da televisão e ouço todas essas más notícias? Como dou testemunho de minha fé aqui e agora? Transmito serenidade, paz e fé aos que vivem comigo? O que faço para ajudar na construção do Reino – a família de Deus junto aos que estão ao meu redor?

Cristo Rei
(2Sm 5,1-3; Cl 1,12-20; Lc 23,35-43)

Jesus Rei? Estou certo disto?

A leitura do Evangelho que a Igreja nos propõe para este dia nos deixa um pouco confusos. É o último domingo do ano e a liturgia o dedica a Cristo Rei. A Igreja deseja que o vejamos em triunfo, como aquele em quem chegam à plenitude todas as coisas. Com ele o Reino de Deus deixará de ser um sonho para começar a se tornar uma realidade completa. Como é possível que o Evangelho nos apresente Jesus na cruz? Os condenados à morte não triunfaram jamais ao longo da história. Conseguiram, no máximo, que alguns saudosistas derramassem algumas lágrimas por eles. Nada mais. Os governantes de qualquer país sabem que o melhor que podem fazer com a oposição é eliminá-la.

Mas, o caso de Jesus é diferente. Dá a impressão de que seu reinado não é exatamente igual aos dos governos e reinos deste mundo. Jesus é um homem que, prestes a morrer na cruz, ainda desperta paixões opostas. Alguns riem dele, outros, afirmam a sua inocência. Mais ainda. Na hora da cruz, o próprio Jesus é capaz de prometer o paraíso ao homem que está crucificado ao seu lado. É que seu Reino não é deste mundo. Seu Reino é o reinado de Deus que aproxima e recolhe todos os seus filhos e filhas que estão dispersos, para convertê-los em uma família. No Reino de Deus não somos súditos. Tampouco somos cidadãos. Somos filhos. Absolutamente diferente.

A partir desta perspectiva, entendemos melhor a plenitude a que se refere a leitura da carta aos Colossenses. Quando aí se afirma a superioridade de Jesus sobre todas as coisas e todas as pessoas, quando nos é dito que nele o Reino de Deus irá chegar à sua plenitude, não significa que em seu tempo o reino será próspero economicamente. Tampouco significa que serão realizadas obras grandiosas e monumentos como costumam fazer nossos governantes para perpetuar sua memória. Nem mesmo que terá o maior e mais poderoso exército do mundo. Nenhuma dessas coisas. Num reino em que todos somos irmãos e Deus, o centro e a origem de tudo, é nosso Pai, a plenitude será vista ao se realizar verdadeiramente a fraternidade, a solidariedade e a justiça entre todos. A plenitude será alcançada porque, como em uma boa família, todos nós colocaremos nossa confiança no pai de quem procedemos e em quem encontramos o amor que nos faz falta para viver e chegar à nossa própria plenitude. Tudo isso sem fronteiras, sem divisões por causa de raça, cultura, religião ou nacionalidade, porque toda a humanidade, junto com toda a criação, é chamada a participar dessa plenitude. Jesus é o rei desse Reino. Precisamente por isso, morreu na cruz. Exatamente por isso, Deus, o Pai que ama a vida, o ressuscitou, e hoje mantemos viva a esperança do Reino.

Todos nós que formamos nossa comunidade estamos a serviço uns dos outros? Esforço-me para que entre nós reine a fraternidade, a solidariedade e a justiça? Mantenho a esperança apesar das dificuldades que encontro no caminho?